银雀山兵学研究

临沂市银雀山汉墓竹简博物馆 编

天津出版传媒集团
天津古籍出版社

图书在版编目（CIP）数据

银雀山兵学研究 / 临沂市银雀山汉墓竹简博物馆编. 天津 : 天津古籍出版社, 2024. 10. -- ISBN 978-7 -5528-1511-5

Ⅰ. E892.25

中国国家版本馆CIP数据核字第20244LP606号

银雀山兵学研究
YINQUESHAN BINGXUE YANJIU

临沂市银雀山汉墓竹简博物馆 / 编

出　　版	天津古籍出版社
出 版 人	张　玮
地　　址	天津市和平区西康路35号康岳大厦
邮政编码	300051
邮购电话	（022）23517902

责任编辑	门　辉
装帧设计	鞠佳美

印　　刷	北京捷迅佳彩印刷有限公司
经　　销	全国新华书店
开　　本	700毫米×1000毫米　1/16
印　　张	14.25
字　　数	196千字
版次印次	2024年11月第1版　2024年11月第1次印刷
定　　价	89.00元

版权所有　侵权必究

图书如出现印装质量问题，请致电联系调换（022-23517902）

《银雀山兵学研究》编委会

主　　任：钟呈春　高思圣
副 主 任：岳　伟　栾维尧
主　　编：苏　飞　彭　梅
副 主 编：孙　波　隋孟彦
执行编辑：张　群　黄　晓　秦焦阳　刘　健
编　　委：郭　岩　王　冰　孟凡卫　任永进　高　杉
　　　　　张　晴　范一璇　李敖宇　董笑笑　李　洋
　　　　　王正彤　周孝婷　刘　佳　徐　路

序　言

承蒙不弃，银雀山汉墓竹简博物馆让我为这部论文集写几句话，权充"序言"。我感恩这份信任和抬爱，遂不揣谫陋，将自己的一点读后心得形诸文字，借此向诸位论文作者致以崇高的敬意，对文集的组织者与编辑者表达由衷的感谢！

应该实事求是地承认，与儒学、道家、佛学乃至于墨家、法家等诸子学术的研究相比，有关兵学的研究，显然是处于相对滞后的状态。

兵学历史与文化的研究不能尽如人意的主要原因，还是出在兵学学科的自身性质上。在《汉书·艺文志》中，"兵书"虽然自成一类，但兵家并没有被列入"诸子"的范围，兵学著作没有被当作理论意识形态的著述来看待。它的性质实际上与"数术""方技"相近。换言之，《汉志》"六略"，前三"略"，"六艺""诸子""诗赋"属于同一性质，可归入"道"的层面；而后三"略"，"兵书""数术""方技"又是一个性质近似的大类，属于"术"的层面。"道"的层面，为"形而上"；"术"的层面，为"形而下"。"形而下"者，用今天的话来说，是讲求功能性的，是工具型的理性，它不尚抽象，不为玄虚，讲求实用，讲求效益，于思想而言，相对苍白；于学术而言，相对单薄。所以除了极个别的兵书，如《孙子兵法》之类外，绝大部分的兵学著作，都鲜有理论含量，缺乏思想的深度，因此，在学术思想的总结上，似乎很少有值得关注的兴奋点存在，容易为人们所忽略。

与儒学因应道教、佛教的挑战,不断更新其机理,不断升华新形态的情况有巨大的不同,兵学长期以来所面对的战争形态基本相似,战争的技术手段没有发生本质性的飞跃,大致是冷兵器时代的作战样式占主导,宋元以后尤其是明、清时代出现火器,作战样式初步进入冷热兵器并用时期,但即便是在明、清时代,冷兵器作战仍然占据着战场上的中心位置。这样的物质条件与军事背景,在很大程度上制约了兵学思想的更新与升华。即使有所变化与发展,也仅仅体现在战术手段的层面,如明代火器的使用,引发战车重新受到关注,于是就产生了诸如《车营扣答合编》之类的兵书;同样是因为火器登上历史舞台,战争进入冷热兵器并用时期,这样就有了顺应这种变化而出现的《火攻挈要》等兵书和相应的冷热兵器并用的作战指导原则。但是需要指出的是,这种局部的、个别的、枝节性的发展变化,并没有实现兵学思想的本质性改变和革命性跨越。从这个意义上说,茅元仪的《武备志·兵诀评》所称的"前孙子者,孙子不遗;后孙子者,不能遗孙子",一方面的确是准确地揭示了《孙子兵法》作为兵学最高经典的不可超越性,但同时也曲折隐晦地说明了兵学思想的相对凝固性、守成性和内敛性。

兵学思想发展的总结归纳存在着明显的"先天不足",与此同时,它还有一个"后天失调"的重大缺陷。

从"赳赳武夫,公侯干城"到"彬彬多文学之士",这是中国文化在人才观取向上的变化趋势和显著特征。阳刚之气消退,而柔弱之风弥生,"崇文轻武"的社会风尚之下,军人不复为先秦贵族社会条件下熟谙"礼、乐、射、御、书、数""六艺"之武士,而逐渐成为一群可以随时"驱而来,驱而往"的"群羊"(参见《孙子兵法·九地篇》)。社会风气一改而成为"好铁不打钉,好儿不当兵",五代以降,兵士脸上刺字的现象时有发生,明代的"军户"身份世袭,社会地位低下,就是这方面的例证。这样的群体,在文化知识的学习与掌握上自然属于"弱势群体",他们文化程度不高,知识积贮贫乏,阅读能力有限,学习动力缺乏。如果兵书的理论性、抽象性太强,那么就会不适合他们阅读与领悟。所以,大部分的兵书只能走浅显、平白、通俗的道路,以实用、普及为鹄的。由此可知,兵学受众群体的文化素质和精神需求上的特殊性,在很大程度上制约了兵学思想的精致化、哲理化提升。

这只要从后世经典的注疏水平即可看出,与儒家、道家乃至法家经典相比,兵书注疏的滞后、浅薄实不可以道里计。兵家的著述在注疏方面,绝对无法出现诸如郑玄之于《诗经》、何休之于《公羊传》、杜预之于《左传》、王弼之于《老子》、郭象之于《庄子》这样具有高度学术性,注入了创新性思维与开拓性理论的著作,而往往是像施子美的《武经七书讲义》、刘寅的《武经七书直解》、朱墉的《武经七书汇解》这样的通俗型注疏,仅仅立足于文字的疏通,章句的串讲而已。即便偶尔有曹操、杜牧、梅尧臣、张预等人注《孙子》的成绩聊备一格,但是它们的学术贡献与价值,依旧无法与王弼、郑玄等人的成就相媲美。而这种整体性格局的滞后与粗疏,自然严重影响到兵学思想的变革与升华。

兵学思想文化研究的"后天失调",还表现在这一领域的研究者长期以来在专业素质构成上一直存在着种种局限,并不能很好地适应兵学思想发展史研究的特殊要求。军事史从本质上讲,是历史与军事两大学科彼此渗透、有机结合而形成的交叉学科,这一属性,决定了兵学思想史,其实也是军事史与思想史的综合与贯通;这一学术特性,对研究者提出了特殊的要求,即他们最好能具备历史与军事两方面的专业素养。但是由于种种原因,这样的复合型队伍自古至今似乎并未能真正建立起来。熟谙军事者,历史知识、哲学思辨却往往相对单薄,这不免导致其讨论难以上升到理论思维的高度;而通习历史者,却缺乏军旅活动的实践经验,这当然会造成其所研究的结论多属门外谈兵,不着边际。

正是因为兵学思想史的研究,让军事学界、历史学界两大界别的人士都不无困惑、深感棘手,所以一般的人都不愿意身陷这个泥淖。宋代著名兵学思想家、经典兵书《何博士备论》的作者何去非,尽管兵学造诣精深,又身为武学教授(后晋升武学博士),但自上任之日起就不安心本职工作,曾转求苏东坡两次上书朝廷,请求"改换文资",即希望把他由武官改为文官,由武学博士转任为太学博士。何去非的选择,就是这方面非常有代表性的例子。这种研究队伍的凋零没落、薪火难传,恰恰证明了兵学思想发展史研究确实存在着难以摆脱的困境,直至今天仍是需要亟待突破的"瓶颈"。

除上述困难之外,兵学研究所面临的挑战还包括以下多个因素:一是兵学文化史研究范围与内涵的界定不够清晰。目前的学术界,经常把军事制度的研究混入政治制度研究之中,如商鞅变法中的军功爵制、王安石变法中的保甲法等;把军事技术的研究归入于科技史的研究范畴;把军事法规的研究并入法制史的研究架构,结果是有意无意地放弃了很多本应该是兵学文化史研究的问题,只把目光对准兵役制度、军事谋略,导致内容过于空泛。这也制约了兵学文化史研究的发展。二是受制于文献载体有关军事史内容记载上的固有不足。古代文献中有关军事史战术层面的内容十分单薄,这与西方军事史著作有很大差异。西方的军事史著作对战术层次的内容记载相当详尽,像在记述汉尼拔指挥的著名坎尼之战时,曾详细描绘了双方怎样排兵布阵,步兵、骑兵如何配置,谁为主攻、谁作牵制,战斗的具体经过又是怎样。反之,我们的古史记述,则侧重于战争酝酿阶段的纵横捭阖、逐谋斗智,而真正描述战争过程的往往就简单的几个字:"大破之""大败之",一笔带过。我们既不知道他是怎么胜的,也不知道他是怎么败的,没有一些可操作性的东西在里面。这样就为我们从战术层次深化兵学文化历史的研究带来了重重障碍。

当然,我们也不能因此而丧失信心,妄自菲薄。我们认为,只要功夫扎实,方法得当,那么,兵学研究突破"瓶颈",铸造辉煌,是有很大的希望的。这首先是要调整与改善兵学研究的基本范式。必须积极尝试研究角度切入点的重新选择,转换习以为常的研究范式,改变陈陈相因的研究逻辑。具体地说,就是实现研究重心的转移,变以研究军事人物思想、兵书典籍理论为主导,为以研究战法与思想共生互动为宗旨。这个共生互动的关系,可以用一个相对稳定的逻辑结构来描述,即:武器装备的改进与发展,引发作战方式、战略战术的变革,同时也促成了军队编制体制的调整和变化,而这变化,最终又推动了兵学理论的创新、军事思想的升华。而兵学思想的发展,同样要反作用于作战指导领域,使得战法的确立与变革能够在理论的指导下,更趋合理、更趋成熟,以适应军事斗争的需要,为达成一定的战略目标创造积极有利的条件。这个逻辑,概括而言,就是按"武器装备——作战方式——兵学理论"这一主线与结构展开叙述。

在这个过程中,拥有新的资料,并对其加以正确的利用,乃是关键之一。换句话说,"巧妇难为无米之炊",兵学文化与历史的研究,要有所拓展与深化,其中的重要契机之一,在于地下出土文献的新发现,从而为兵学研究提供素材,注入生机。我们必须清醒地看到,与儒、道等学派等文献被大量出土相比,新发现的兵家出土文献还是相对单薄的,如果与郭店竹简、马王堆帛书进行比较的话,就会发现这种差距和相对滞后局面十分明显。但是,尽管如此,兵家的出土新文献还是给兵学的研究创造了条件,打开了新的局面。像长沙马王堆帛书《经法四篇》之于我们认识黄老兵学文化内涵与价值的贡献,张家山汉简《盖庐》之于我们了解"兵阴阳家"理论特色与意义的帮助,等等,皆为鲜明的例证。1972年山东临沂银雀山西汉古墓竹简的面世,则为这方面最突出的收获,其学术价值之重大,文化意义之突出,至为显著,不容低估。

仅从汉简本《孙子兵法》的发现而言,它对于破解历史上两孙子之谜、判断《孙子兵法》成书的大致时代、厘定《孙子兵法》"十三篇"的篇章次序、对勘《孙子兵法》传世本的文字内容、释读《孙子兵法》的某些疑难章句、阐明《孙子兵法》的相关军事原则、深化有关孙子所处时代社会变革性质的认识、梳理《孙子兵法》与"古司马兵法"之间的渊源关系、佐证传世古籍的流传规律、恢复或接近《孙子兵法》的原典状态,都具有重大的文献学术价值。至于《孙膑兵法》的重见天日,《六韬》佚文、《尉缭子》佚文,以及《守法》《守令》等众多佚名古书的大量面世,更是为兵学文化的研究进一步深化注入了强大的活力。其意义值得高度重视和充分利用。

基于以上的认识,我个人充分肯定这一围绕银雀山汉墓出土的兵学文献而展开研究所形成的学术结晶,高度评价这部论文集的重大学术价值和文化贡献。综观全书,我们能看到,相关学者的大作,都能紧扣兵学文化的主题,着眼学术命题的前沿性和文化启迪的时代性,既立足于理论内涵的挖掘,又注重于研究外延的拓展,以强烈的家国情怀,致力于揭示中国兵学文化崇尚"和平"的基本特色,尽心发掘中国兵学文化价值转化的精髓要义,传承与创新并重,学术与应用互补,在科学考察与分析的基础上,充分展示饱满的历史自信与文化自信,它的编就,乃是银雀山汉墓竹简兵学文化研究的新创获,必将有助于兵学研究进一步深化,意义殊为重大!作为兵学研究的同行,我为此文集的付梓面世感到莫大的欣慰和鼓舞,谨此致以诚挚的祝贺!

是为序。

黄朴民

2024 年 9 月 17 日

(黄朴民,著名孙子兵法研究专家、中国史学会理事,中国孙子兵法研究会常务理事,原中国人民大学国学院执行院长,中国人民大学国学院教授。)

目 录

关于银雀山兵学文化"和平"底色的研究 ………… 南兵军 / 001

浅谈《孙膑兵法》对《孙子兵法》战争观的继承与发展

………………………… 李元鹏　吴如嵩　刘海萍 / 011

先秦至宋代孙子学发展的基本特征 ………… 刘　庆 / 017

坚持"三个面向",谋求"三个突破"

——推动银雀山兵学文化创新发展的思考 ………… 路秀儒 / 021

银雀山兵学与齐鲁文化发展 ………………… 路秀儒 / 025

《孙子兵法》与领导力 ……………………… 张有凤 / 038

《孙子兵法》和平战略论 …………………… 庞小条 / 050

鸿沟与"大胜并莒"初探 …………… 孙长生　韩明林 / 065

从"明之吴越,言之于齐"看《孙子兵法》的齐文化属性

………………………………… 扈光珉　扈　潇 / 074

银雀山汉简出土震撼和影响世界 …………… 韩胜宝 / 090

孙子文化与文化软实力综辨及其价值意蕴 ………… 孙　兵 / 101

《孙膑兵法》卓越的政治思想 ………………… 周方林 / 112

说说孙子的责任与担当 …………………………… 王廷文 / 121

浅议孙武为何选择吴国施展抱负 ………………… 荣敦宁 / 127

贯穿三国的著名战争中蕴含着《孙子兵法》巨大价值

  ——兼论对 AI 条件下现代战争的启发意义

    ………………………… 赵胜男 郭海龙 / 135

论《孙膑兵法》的治军思想 ……………………… 郭海燕 / 148

《荀子》的军事哲学与治军用兵之术

  ——基于文明起点的历史性追溯 ……………… 胡海洋 / 157

论《孙子兵法》以"保民"为核心的民本思想 ………… 赵清文 / 168

体用一源

  ——基于银雀山兵学文化谈先秦时期兵家哲学化过程

    ………………………………………… 罗 任 / 177

从传世兵书视角看北魏尔朱荣的军事思想 ………… 王瀚尧 / 184

银雀汉简 国之瑰宝 ………………… 彭 梅 隋孟彦 / 194

临沂出土银雀山汉墓竹简的历史文化背景

  ………………………………… 纪洲丽 尹东云 / 199

"两个结合"视域下银雀山汉简《孙膑兵法》蕴含的"以人

  为本"思想价值探析 ……………………… 张 群 / 205

关于银雀山兵学文化"和平"底色的研究

南兵军

摘　要　以中华文明的和平性为引导,阐述银雀山兵学文化与中华传统文化"和平"元素的兼容,重点揭示儒学"仁者爱人""仁者无敌"思想与兵学"以战止战""不战而胜"理念的传承和融合;阐述银雀山出土兵书《孙子兵法》《孙膑兵法》蕴含的"和平"底色;阐述新时代中国国防的和平性与银雀山兵学文化"和平"底色相结合的启示。

关键词　中华传统文化;银雀山兵学文化;和平性;和平底色

所谓银雀山兵学文化是指20世纪70年代在临沂银雀山出土的以《孙子兵法》《孙膑兵法》竹简为代表的兵书及其所产生的文化现象。50多年过去了,今天翻看这两部兵书,依然闪烁着"和平"的色彩。一位孙子说,"善战者之胜也,无智名,无勇功";另一位孙子说,"乐兵者亡"。两位孙子,前一位是孙武,后一位是孙膑,他们写的是兵法,说的是和平。止战的思想,并非两位孙子一家之言,是兵家的共识,包括在银雀山出土的另一些兵书,也都有同样的理念:"有德不可敌"(《左传》),"争义不争利"(《司马法》),"以武为植,以文为种"(《尉缭子》),"内修文德、外治武备"(《吴子兵法》),"不理不胜天下,不义不胜人"(《管子》),"天下为天下人所共有"(《六韬》),等等。兵家的智慧,中国人的哲学,是对生命与和平的尊重。习近平总书记在文化传承发展座谈会上指出:"中华文明具有突出的和平性。"笔者想,这里的"和平性"特征也同样体现在中华传统兵学文化之中。借此,想谈一谈中华传统兵学包括银雀山

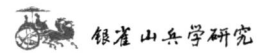

兵学文化的"和平"底色问题。

一、银雀山兵学文化与中华传统文化"和平"元素的兼容

中华传统文化是一个集成体,好似一个扩大了的"稷下学宫"。在这里,儒、道、法、兵、墨、农、医、名、阴阳、纵横等诸子百家相依相融,你中有我,我中有你,既各有独立学派,又互为借鉴、包容和融合。其中,起主导作用的一般都以儒、道、法为代表,尤其是儒家,更被认为是中华传统文化主干部分。中国兵家是当时学术界诸多学派里的一种。只是由于中华传统文化的兼容特征,自它产生之时起便受到整个中国文化背景的强烈影响。在中华文化中,"以和为贵""和而不同""睦邻友邦""天下太平""天下大同"等理念世代相传。这就潜移默化地为中国传统兵学文化注入了诸多"和平"元素,使以《孙子兵法》为代表包括银雀山兵学文化及秦、汉、唐、宋、元、明、清时期的兵学文化,贯穿着一条"和平"的红线,铺垫着一缕"和平"的底色。横向上看,厚德载物、明德弘道的精神追求,为中华兵学文化的"和平"底色提供了精神支撑;天下为公、天下大同的社会理想,为兵学文化的"和平"底色提供了理想支撑;兵为国事、止戈为武的军事理念,为兵学文化的"和平"底色提供了理论支撑;慎战不战、好战必危的武德思想,为兵学文化的"和平"底色提供了实践支撑,等等。纵向上看,从周公的"德",到《司马法》的"义",再到孙子的"道";从孔子的"仁",到老子的"道",再到孙子的"全";从《易经》的"阴阳交合",到《论语》的"和而不同",再到孙子的"伐交"和"上下同欲";从儒家的"泛爱",到墨子的"非攻",再到孙子的"不战",等等,既反映了中华传统文化的"和平"元素对中华传统兵学文化的影响和传承,又体现出中华传统兵学文化对中华传统文化的吸纳和兼容。

以儒学"仁者爱人""仁者无敌"思想与兵学"以战止战""不战而胜"理念的传承、兼容为例。"仁"是儒家学说的核心,孔子提出"礼乐征伐自天子出",

其所谓"天子"是能使天下归一、定国安邦的"仁"君,而"礼乐征伐自天子出"的实质就在于运用至高无上的权威力量达到天下统一、政出一门、消除内乱、盛世安民的目的,这正是孔子"仁"学的精髓。孟子继承并发展了孔子的这一思想,提出了"吊民""悦民"的仁战标准。《孟子·滕文公下》记载:"十一征而无敌于天下……"指商汤征伐十一国。孟子认为这种正义战争是值得讴歌的,因为这种战争有利于民生,是仁义之战。《孟子·梁惠王上》中孟子告诉梁惠王:"故曰:'仁者无敌'。王请勿疑!"这里的潜台词是说,秦国、楚国的执政者使老百姓陷入深渊之中,您去征伐他们,没有谁来抵抗。所以说:"施仁政者是无敌的,大王请解除疑虑。"从孟子的立论看,根本原因是得到民众拥护。他认为,"施政于民,赢得民心,可使制梃以挞秦楚之坚甲利兵"。就是说,"仁人"者即使用木棒也可以战胜"坚甲利兵"的秦、楚之强敌。这正是孟子仁战观的本质。

荀子作为儒家思想的集大成者,继承了儒家传统的仁本主义思想,并力倡养仁义之兵,举仁义之战。《荀子·议兵》记载,荀子的弟子陈嚣请教荀子:"先生议兵,常以仁义为本。仁者爱人,义者循理,然则又何以兵为?凡所为有兵者。为争夺也!"荀子回答说:"彼仁者爱人,爱人,故恶人之害之也……彼兵者,所以禁暴除害也,非争夺也。故仁人之兵,所存者神,所过者化,若时雨之降,莫不说(悦)喜。"荀子认为,争夺不是"兵"的本质,"兵"的本质在于它是"禁暴除害"、推行"仁人"的工具。荀子崇拜尧、舜、禹、汤、文、武"两帝四王",正是因为他们"皆以仁义之兵行于天下也"。善兵用战的最终是"仁人"于天下,所谓"仁人之兵,王者之志也。"

再看兵家如何"以仁论兵"的。《司马法》开篇之作即为"仁本"篇,而"仁本"主义正是《司马法》全部军事思想的出发点和归宿点。"古者,以仁为本,以义治之谓正",起着全书的奠基和纲领作用。《司马法》充分肯定了古人以仁政为根本,以义治为中正的治国经验和规律,并认为行"仁"是从根本上体现了"以义治之"的常道,只要行"仁",国家便可以治理好,四海诸侯亦可悦服而不敢犯之。"先王之治,顺天之道,设地之宜,官民之德,而正名治物,立国辨职,以爵分禄,诸侯说(悦)怀,海外来服,狱弭而兵寝,圣德之治也。"(《司马法·仁本》)《六韬·文师》讲得更明白:"天下非一人之天下,乃天下之天下也。同天下之利者,则得天下;擅天下之利者,则失天下。天有时,地有财,能与人共之者,仁也;仁之所在,天下归之。"《孙子兵法》的一个突出思想特点,就是把"仁"放到十分重要的位置。开篇之句"兵者,国之大事"的命题,正出于孙子对战争之仁与不仁的深切洞察,源于孙子对国家与人民的生死存亡的关切,是出于爱国、爱人之仁的道德意识。《孙子兵法·计篇》谈到构成战争的道、天、地、将、法五种要素,道列榜首。此处讲道指道义,即君主与臣民意愿一致。张预在为这段话作注时强调:"以恩信道义抚众则三军一心,乐为上用。"可见,孙子的道与儒家的仁德是暗合的。《孙子兵法》里把商朝宰相伊尹和周武王军师姜尚作为"背人从道"的典型来举荐,亦说明孙子之道与儒家说的仁德之政大体一致。《孙子兵法》也谈"仁",并认为是将者五个必备(智、信、仁、勇、严)之一,意思是将军应爱抚士卒;在《用间篇》又说"不知敌之情者,不仁之至也"。正是有了儒家"仁"的影响与兼容,才使得兵学文化的"以战止战""不战而胜"等思想站稳根基。由此可见,儒学和兵学在"仁"的问题上互为借鉴、渗透和传承,使得他们在战争"正义""安国""爱民""和平"等问题上一脉相承、相得益彰。正是由于儒学与兵学的交融,才使得尽管中国的兵书浩如烟海,却很难找到一本是赤裸裸地主张以武力兼并天下的,更不必说鼓吹穷兵黩武和灭绝种族的法西斯主义。相反,"自古言兵非好战"的"和平性"特点成为中国兵学的一大特色,这应归因于儒家文化对兵学的强大制约与影响。

二、银雀山兵学文化蕴含的"和平"底色

历史上,中国长期是世界上最强大的国家之一,却从未殖民和侵略他国;中华人民共和国成立70多年,中国没有主动挑起过任何一场战争和冲突,没

有侵占过别国一寸土地。这除了得益于中华文明五千多年来一直秉承热爱和平、崇尚和睦、追求和谐的治国理政理念外,还得益于自古以来中国历朝历代奉行积极防御的军事战略方针,得益于蕴含着"和平"底色的中国兵学文化和军事思想的引领。被称为兵学圣典的《孙子兵法》之所以在海内外备受尊崇,出版发行量越来越高,很大程度上也取决于它有着全世界认同的战争与和平的价值观以及蕴含的"和平性"思想。这里着重对从银雀山出土的两部最重要的竹简兵书《孙子兵法》《孙膑兵法》中的"和平"底色作些具体分析。

首先,分析一下《孙子兵法》的"和平"底色。《孙子兵法》虽是一部兵书,但远非仅仅谈兵论战,它的最高追求不是求战,不是追求战争的胜利,而是超越战争、军事、将道、王道与君权政治上的道德伦理,追求和平,最大限度地限制战争的暴力。《孙子兵法》的和平性,突出体现在四个层面:

一是慎战思想。《孙子兵法》开篇指出:"兵者,国之大事,死生之地,存亡之道,不可不察也。"所谓"察",便是在认清国家安危的形势下作出慎重的考虑和研究。孙子提醒人们,战争的胜与败,不是由天命所摆布,也不以人的单方面愿望为转移,是靠人的流血牺牲和抛弃和平环境的代价来体现,"祸福无门,唯人是招"。所以"明主虑之,良将修之,非利不动,非得不用,非危不战,主不可以怒而兴师,将不可以愠而致战。合于利而动,不合于利而止。""此安国全军之道也"。孙子的慎战思想,是在讲战争,也是在讲和平。遏制战争、控制战争,维护和平,是孙子慎战思想的核心。

二是全胜思想。鉴于战争行为的不可预见性,孙子并不崇尚以武力制胜。他从战争费效比、人道主义关怀的立场出发,提出"不战而屈人之兵"的全胜观,主张"非攻""非战""非久"等非暴力手段完整地使敌方屈服,而己方却不受损失,达到屈其人、拔其城、毁其国,全争天下的效果与"全胜不斗,大兵无创"的境界,以最小的代价获取最大的胜利,从而使国家的利益和军民的生命得到保全,这就是"兵不顿而利可全"的"全胜之道"和"止戈为武"的和平观。

三是谋略思想。"上兵伐谋,其次伐交"是孙子实施谋略思想的最重要的战略举措。此外,还有"因利制权""示形造势""兵贵神速""兵以诈立""因粮于敌""攻守相宜""威加于敌""奇正相生""以迂为直""践墨随敌""五间俱起"等战术技术方面的谋略手段。这些"谋略之法",很大程度上为了减缓战争压力、减少战争伤亡、减轻民众负担,尊重和保护人的生命,具有较强的和平意识与人道主义理念。尤其是"伐谋"和"伐交"作为两种不同的斗争形式,贯穿于战争的全过程。"伐谋"是在充分掌握敌之策略权谋、动向态度的基础上,制定相应的谋略措施,利用以谋制谋的方式,使己谋发挥作用,使敌谋无所施。"伐交"是通过游说和谈判等方式,争取天下之众,壮大自己力量,瓦解敌国同盟,使其"交不得合""众不得聚",在外交上陷于孤立无援的境地,最后不得不握手言和或屈服。

四是知胜思想。《孙子兵法》贯彻始终的就是"知彼知己"理念。从开篇的"五事""七计",强调"先知而后行";《地形篇》进一步阐发"知彼知己,胜乃不殆;知天知地,胜乃不穷"的观点;《谋攻篇》提出了五种情况下的致胜之道;终篇强调"五间俱起",重申"先知"思想。孙子认为,"知战"以知己知彼、知天知地为基本内容,知常、知变为要求,料敌、动敌、用间、较计、索情为手段,以先知、确知、全知为目的,"动而不迷,举而不穷",这样的将领才是"知兵者"。"知"有强烈的实践性,只有做到随敌、因敌、因利,才能践墨、制胜、制利。这就是"知战、知兵、知胜"的辩证法。之所以把"知胜"思想作为"和平性"元素,就是说只有知兵、知战、知胜,才能最大限度地减少战争损失,最大限度地保护和尊重生命;才能更有效地以战止战,赢得安宁与和平。

再分析一下《孙膑兵法》的"和平"底色。在根据银雀山出土竹简整理的《孙膑兵法》里,较为引人注目的是两个看来截然相反的命题:一是"战胜而强立,故天下服矣",意指只有通过战争手段获胜,才可以立国,才能使天下畏服;一是"乐兵者亡",意指好战者必亡。应该说,这两个命题的相互交织与制约,构成整个《孙膑兵法》的纲。然而,在本人看来,这恰恰是一个问题的两个方面,也可以说是一个主题两个角度。这个主题,就是孙膑"坚持用兵的和平性"。一个角度是,孙膑在兼并战争日益剧烈的战国年代,目睹了弱肉强食、强胜弱败的现实,认为要想过上幸福平安的生活,赢得和平的环境,就必须挺直腰杆,拿起武器,迎接和战胜强敌,做到以战止战,让敌人臣服,即"战胜而强立,故天下服矣";另一个角度是,孙膑深受中华传统文化、齐文化"和为贵""天下太平""四海之内皆兄弟"等理念的影响,深知滥用武力的祸害,懂得一味迷信武力会自取灭亡,明白单单见利忘义也会自取其辱,即"然夫乐兵者亡,而利胜者辱",因而又说出"兵非所乐也,而胜非所利也"的至理名言。为了进一步论证《孙膑兵法》中所体现的和平性、仁德和人道主义,不妨再举几例:

其一,孙膑在《见威王》里说:"夫守而无委,战而无义,天下无能以固且强者。"(想要防守而缺少物资储备,想要作战又不讲道义,天下没有用这个办法而达到稳固和强盛的)。这里突出了道义在战争中的作用。

其二,孙膑在《将义》里,把义作为"兵之首",仁作为"兵之腹"。其中说:"将者不可以不义,不义则不严,不严则不威,不威则卒弗死,故义者,兵之首也。将者不可以不仁,不仁则军不克,军不克则无功。故仁者,兵之腹也。"在以下的行文里,又把将德作"兵之首",将信作"兵之足",等等。足见其对"仁""义""德"等的推崇。

其三,在《威王问》里,威王问:"令民素听,奈何?孙子曰:"素信"。(当齐威王问到怎样才能使民众一贯地听从命令时,孙膑回答说,只要君主一贯守信用就可以了),这里提示君主应取信于民,也就是注重德政和教化。

其四,在《行篡》里,谈到怎样才能使士卒和百姓在战争中为君主尽力时,提出"选贤取良"的原则,也就是把人的品德与德行放在第一位。其中说:"孙子曰:用兵移民之道,权衡也。权衡,所以篡(选)贤取良也。"

仅就以上几个例证,足以说明孙膑在主张动用武力时,一刻也不曾忘记武力的局限。他依然认为仁义、道义、德行、信用等在战争中的作用,认为武力与文治是相辅相成的,相信"战胜而强立"与"乐兵者亡"是在和平使命驱使下的"一体两翼"。

三、新时代中国国防的和平性与银雀山兵学文化"和平"底色相结合的启示

马克思主义包含的内容很丰厚,作为我们党和国家制定的新时代国防与军队建设的和平性主张,应在这个"魂脉"之中,中国传统兵学包括银雀山兵学文化的"和平"底色,也应在中华优秀传统文化这个"根脉"之中。中国共产党百年来的全部实践表明,马克思主义这个魂脉的指导地位,必须以赓续中国优秀传统文化这个根脉为文化基础;中国优秀传统文化的根脉,必须以马克思主义魂脉为引领。马克思主义之"魂"与中国优秀传统文化之"根",一脉相承、相辅相成。这启示我们,作为马克思主义元素的新时代中国国防的和平性理念,与作为中华优秀传统文化元素的传统兵学文化的"和平基因"相结合,是非常有意义的,也是题中应有之义。

启示之一,把握传统兵学文化"和平"底色的转化——服从服务于新时代中国国防和平性思想,为推进国家的和平崛起做贡献。以历史的眼光审视当今世界,不难发现,今日之世界与中国春秋战国时期有着惊人的相似之处,民族国家各自为政,利益矛盾相互纠葛,各国之间既有斗争又有合作,形成"世界百年未有之大变局"。这就需要很好把握传统兵学文化"和平"底色的创造性转化、创新性发展,为推进中华民族伟大复兴和国家的和平崛起做出贡献。

一是把握"和而不同""睦邻友邦""和平"底色转化,向世界讲好中国和平发展故事。利用各种机会和场合讲好中国"道""仁""爱""和""礼"等方面的故事,尤其要弘扬、传承"有朋自远方来,不亦乐乎","四海之内皆兄弟也","己所不欲,勿施于人","德不孤,必有邻","礼之用,和为贵"等具有浓厚"和平"底色的至理名言,宣扬"中国始终坚守永远不称霸、不搞扩张、不谋求势力范围的庄严承诺",回击各种说法的"中国威胁论"。

二是把握"不战而胜""上兵伐谋""和平"底色转化,加强现代军事危机管

理。着眼于国家整体发展需要和国家安全稳定需要,充分运用各种手段,有效调整危机事态,避免危机升级为战争,以维护"安国全军"的大局。

三是把握"伐交""和平"底色转化,在世界局部军事冲突中不选边站队,坚持劝说、调和。面对局部军事冲突,我们坚持以谈判的方式解决问题。随着国际局势的复杂多变,今后国家或地区局部军事冲突会时常发生。对此,我们要发挥大国、中立等优势,积极参与调停、谈判等活动,防止事态恶化,以实际行动维护世界和平。

四是把握"天下大同""和合共生""和平"底色转化,在坚持"人类命运共同体"、共建"一带一路"上献出智慧和力量。在世界百年未有之大变局加速演进、国际力量对比深刻调整、世界进入动荡变革期背景下,中国仍然努力为人类和平与发展事业贡献中国智慧、中国方案、中国力量,加速"一带一路"共建活动,为国家的和平崛起而努力奋斗。

启示之二,"佩戴勋章众多的将军不是最好的将军"——大力培养有谋略、善伐交,知战、能战的"全胜"型军事人才。孙子的全胜思想,受到后世兵家的重视。例如,《六韬》说:"善除患者,理于未生。善胜敌者,胜于无形。上战无与战。""治之于未战""胜于无形""上战无与战",就如同中医强调的"上工(最高明的医术)治未病"一样,都是强调防患于未然。孙子在《形篇》说:"故善战者之胜也,无智名,无勇功。"意思是说,善于指导战争的人所取得的胜利,没有智慧的名声,没有勇武的战功。换一个角度来理解这句话,不就是克平女士说的那句话吗?!《墨子·公输》中记载的"墨子'伐谋'救宋"也阐述了这方面的事例。墨子作为"非攻"的倡导者,急忙赴楚国劝阻正要准备攻打宋国的楚王和攻城云梯发明者公输班(鲁班),经过"公输班之攻械尽,子墨子之守御有余"的表演,迫使楚王放弃了侵宋计划。墨子赶回宋国时,宋国守城者误认为墨子是间谍,硬把他在下雨天轰走了。《墨子·公输》写到这里,不无感慨地说:"治于神者,众人不知其功;争于明者,众人知之。"墨子不费一兵一卒救了宋国,当然称得上"治于神者",但他的"智名",不为众人所知;而那些在沙场浴血奋战而获胜的将军们,因为是争在明处(争于明者),却天下扬名。这就需要我们在"不战而屈人之兵""和平"底色的传承中,从现实军事斗争出发,实事求是地把握用人导向,制定人才标准,既要大力培养和宣扬那些驰骋沙场、冲锋陷阵、杀敌立功的精兵强将,也要大力培养和宣扬那些有谋略、善伐交,知战、能战的"全胜"型军事人才。

启示之三,"核武器的最大作用就是警示不用核武器"——强军备战方能止战不战,赢得和平。核武器除了起到警示作用外,别无其他作用。这话是法国军事学家米克谢说的。这个观点与《孙子兵法》中"威加于敌"的"和平"底色如出一辙。事实上,在现代战争中,所谓的"空城计"是不存在的。所说的"不战而胜""伐谋伐交""威加于敌"等,要真正取得成功,主要靠实力,既要看综合国力,也要看军事武装的战斗力。事实告诉我们,传统兵学包括银雀山兵学"和平"底色的创造性转化、创新性发展,从根本上讲,就是搞好强军备战。能战方能止战,要想和平必须有止战的实力。这就是今天研究银雀山兵学文化"和平"底色的真谛。

(作者简介:南兵军,中共山东省委原常委,山东省军区原政委,少将。)

浅谈《孙膑兵法》对《孙子兵法》战争观的继承与发展

李元鹏　吴如嵩　刘海萍

摘　要　1972年山东临沂银雀山出土一批竹简兵书,特别是《孙子兵法》《孙膑兵法》同时出土,证明了史书中关于孙武、孙膑各有其人、各有其书记载的真实性,解开了聚讼千年的学术悬案。《孙膑兵法》所论内容广泛,灵活的战略战术运用是该书的特色,本文阐释《孙膑兵法》与《孙子兵法》的关系、"战胜而强立"的战争观及"富国"与"强兵"的关系。

关键词　《孙膑兵法》;《孙子兵法》;战争观;继承

《史记·孙子吴起列传》中有"(孙膑)世传其兵法",《汉书·艺文志》记载"《齐孙子》八十九篇,图四卷",可知孙膑确有兵书流传,可惜的是,《孙膑兵法》在东汉末年即已失传,自《隋书·经籍志》起就不见著录。尽管在《战国策》《通典》《武经总要》等书中有对《孙膑兵法》章句的摘引或评点,但后世对于该书有无和真伪的论争却不绝如缕,甚至一些著述将质疑的范围扩大至《孙子兵法》。

围绕这一学术公案,历代兵家聚讼纷纭,莫衷一是。随着1972年山东临沂银雀山一批竹简兵书的发现,特别是《孙子兵法》《孙膑兵法》同时出土,以无可辩驳的事实证明了史书中关于孙武、孙膑各有其人、各有其书记载的真实性,解开了聚讼千年的学术悬案,亦为兵学和兵书研究提供了丰厚的养料,无

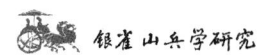

论历史意义,还是学术意义都是极为重大的。正因为此,2012年国家文物局将临沂银雀山汉墓列为"百年百大考古发现"之一。

一、祖述孙子

关于孙膑与孙武的关系,除了我们熟知的,孙膑是孙武的后人,二人相差百余岁以外,实际上,二人在思想上的承继关系并不弱于血脉上的亲缘性。孙膑对孙子的思想不仅非常熟悉,而且能够灵活地予以理解和运用,从其表述方式上看,也具有与孙子类似的思维方式和语言风格。这种内在的一致性,在《孙膑兵法》的各篇均有所体现。如首篇《擒庞涓》中的"遣轻车西驰梁郊,以怒其气",即与《孙子兵法》所讲的"怒而挠之"精神暗合;《见威王》中有"兵者不可不察",很明显来源于《孙子兵法》开篇所讲的"兵者,国之大事,死生之地,存亡之道,不可不察也";《威王问》中所说的"攻其无备,出其不意",则与《孙子兵法·始计》中的别无二致;"料敌计险,必察远近"则明显出自《孙子兵法·地形》中的"料敌制胜,计险阨远近",等等。除上述谈及的表述外,《孙膑兵法》几乎每篇都有数条祖述《孙子兵法》的类似论述,可以说《孙膑兵法》对《孙子兵法》的师承不是个别的,而是全面的、深刻的,前者是后者的依据和基础,后者是前者的祖述和再现。

值得特别注意的是,《陈忌问垒》篇中的一句话证实了《孙膑兵法》和《孙子兵法》同源一脉。田忌向孙膑征询马陵之战获胜的原因,要其介绍马陵之战中的战略和战术运用。当孙膑把整个作战经过向田忌做了汇报后,田忌大为感慨,说道:"孙氏之道也,必合于天地。"这里的"孙氏之道",显然既包括孙膑,也包括他的先祖孙武,因残简中有"明之吴越,言之于齐"之语,"明之吴越",这显然指的是孙武,"言之于齐"则指孙膑。竹简本《孙膑兵法》和《孙子兵法》只是笼统地用"孙子曰",而不用"孙膑""孙武"之名,说明当时是将两"孙子"视作一家之学。按照李零先生的说法:"战国末流行的'孙、吴之书',

其中的'孙'乃是兼指两种孙子书,二者可能一起流传,《汉志》为了区别,乃以'吴''齐'二字题之,题为《吴孙子兵法》《齐孙子兵法》。"

二、"战胜而强立"的战争观

战争是流血的政治,政治是不流血的战争。孙子所处的春秋时代,尽管战争频仍,但战争的主要目的是为了"争霸"。在《孙子兵法》中不止一次提到"霸",在《九地》篇中,他讲"夫霸王之兵,伐大国,则其众不得聚;威加于敌,则其交不得合。""争霸"即为获得号令诸侯的霸主地位,而不是你死我活。从胡安国的《春秋传》记述看,春秋时期的盟会和战争各占一半,这也说明,除战争之外,外交斡旋也是达成政治目的一种手段。孙子所提出的"上兵伐谋,其次伐交,其次伐兵,其下攻城",将战争手段排在外交手段之后,也和春秋时代特殊的历史背景有关。战争只是在外交手段失灵后才会被使用,而一旦霸主的身份得到诸侯的认可,导致的军事对立的因素消除后,激发战争生成的因素也将自动消失。

孙子既认为战争从来就有,无法消除,但同时也认为战争是威慑邪恶、伸张正义、保国安民的工具。孙子一方面对发动战争采取了极为慎重的态度,他反对草率、为义气左右发动战争,所以他说"主不可以怒而兴师,将不可以愠而致战"。孙子对于有利国家的战争则是有保留地接受,他说"非利不动,非得不用,非危不战",另说"合于利而动,不合于利而止"。这里所说的利,是指对国家有利,而非对国君个人有利,更不是对指挥作战的将领有利。孙子的战争观大体如此,虽有慎战的主张,但对战争的由来未有阐发,对战争性质,义战与非义战的区别,孙子也未置一词。

春秋末期到战国时期,是大动荡、大改组、大革新的时代,也是奴隶制向封建制转变的时代,各诸侯国普遍认识到领土和主权的重要性,所以这一时期的战争不再是为了号令诸侯,而是以夺占敌方国土、人口、财富,并最终达成兼并为目的的,由此导致的战争规模和剧烈程度都远超春秋时期。如战国初年秦、魏河西之战,秦军兵力投入就达到50万之多,这样的规模在春秋时期是不可想象的。《孟子·离娄》中描绘当时战场的情形是:"争地以战,杀人盈野。争城以战,杀人盈城。"一次战争死伤数万至数十万人,在战国时期并不鲜见。在对待战争的问题上,孙膑清醒地认识到"夫乐兵者亡,利胜者辱"(《见威王》)。所以对战争采取了与孙子相同的慎重态度。难能可贵的是,孙膑还进一步看到战争是不可避免的,也是不可回避的。当别无选择时,就必须"不得已而后战"(《月战》),勇敢地拿起武器,以战迎战,以战止战。他进一步认识到战争不仅是关系国家存亡安危的大事,而且是除暴乱、禁争夺、实现与巩固国家统一的重要手段,他说:"战胜,则所以在亡国而继绝世也;战不胜,则所以削地而危社稷也。"(《见威王》)孙膑列举了"神农战斧遂""黄帝战涿鹿""尧伐共工",舜"并三苗"、"汤放桀,武王伐纣"、周公东征等大量历史传说和历史事实,说明自古以来实现国家统一和维护国家统一就是通过战争实现的,这是"顺乎天而应乎人"的。针对战国中期七雄争立的局面,孙膑极力反对用"责仁义,式礼乐,垂衣裳"等禁止战争的不切实际的幻想,鲜明地主张"战胜而强立""举兵绳之",即以战争手段解决问题。只有打了胜仗,消灭了敌人,国家才能够站立起来,强盛起来,才能实现国家统一,达到"天下服"的目的。孙膑的这一思想,是符合历史发展的客观趋势的,是与时俱进的,不论对当时还是后世都有重要影响。

总体上看,尽管《孙子兵法》和《孙膑兵法》都对战争采取了审慎的态度,但若称二者主张"和平主义"却是错误的。《孙子兵法》的基调是"兵以诈立",《孙膑兵法》则是"战胜而强立",均将战胜作为立国之本。习主席指出,"能战方能止战,准备打才可能不必打,越不能打越可能挨打,这就是战争与和平的辩证法。"实践告诉我们,唯有主动迎战、坚决斗争才有出路,才是赢得尊严、求得发展与安定的唯一选择。

三、"富国"与"强兵"的关系

富国强兵是中国几千年来一以贯之的传统战略,也是中华民族努力追求的奋斗目标。富国强兵这一命题有丰富的内涵,自从先秦诸子提出这一国家战略之后,历代的政治家、思想家又根据当时国情不断地增加新的内容,使之更加系统,更加完备。

对于富国与强兵的关系,先秦诸子中,以《管子》的表述最有代表性,它的基本认识是,"民事农则垦,田垦则粟多,国富则兵强,兵强则战胜",明确了国富是兵强的前提和基础。先秦兵家对经济与军事的关系也有相当深入的讨论。《孙子兵法》主要关注的是战争对经济的影响,如其讲"国之贫于师者远输,远输则百姓贫",又指出"兴师十万"要"日费千金"。正是因为有这样大的消耗,所以《孙子兵法》提出要"因粮于敌",即利用敌国的资源维持战争消耗,同时主张要速胜,宁要拙速,也不要巧久。这两个结论虽然在春秋时代争霸战争的特殊背景下是正确的,但从普遍性上看,显然有其局限性。以"因粮于敌"而言,并不是保证大部队长期作战的可靠办法,以速胜而言,并不完全取决于统帅的指挥艺术,而是由敌对双方的力量对比决定的。

进入战国时代以后,随着大规模兼并战争的发展,仅仅依靠因粮于敌和速胜的办法已无法解决根本问题,必须另谋出路。作为战国兵书代表的《孙膑兵法》对于经济与战争关系的认识视野较《孙子兵法》更为开阔,他是从国家层面,从更大的空间和从更长远的发展角度来看待这一问题,而不是仅局限于战场。孙膑认为"富国"才是"强兵"的根本,只有"富国"才是"战胜而强立"的保证,才能实现天下统一。他否定了一些人提出的"政教""散粮""静"等主张,认为这些"皆非强兵之急",明确提出"富国"才是强兵的当务之急和关键。可惜竹简本《孙膑兵法》文字残缺,未见到该书对这一关系更为深入的阐发。在银雀山汉墓与《孙膑兵法》一同出土的《守法守令》中可以看到对"富国"与"强兵"逻辑关系的进一步的阐发,可作为《孙膑兵法》对这对关系认识的参考。《守法守令》言:"国富则民众,民众则兵强,兵强则土广,土广则主尊,[主尊]则令行,[令行]则敌人制,[敌人制]则诸侯宾服,[诸侯宾]服则[威]立,威立则王者翘治也。"可以看出,富国是强兵的根本,同样强兵亦是富国、民安的重要保证,二者是互为表里,互为因果的。

《孙膑兵法》是适应战国这个特定历史条件下的产物,不可避免地带有一定的历史局限性,但从总体上看,《孙膑兵法》对战争本质的认识是深刻的,对战争规律的总结也具有超越时代的价值,特别是他所提出的"战胜而强立"的主张,在今天错综复杂的国际环境下,对我们尤其具有警示意义。习主席指出:"对文化建设来说,守正才能不迷失自我、不迷失方向,创新才能把握时代、引领时代。"对于《孙膑兵法》思想的发掘和运用也要坚持守正和创新,既要从源头上搞清原著产生的文化土壤和文化精神,同时又要在新的历史条件下,与当代马克思主义相结合,这样才能真正做到"古为今用、洋为中用,辩证取舍、推陈出新,实现传统与现代的有机衔接"。

(作者简介:李元鹏,中国人民解放军军事科学院副研究员,大校;吴如嵩,中国孙子兵法研究会原副会长,少将;刘海萍,中国孙子兵法研究会副秘书长,中国人民解放军军事科学院大校。)

先秦至宋代孙子学发展的基本特征

刘 庆

摘 要 以阐释、引申并不断发扬光大《孙子兵法》理论为核心的孙子学是中国传统兵学发展的主线。中国自这部兵学名著诞生以来的 2500 多年间,以撰述兵论篇章,注疏字义句理,解说思想观点,阐发引申新意为宗旨的各种兵书、讲义、教本、文章等纷纷涌现,其数量规模仅次于儒家经典研究著述。本文选取从先秦到宋代孙子学发展的历史轨迹,并对其基本特征加以归纳。

关键词 孙子学;基本特征;发展

一、"祖述孙子"的著述方式不断丰富发展

在中国古代历史上,子学的建立和发展总是与经典文本、代表性人物、后学承传者以及不断涌现的注疏、义理阐释著作等因素紧密联系在一起的。关于"孙氏之道"学派群体,在争霸、兼并战争此伏彼起的春秋战国时代,其代表性人物有著名的吴、齐"两孙子"——孙武和孙膑,承继者包括孙膑见齐威王时的众多弟子们。

关于《孙子兵法》文本,司马迁在《史记》中两次提到"十三篇",一次是吴王在孙武入宫之前说的,一次是在《史记·孙子吴起列传》中描述《孙子兵法》影响时提到的。但其所说的"十三篇"究竟包括哪些篇章,《汉书·艺文志》所说的"吴孙子八十二篇"中除了这"十三篇"之外的其他 69 篇是什么时间形成

的？都没有明确记载。此"十三篇"是否就是《孙子兵法》的定稿，孙武在吴宫教战、登坛拜将之后是否对自己的十三篇兵书进行过加工修订，也没有任何资料可以说明，人们只能去揣测这一过程。

关于孙武后学对《孙子兵法》的发展，汉代曾三次整理兵书，最终形成《汉书·艺文志》所著录的《兵书略》诸书。其中《吴孙子》82篇的作者，学术界可以确定的是其中一部分篇章出自孙武之手，其余篇章按当时人的著述方式可能是其后学弟子们为进一步阐释"孙氏之道"兵学理论所著。从1972年山东临沂银雀山汉墓出土竹简中与孙膑相关的部分内容看，其主体思想倾向与流传至今的《孙子兵法》十三篇大体是一致的，但增添了反映时代变迁的新内容。所以学术界普遍认为，战国时期孙子学发展，主要以后学弟子另撰文字阐述兵学理论的方式为主。比如郭化若提出《孙子》是孙武的门徒等根据孙武的著述整理而成，成书时间大概在春秋末至战国初（见《孙子译注·再版的话》，上海，上海古籍出版社1984）。李零强调《孙子》非孙武亲著，而是孙子学派军事思想的记录，成书过程大约从春秋末到战国时期，经过长期整理于战国中期成书（见《关于银雀山简本〈孙子〉研究的商榷》，载《文史》第七辑）。

汉学繁荣背景下的《孙子兵法》注家蜂起。目前所见与《孙子》版本有关的最早实物是银雀山汉墓竹简。尽管简文有缺，却可以看出该书除流行至今的13篇之外，起码还有《吴问》《四变》《黄帝伐赤帝》《地形二》《见吴王》5篇。至于这5篇是否属于82篇，尚无法下定论。但由于当时流行的《孙子兵法》版本篇什繁多，内容芜杂，曹操遂着手整理，仅留下计、作战等13篇。更重要的是，他改变以往另撰篇章阐释"孙子之道"的方式，开创了以"小字之学"（汉学）承传发展孙子学的新范式。

二、注疏与战例史证相得益彰

在中外军事理论发展史上，对战争经验的提炼、归纳和升华都经历了一条从记述战争过程到总结战争原则的漫长道路。中国较早地采取了"舍事而言理"的思维方式,促成兵学的早熟,出现了"古者司马法"《军政》《军志》等纯粹的军事理论著作。但兵学是一门实操性很强的学科,用实例佐证理论观点,也是不可或缺的方式。《孙子兵法》中就有吴越同舟、伊尹和吕尚为明间的实例。"曹注孙子"以亲身所历战事印证《孙子兵法》的实践价值,以战(例)证理,对后世孙子学著述范式产生了深远影响。

三、篇章解构与理论观点归纳

唐代出现了对《孙子兵法》的思想观点条分缕析,突破"十三篇"框架重新归纳提炼的著述范式。其实自著兵书针对《孙子兵法》的理论观点进行深入阐发,也是孙子学自战国以来承传发展的路数之一。比如银雀山汉墓竹简《奇正》《客主人分》对兵学范畴奇与正、主与客进行了深入分析;《吕氏春秋》谈"知胜"时更强调长远和预见;《三略》将"知胜"理论扩展至战争资源和后勤保障领域;《淮南子·兵略训》对用势、奇正思想的补充;《唐太宗李卫公问对》将庙算、彼己、虚实、奇正、迂直等一系列重要兵学范畴加以具体化和创新性的阐释。这方面最有代表性的是杜佑编纂的类书《通典》,其中兵典部分共15卷、136个子目,均以《孙子兵法》所阐述的军事观点为题,如"出其不意""以逸待劳""守则有余"等,证以历代战例或他人兵学言论;李筌的《太白阴经》、赵蕤的《长短经·兵权》也基本上沿袭了这一写作范式,无疑对深化和完善《孙子兵法》基本理论体系有深远影响。

四、《孙子兵法》集注、讲义和"武经化"

宋代"文人论兵"现象蔚然成风,这对《孙子兵法》文本的整理加工有积极意义。秦汉到隋唐,《孙子兵法》有"八十二篇""十三篇"等不同文本流传,宋以后"八十二篇"本则不再见诸书录。古人关于《孙子兵法》的文字,有"辞如珠玉"和"佶屈聱牙"两种截然不同的评价。唯宋代流行的各种版本虽然文字语句不尽相同,对比汉银雀山简本和唐敦煌抄本,皆文通字顺,朗朗上口,可见在文字整理上下了不小的功夫。

此外,宋代也对各种《孙子兵法》文献加大了汇集保存的力度。代表作是在魏曹操,梁孟氏,唐李筌、杜牧、陈皞、贾林,宋梅尧臣、王晢、何氏、张预注疏的基础上,加上郑友贤《十家注孙子遗说》而成的《十一家注孙子》,成为其后各种孙子注释集成的范本。

宋代还发生一件对孙子学的发展具有划时代意义的大事,即元丰三年(1080),诏定《孙子》《吴子》《六韬》《司马法》《三略》《尉缭子》《李靖问对》等书,镂版行之。此举使得千余年间没有获取正统地位的《孙子兵法》等兵书被确立为官方认定的教材,也是世界上第一套军事教科书,由此产生了与《魏武帝注孙子》《十一家注孙子》并行的第三个著名版本,各种讲义、讲章也成为传播《孙子兵法》的新载体。

明清时期的孙子学著述方式上大体延续了以往的传统,思想观点的"儒化"倾向则愈发明显。

综上所述,中国孙子学大体遵循了儒学等本土学术发展的历史轨迹,其经典文本的承传,各种注疏、义理阐释载体的涌现,师徒传授和武学教育方式的变化则又有自身的特点。这一发展模式致使 2500 年来孙子学绵绵不绝,经学色彩也更加浓厚,与现实战争日益疏远,直到在"数千年未有之变局"的晚清遭遇到来自西方的挑战。古老的中国兵家智慧只有在战火考验下涅槃重生,才能重新证明自身价值。

(作者简介:刘庆,中国人民解放军军事科学院原军事历史和百科研究部研究员、博士生导师。)

坚持"三个面向",谋求"三个突破"

——推动银雀山兵学文化创新发展的思考

路秀儒

摘　要　党的二十大报告提出"发展面向现代化、面向世界、面向未来的,民族的科学的大众的社会主义文化","激发全民族文化创新创造活力","增强实现中华民族伟大复兴的精神力量"。这为银雀山兵学文化创新发展指明了根本方向。瞄准"三个面向",持续发力、精心出招,在高、广、远三个维度上求突破,努力谱写银雀山兵学文化发展的新篇章,更好地为新时代经济社会发展贡献优秀传统文化力量。

关键词　三个面向;三个突破;银雀山兵学;创新发展

一、坚持面向现代化,在银雀山兵学文化发展的时代高度上求突破

党的二十大报告强调:"从现在起,中国共产党的中心任务就是团结带领全国各族人民全面建成社会主义现代化强国、实现第二个百年奋斗目标,以中国式现代化全面推进中华民族伟大复兴。"

面向现代化发展社会主义文化,既是中国式现代化的题中应有之义和重要组成部分,也是推进中国式现代化不可或缺的力量源泉之一。银雀山兵学文化发展,也必须适应中国式现代化建设的新要求,赋能中国式现代化建设的

新实践,展现出更加鲜明的现代化特征与价值趋向。

一是传播手段数字化。文化现代化不仅是文化内核的现代化,也是文化表现形式的现代化。银雀山兵学文化发展,应努力走出一条文化与数字科技相融合的路子,将一些文化资源转换成数字形态,实现优秀文化的数字化传承与发展。要利用数字技术提升文化设施,推进文化资源数字化转化与生产。比如,将遗址、图书、文物以及非物质文化遗产,通过各种终端以及搭建体验场景等数字化形式,向实体形态延伸。也可以通过动漫游戏、网络文学、网络音乐、网络视频、数字艺术、创意设计等年轻人喜闻乐见的形式或产品,让更多的人了解和喜欢上银雀山兵学文化。

二是古今链接融合化。沂蒙大地军事历史资源十分丰厚,从先秦时期一直延续到近现代灿烂辉煌的红色革命时期,几乎涵盖了各个历史时代。这些优秀传统兵学文化和红色军事文化蕴含的思想精髓、精神内核,在我们推进中国式现代化的伟大进程中有着特别重要的价值。要将传统兵学文化、红色军事文化与当下的现代文化相链接、相融合,创建新的文化形态,使其更好地适应现代化的需要。

三是产业发展品牌化。文化品牌是文化产业发展的形象,是文化繁荣强盛的重要标志,具有先进性、创意性、资本市场性、相对恒久性等特征。每一个成功的文化品牌,背后通常都有一个独特的品牌故事。这个故事可以凸显品牌的价值观、使命和愿景,帮助消费者感受该品牌背后的深刻内涵。以银雀山汉墓竹简为代表的历史遗迹、以鬼谷子为代表的历史人物等背后的故事、以孟良崮和"沂蒙红嫂"为代表的红色历史故事等,都为银雀山兵学文化产业发展的品牌化,提供了难得的历史背景和故事资源。我们在文化产业品牌发展的过程中,一定要把这些故事鲜明地张扬出来,用富有内涵、富有感染力的故事,来提升产业的知名度和影响力。

二、坚持面向世界,在银雀山兵学文化发展的
时代广度上求突破

文化是促进世界合作与交流的纽带。文化发展只有面向世界,才会更有影响力,才能更好地为国家利益服务,才会更具时代价值。兵学文化也不例外。

临沂银雀山,是中国的银雀山,更是世界的银雀山。1972年临沂银雀山汉墓竹简一出土,即在世界上引起了极大的轰动,是因为以《孙子兵法》为代表的中国兵学早就是世界各国最为关注、最为喜爱、运用最广的兵学。《孙子兵法》作为普世性最强的中华文化瑰宝,作为中国智慧的象征,早就穿越了时空,跨过了肤色乃至意识形态的界限,广泛而深刻地影响了世界。世界推崇《孙子兵法》、关注银雀山,需要我们跳出临沂、跳出山东,以全球的视野去发展银雀山兵学文化。

一方面,要努力走出去。向世界讲好以《孙子兵法》为代表的中国传统兵学,以及银雀山的故事,大力宣传和阐释彰显孙子思想与智慧的"不战""慎战"的战争观、人类命运共同体理念,深刻诠释中国和平发展道路的兵学文化底蕴。

另一方面,要积极请进来。借助银雀山汉墓竹简的世界影响力,把银雀山兵学文化论坛办成一个国际兵学论坛,积极争取国际友人和港澳台人员参加,致力把临沂打造成为一个弘扬孙子"不战"战争观的世界兵学研究高地、和平论坛高地、兵学普及推广高地。

三、坚持面向未来,在银雀山兵学文化发展的
时代远度上求突破

面向未来创新发展传统文化,一个很重要方面,就是要有前瞻意识、前瞻思维,对文化项目多赋予一些未来元素,多留一些发展"接口"和拓展空间,从

而更好地适应未来人们对文化的需求。

临沂银雀山兵学文化发展既要立足现实,也应该着眼发展,面向未来。今天,我们在文化创新上会受到方方面面条件的制约,可能在许多方面放不开手脚,但我们既要理性地、务实地接纳眼前的"苟且",同时心中还必须有"诗和远方"。

对我们临沂来讲,兵学文化资源非常多,除了银雀山汉墓竹简,还有平邑县的鬼谷子讲堂、鬼谷子村、鬼谷子洞、鬼谷子峪,有郯城的齐魏马陵之战古道遗址,有莒南县的孙膑洞,有蒙阴县的孟良崮战役旧址和纪念馆。但要把这些兵学资源开发利用好,需要大量的资金和适宜的外部环境条件。

以郯城齐魏马陵道之战古道遗址为例,孙膑擒庞涓的故事脍炙人口、家喻户晓,对世人具有很强的吸引力和感染力。孙膑此战的用兵谋略,是孙子兵学智慧的创造性运用与高光体现,是最具象、最直观、最实际的兵学文化教材。如果利用当代尖端的声光电技术复原马陵道古战场,再现2000多年前的战争场景,打造与银雀山兵学相呼应、一体化的,独具兵学特色的,高质量的文化旅游景区,必定会让人们更深切地感受中华兵学智慧的光辉。问题是,理想很丰满,现实很骨感,没有大量的经费投入和相应的配套建设,是无法实现这种愿望的。但万里长征是从第一步走过来的。只要我们立足现实、着眼长远,制定一个面向未来的发展规划,尔后在这个规划的指引之下,量力而行,分区块实施,循序渐进,经过若干年的努力,是完全能够积小成为大成的。

(作者简介:路秀儒,山东孙子研究会副会长、专家委员会常务副主任,《孙子研究》杂志主编,原济南军区司令部动员部部长。)

银雀山兵学与齐鲁文化发展

路秀儒

摘　要　银雀山汉简是齐鲁文化繁荣发展的重要标志,揭示了古代兵学的丰富内容,体现了汉代齐鲁地区深厚的文化底蕴。银雀山汉简出土五十余年来,对推动中国兵学文化发展起到了重要作用,促进了相关学术研究和文化交流。未来,银雀山兵学文化的发展愿景包括打造世界兵学中心、建立军队院校外训基地和建设高质量文化旅游景区等。同时,新时代需要进一步推动齐鲁文化创新性、协调性、融合性和应用性发展,将传统文化与现代社会需求相结合,增强文化自信,为新时代国防建设和社会发展贡献力量。

关键词　银雀山兵学;齐鲁文化;银雀山汉简

半个多世纪以来,中国的经济、社会与文化建设发生了天翻地覆的变化,始终不变的是我们对中华优秀传统文化的那种情怀,那种自信,那种自豪,那种"挖山不止"的开掘赓续精神。银雀山兵学文化研究走过的50余年发展历程,就是这种"不变"音符的最好注脚。

一、银雀山汉简是齐鲁文化繁荣发展的重要标志

齐鲁文化是中华文化的重要组成部分,并在其中占据了十分突出的位置。泰山南北,黄海之滨,自古为中华文化的重要发祥地。孙子研究专家吴如嵩曾讲道:"四五十万年之前它就有与'北京人'同时代的'沂源人',距今8000年

到4000年间'东夷文化'的产生,不仅是山东地区文明曙光的预兆,也是中华文明的预兆。"齐鲁文化不仅崇文,而且有言兵的特点。在古代的齐鲁大地上,涌现了以文圣孔子、武圣孙子为代表的一个庞大的顶尖思想人物群体,产生了一大批以《论语》《孙子兵法》为代表的文韬武略扛鼎之作。自从董仲舒于公元前134年提出"罢黜百家,独尊儒术",并在汉武帝时开始推行以来,儒家思想在历朝历代都占据主导位置。齐鲁兵学自古就有"甲冠天下"的美誉,几千年来一直居于中华优秀战争文化和兵学文化的主流地位。

齐鲁文化繁荣发展的成果弥足珍贵、源远流长。按照中国人"视死如生"的文化理念与风俗习惯,许多有价值的东西既会存在于"阳地",展现于世人,应用于当时,传承于后世,也往往会部分地作为随葬品埋藏到"阴宅",被发现后流传于世。在古代,随葬品往往标志着墓主的身份、等级,也折射了一个时代、一个地区的社会生活水平与风尚,当然也会反映出墓主生前的爱好与追求。

一叶知秋。位于齐鲁大地的临沂银雀山汉墓,虽然目前没能确定墓主的身份,但随着《孙子兵法》《孙膑兵法》《六韬》《尉缭子》《管子》《晏子春秋》《汉武帝元光元年历谱》,以及佚文《吴问》等竹简的出土,不仅揭开了千年兵学之谜,进一步彰显和巩固了齐鲁兵学"甲冠天下"的统治地位,而且通过这位"不爱器物爱兵书"的墓主,从一个侧面、在某种程度上反映了汉代时期齐鲁大地浓厚的文化氛围,反映了那个时代齐鲁人对兵学的孜孜以求,反映了那个时代齐鲁文化内外兼收并蓄、文武包容兼备的繁荣程度。

二、银雀山汉简是沂蒙大地厚重文化底蕴的生动反映

《孙子兵法》《孙膑兵法》《管子》《晏子春秋》等汉简,为什么会随葬在临沂?应该说,这并不是偶然的,它是沂蒙大地历史文化长期积淀的结果。原临沂市委书记李群曾指出:"临沂历史悠久,在这块土地上,曾经孕育了以凤凰为

图腾徽识的东夷文化。""沂蒙大地曾是东夷先人们活动的中心腹地。《说文通训定声》说:'夷,东方之人也。东方夷好战、好猎,故字从大,持弓,会意,大人也。'这段文字表明,东夷人具有高大剽悍的体质和勇敢善战的集群性格,进而通透出早在六七千年前原始兵学文化即在沂蒙大地开始萌生的远古信息。"

处在齐鲁"文化圈"内的沂蒙大地(包括日照),东临黄海,西接枣庄、济宁、泰安,北靠淄博、潍坊。特殊的地理位置,决定了这个地区最容易同时受到齐文化与鲁文化这些齐鲁主流文化的浸染。与此同时,临沂地区南邻江苏,处在南北接壤的部位,是南北贯通、人文物资交流的重要枢纽,既是商品贸易上的集散地,也是文化思想上的"集散地",担负着推动齐鲁文化南输、南北文化融合的重要角色。从这种意义上讲,沂蒙大地在文化上既受到齐鲁文化的主导,又受到南方文化的影响。由此可以断言,沂蒙大地必然是中华文化的一个重地,必然有深厚的文化底蕴。这也可能是这片土地上人才辈出的一个重要原因所在。深受沂蒙文化的影响,先秦之后沂蒙大地不仅涌现出蒙恬、诸葛亮、羊祜、王导、王羲之等一大批杰出文武人物,而且在日后统一中国的秦始皇嬴政,也是自东夷西迁的少昊氏之后。

一方文"化"一方人,一方人"化"一方文。银雀山汉墓墓主不管是什么类型、哪种级别、何种身份的人,但作为临沂及其周边人或在临沂大地生活的外乡人,肯定是长期受到了沂蒙文化的浸润熏染,从他们身上完全可以窥见沂蒙大地历史文化的本色与水平。

三、银雀山汉简出土五十余年,有力地推动了齐鲁文化和中国兵学文化的发展

20世纪70年代以来,齐鲁文化快速发展,中国兵学文化研究突飞猛进。在这个过程中,银雀山汉简出土是一个不可小觑的契机与动因,银雀山兵学文化是举足轻重的"推手"之一。正如孙子研究专家吴九龙曾经指出的:"中国

哲学史、思想史一向讨论的都是儒、墨、道、法、名等家,鲜有言及兵家的。""银雀山汉简出土后,哲学界对《孙子兵法》和《孙膑兵法》的哲学内涵有新的研究,中国哲学史、思想史都收入了孙武、孙膑的传略著作提要,作为哲学史史料。"银雀山汉墓竹简的出土,再次让世人见证了齐鲁文化的厚重底蕴,强化了齐鲁文化一文一武在中华文化中独一无二的重要地位,进一步增强了齐鲁儿女的文化自信、文化自觉,有力地促进了齐鲁文化的快速发展。

从兵学文化发展的角度看,银雀山汉简的出土更是具有里程碑意义。它不仅对解决历史上聚讼纷纭的问题有突出的贡献,而且在中国大地上引发了新的兵学热,是兵学研究史上的重要转折点。在银雀山汉墓竹简出土这一种重大考古发现的鼓舞下,中国孙子兵法研究会于1989年5月成立,以山东孙子研究会为代表的省、市、县(区)孙子兵法研究机构,也如雨后春笋般相继问世;临沂建成了银雀山汉墓竹简博物馆,聚集起了强大的兵学研究力量。中国孙子兵法研究会筹划、协调和组织了9届孙子兵法国际研讨会,各省、市、县兵学研究机构也定期组织研讨活动,为海内外学者搭建起了共同研究、切磋和交流的平台。银雀山兵学论坛至今已经举办了11届,每届都是广受海内外高度关注的兵学盛事。滨州海峡两岸孙子兵法研究交流活动已经举办了15届,海峡两岸青年学生孙子兵法友谊辩论赛举办了10余届,对促进两岸的交流与文化上的认同,发挥了积极的促进作用。50余年来,既产生了一批在理论和史料占有都兼备的优秀论文和论著,也造就了一批研究能力强、学术造诣高的专家学者,为兵学研究的持续发展积蓄了强大的力量。在加强文本研究、深化兵学溯源的同时,注重兵学应用,把兵学智慧转化为实际效益。临沂率先提出并致力于孙子文化"四进",即:进社区、进企业、进校园、进部队。山东孙子研究会注重"五个走进",即:走进文化殿堂,走进讲学课堂,走进书屋习堂,走进研讨大堂,走进文建馆堂。各地把兵学与旅游、文创、休闲、国防教育等有机地结合起来,广饶建成了孙子文化园,先后举办了15届孙子文化论坛暨旅游文化节,惠民建成了孙子兵法城,临沂建成了银雀山兵学文化公园,苏州建成了孙子兵法博物馆,滨州正在筹划建设孙子文化园,让一代代青少年在这里感受中华文化的博大精深,源远流长。这些重要举措,对兵学文化的普及与运用发挥了重要作用,产生了良好的社会效益和经济效益。回顾50余年的历程,临沂银雀山汉墓竹简的出土,有力地推动了中国兵学研究的发展,具有划时代的里程碑意义。

四、银雀山兵学文化的发展愿景

银雀山兵学文化走过了不平凡的50多年发展历程,下一个10年、再下一个10年怎么走?对此,世人寄予厚望。借此机会,谈几点不成熟的个人想法与建议。

(一)打造银雀山世界兵学中心

临沂银雀山,是中国的银雀山,更是世界的银雀山。1972年临沂银雀山汉墓竹简一出土,即在世界上引起了极大的轰动,是因为以《孙子兵法》为代表的中国兵学早就是世界各国最为关注、最为喜爱、运用最广的兵学。《孙子兵法》作为普世性最强的中华文化瑰宝,作为中国智慧的象征,早就穿越了时空,跨过了肤色乃至意识形态的界限,广泛而深刻地影响了世界。世界推崇《孙子兵法》、关注银雀山,需要我们跳出临沂、跳出山东,以全球的视野去发展银雀山兵学文化。2019年8月25日,由教育部、山东省共建的尼山世界儒学中心正式成立,标志着全球儒学研究实体平台的诞生,致力于打造世界儒学研究高地、儒学人才集聚高地、儒学普及推广高地和儒学国际交流传播高地。与尼山世界儒学中心相呼应,有必要借银雀山汉墓竹简的世界影响力,积极争取省委省政府和国家有关部门的支持,适当时机成立银雀山世界兵学中心,致力打造一个弘扬孙子"不战"战争观的世界兵学研究高地、和平论坛高地、兵学普及推广高地。并借此作抓手,把临沂打造成"世界的临沂"。

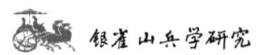

(二)建立一流的军队院校外训基地

沂蒙大地军事历史资源十分丰厚,从先秦时期一直延续到近现代灿烂辉煌的红色革命时期,几乎涵盖了各个历史时代。这里除了临沂银雀山兵学文化资源,还有平邑县的鬼谷子讲堂、鬼谷子村、鬼谷子洞、鬼谷子峪,有郯城的齐魏马陵之战古道遗址,有莒南县的孙膑洞,有蒙阴县的孟良崮战役旧址和纪念馆。抗日战争和解放战争时期,沂蒙地区先后是山东和华东党政军领导机关所在地,史称"华东延安"。沂蒙还是世人敬仰的"红嫂故乡"。这些都是非常难得的军事教学和国防教育培训条件。对这些丰厚的兵学资源,应重视挖掘利用,可与国防大学等军队院校合作,建立一流的教学培训基地,为新时代国防建设贡献力量。

(三)建设高质量的马陵道古战场文化旅游景区

齐魏马陵道之战,孙膑擒庞涓的故事脍炙人口、家喻户晓,对世人具有很强的吸引力和感染力。孙膑此战的用兵谋略,是孙子兵学智慧的创造性运用与高光体现,是最具象、最直观、最实际的兵学文化教材。应精心筹划设计,复原马陵道古战场,利用当代尖端的声光电技术再现2000多年前的战争场景,打造与银雀山兵学相呼应、一体化的,独具兵学特色的、高质量的文化旅游景区,让人们更深切地感受中华兵学智慧的光辉。

五、新时代深化齐鲁文化发展的几点思考

新的时代,齐鲁文化发展面临着难得的发展机遇。习近平总书记2013年11月26日在考察孔府和孔子研究院时的重要指示,2021年5月12日给山东大学《文史哲》编辑部全体编辑人员的回信,为齐鲁文化的发展指明了前进方向,提供了根本遵循。贯彻习总书记指示精神,推进新时代齐鲁文化建设,我

认为需要在以下四个方面着力。

(一)进一步推动齐鲁文化的创新性发展

一个时代的文化归根到底是由这一时代的问题和任务决定的,中国传统文化的孕育、产生和发展,也都与其所处的时代任务和问题密切相关。中华文明延续着我们国家和民族的精神血脉,既需要薪火相传、代代守护,也需要与时俱进、推陈出新。中国传统文化的生命力和创造力就在于其时代精神。习近平总书记指出:"创造性转化,就是要按照时代特点和要求,对那些至今仍有借鉴价值的内涵和陈旧的表现形式加以改造,赋予其新的时代内涵和现代表达形式,激活其生命力。创新性发展,就是要按照时代的新进步新进展,对中华优秀传统文化的内涵加以补充、拓展、完善,增强其影响力和感召力。"因此,推动齐鲁文化发展,必须着眼时代需要,为其注入时代基因、增加时代元素,激发创新活力,实现守成与创新的高度统一。要充分发挥科研机构与文旅系统的各自优势和潜力,统筹协调各种资源,深入开展中华优秀传统文化创造性转化、创新性发展的研究和实践,理出新思路、拿出新办法、寻求新突破,以卓有成效的实际行动赓续中华民族的精神命脉。

(二)进一步推动齐鲁文化的协调性发展

文圣、武圣兼有,儒学、兵学同耀,这是齐鲁文化独有的特点,也是最大优势之所在。但在某些地方发展还不够平衡,特别是一些与兵学渊源不深、交集不多的地区,对兵学研究与应用还比较薄弱甚至还是空白、盲区,兵学文化建设和发展与齐鲁兵学"甲冠天下"的美誉很不相称。

推动兵学文化的运用与发展,必须走出认识上的误区。这些误区,主要是两个方面:一个是,有的人把兵学文化简单地理解为战争文化,把学兵学、用兵学视为战争范畴、军事范畴内的事,是军队的事、军人的事,"事不关己,高高挂起"。另一个是,有的人把兵学文化片面地理解为"诡诈"文化,等同于"三十六计",看作是"耍心眼""算计人",将其与齐鲁文化的忠厚仁义对立了起来。因此,对许多人来说,一提起"兵法"二字,感觉总是既冰冷血腥,又晦涩生硬,有一种莫名的距离感、排斥感。这恰恰暴露了人们对兵学文化了解掌握、理解把握上的缺失和不足。

自古知兵非好战。强调以人类和平为天下情怀,是中国军事文化的优良传统。中国兵法归根结底张扬的是理性与智慧,体现的是科学思维。就《孙子兵法》而言,它涵有哲学文化、战略文化、谋略文化、将帅文化、和平文化、慎战文化、竞争文化、共赢文化、外交文化、政治文明文化,甚至还有美学文化。如果深读细品,渐渐就会发现,《孙子兵法》不仅仅有兵法,而且还有风景、有图画、有韵味、有故事,它是人性之温、理性之智、诗性之美的浑然体。比如,从政治文明的角度来讲,孙子的"慎战"思想,彰显出对人及其家国生存权的珍视;孙子的"道胜"思想,彰显出对民众认同权的尊重;孙子的"君命有所不受"思想,彰显出对将帅民主权的诉求;孙子的"卒善而养之"思想,彰显出对被俘士卒生命权的保护;孙子的"役不再籍,粮不三载"思想,彰显出对经济社会发展权的关注;孙子的"同舟而济"思想,彰显出对各国合作共存权的向往,等等。

从美学的角度来讲,深嚼细品它的字词句篇、形色音韵,绝妙玄丽就会直扑眉宇,深入心田,让人仿佛走进一个既优雅又豪情的世界。我曾在《美眼看孙子》一书中,把《孙子兵法》之"美"归纳为"二十四美"。

我们把儒学称为"文"文化,把兵学称为"武"文化。其实,"武"文化之中的"文"文化,占有很大的比重,并居于指导甚至主导地位。

儒家文化与兵家文化是齐鲁文化的车之两轮、鸟之双翼,是不可或缺、不可或弱的两大主要组成部分。忽视了哪个方面,都是缺憾,都会产生不应有的损失。推动新时代齐鲁文化建设与发展,应该坚持"两手抓、两手都要硬"的基本思路,既要突出抓好以儒家文化为主体的"文"文化,又要重视抓好以孙子兵学为代表的"武"文化,把儒学文化与兵学文化发展纳入统一的规划,确保二者协调推进、平衡发展。当前,尤其要在加强兵学文化上抬高认识起点,加强宣传引导,加大人力、物力、财力投入,固强项、补短板、去空白,让兵学文化建设在各地硬起来、广起来、实起来、强起来,与齐鲁兵学"甲冠天下"的美誉匹配起来。

(三)进一步推动齐鲁文化的融合性发展

兵家文化从来都不是独立发展、孤立存在的,也并不都是以兵法的名义、以兵书的形式存在于世、流传于后人的,言兵者既有兵家,也有儒家、法家、道家、墨家等几乎诸子百家。在儒家经典《论语》《孟子》、墨家经典《墨子》中都不乏精辟的兵论华章。作为稷下学者言论的集大成之作,《管子》一书中同样保存了数量可观的兵学论文。还有道家的《老子》、法家的《韩非子》,等等,都有大量言兵的内容。所以,研究中华传统文化不能人为地把"文"文化与"武"文化割裂开来,更不能把二者对立起来,而是应放到一个思想体系里,去整体研究,去全面挖掘,去系统把握。

儒学、兵学作为齐鲁文化的两大主流文化,有着各自的特点与优长,具有很强的互补性。以《孙子兵法》为代表的兵学,在创新的特质上表现得非常活跃、特别抢眼,创新思维是贯穿兵法始终的一条红线,也可以说是兵法的灵魂所在。《孙子兵法》的创新品格、创新胆略,可以归纳为八个方面:一是突破"卜筮占验"的定式,倡导"必取于人"。在孙子生活的时代,卜筮占验之风依然盛行,人们往往依据卜筮的结果判定胜负之数,择定作战日期。孙子坚决反对这种做法,认为一切求神问卜的行为都是迷信,毫不足取。他在《用间篇》中鲜明地提出"先知者,不可取于鬼神,不可象于事,不可验于度",指出正确的方法应该是"取于人,知敌之情者也"。这实际上是突出强调人在掌握敌情上的主观能动作用,充满了朴素的唯物精神,摆脱了当时笼罩在兵学思想界的神怪诡谲迷雾。在我国古代思想家中,像孙子这样公然否定鬼神之说得极为罕见。二是突破兵凶战危的定理,倡导"先发制人"。中国自古素有"兵凶战危"之说。孙子"不战而屈人之兵"的至理名言,就深刻反映了古代中国军事传统的重要特征。然而,尽管孙子是"不战而屈人之兵"的大力倡导者,并旗帜鲜明地认定"伐兵""攻城"绝非上策,但他并不一概否定战争;他既反对穷兵黩武,又毅然突破传统的"兵危战凶"之说,把战争作为不可避免的历史和社会现象来认真研究、积极对待,作为解决诸侯国之间矛盾问题和利益纷争的有效手段来选择。在对待战争问题上,孙子既表现出"慎战"的一面,又毫不掩饰地摘掉"矜持"的面纱,表现出主动、强势的一面。在孙子的战略思想里,非常突出的一点就是先发制人,提出"攻其无备,出其不意""善攻者动于九天之上""并敌一向,千里杀将"等一系列主动进攻的思想。三是突破"耻于言利"的定律,倡导"非利不动"。孙子生活在鲁国的近邻齐国,稍晚于孔子,其思维与思想难免要受到中国古代核心文化儒家文化的影响。儒家非常讨厌讲利,"耻于言利"。孔子说:"君子于义,小人于利。"孟子说:"王何必言利,有仁义而已。"宋朝朱熹更进一步提出"存天理,灭人欲"。这虽反映了中国古代文化的传统认知,却违背了人的本性与战争的本质,正如司马迁后来所说:"天下熙熙,皆为利来,天下攘攘,皆为利往。"对儒家"耻于言利"的思维理念,孙子的可贵之处就在于没有盲从,没有冒充道貌岸然的"君子",没有惧怕留下"小人"的骂名,而是表现出超乎寻常的理性和深邃。他从战争的内在规律出发,义无反顾地提出以利驱动的用兵原则,鲜明地把基本的衡量标准定在"非利不动""合于利而动,不合于利而止"上。四是突破"仁者不诡"的定规,倡导"兵以诈立"。古代中国的军事传统一向认为,仁者无敌于天下,有德者无往而不胜,要显威必先立德。在宋襄公以前的时代,战争是非常温文尔雅的,大家都是彬彬君子。宋襄公规定,在战争中不杀上了年纪和未成年的敌军将士,不进攻半渡中的敌军部队。这虽是"蠢猪似的仁义",把"仁"绝对化了,但这种战争不是宋襄公一人的发明,而是当时整个社会潮流背景下的一种战争形态,是军礼传统下的一种必然产物。在这种时代条件下,诡诈无疑是没有"市场"的。因此,在一些儒家学者看来,仁信与诡诈是水火不相容的,仁者不诡,诡者不仁。比如,荀子就认为,"仁人之兵,不可诈也"。然而,孙子毕竟不是凡人,他或许被宋襄公的

"愚仁"逻辑、可悲下场所刺痛,毅然决然地走出这一传统的思维定势,直言不讳、大鸣大放地宣传"诡诈"之道,从而推动了战争形态的演变发展。当然,孙子虽讲诡道,但没有摒弃仁义。他认为,"仁"与"诡"是既对立又统一的矛盾关系,并非水火不容、不可调和。他既宣扬"兵者诡道""兵以诈立"的思想,研究提出施计用诈之道,又讲仁爱,提出"仁"是将帅必备的五大条件之一。他认为,战争指导者在对敌斗争中施行诡道,是由战争的特殊规律决定的,不使用计谋就无法取得战争的胜利,而将帅打不赢战争就是对国家、对君主、对民众的最大不仁,即所谓"不仁之至也"。五是突破"德者不掠"的定识,倡导"胜敌益强"。人无德不立,军无德不威,国无德不盛。春秋鲁卿大夫穆叔有言,做人当"三不朽",即"太上有立德,其次有立功,其次有立言"。但战争毕竟是人类一种特殊的社会活动,孙子从战争的本质要求出发,毅然挣脱传统的"德律",顶住可能的舆论压力,鲜明地提出了"掠乡分众,廓地分利"的用兵思想。他在《作战篇》中强调:"因粮于敌,故军食可足也。""故智将务食于敌,食敌一钟,当吾二十钟;萁秆一石,当吾二十石。"在《九地篇》中强调:"重地则掠""凡为客之道……掠于饶野,三军足食"。六是突破"婴儿之爱"的定执,倡导"投亡后存"。孙子强调仁慈与爱兵,在《地形篇》中强调:"视卒如婴儿,故可与之赴深溪;视卒如爱子,故可与之俱死。"但是,孙子对士卒的仁爱,并没有限定在"婴儿之爱""父子之爱"上,他既超出了前人司马穰苴的境界,而且让以爱兵著称的后来者吴起也难以企及。孙子突破一般意义上关爱部属的传统思想理念,在《九地篇》中独具特色地提出"登高而去其梯""深入诸侯之地"而"焚舟破釜""投之亡地然后存,陷之死地然后生"的思想,认为使士卒失去退路,才能让他们拼死作战;把士卒置身于亡地,才能保存自己;使士卒陷身死地,才能死中求生。后人对这些思想有一定争议,在一些人看来这似乎不可思议,没有什么道义可言。实际上,这里面有很高的用兵哲学,蕴含着深层次的爱兵思想。带兵者固然需要关心士卒的饥饱冷暖、伤病疾苦,但唯有孙子这种把日常之爱与生命之爱、个人之爱与国家及家庭之爱、眼前之爱与长远之爱有机地统一起来的爱兵观念,才是大视野、高层次的追求,才真正称得上"善之善者也"。七是突破"多多益善"的定见,倡导"兵非益多"。古代作战,主要靠兵力数量和"人海战术"取胜,故有"多多益善"之说,以至延续到当代,即使在20世纪后期,世界上仍有许多国家的军队不同程度地靠数量规模谋优、补劣。然而,早在2500多年前的孙子就果断地摒弃了"兵多益善"的思维理念,创造性地提出了"兵非益多"的精兵思想,认为用兵打仗,绝非简单的兵力投入和使用,并不是兵力越多越好,在一定的兵力基础上,关键要看作战指挥怎样,看能否准确判断敌情,集中使用兵力,通过高超的调兵遣将艺术战胜敌人。孙子"兵非益多"的精兵思想,并不是否定实力的作用,而是强调在一定的实力条件下,通过精妙的兵力调动与使用,形成局部的力量优势,凭巧力而不是蛮力取胜。八是突破"常规""正矩"的定论,倡导"无法""无政"。孙子在《九地篇》中提出:"施无法之赏,悬无政之令,犯三军之众,若使一人。"意思是说,施行不合惯例的奖赏,颁布不拘常规的号令,指挥全军就如同使用一个人。这种"无法""无政",充分体现了孙子用兵不循规蹈矩的创新精神与创新思维。对于如何才算"无法""无政",孙子接着作了很好的诠释:"犯之以事,勿告以言;犯之以利,勿告以害。"他要求,向部下布置作战任务,但不说明其中的意图;统率士卒,只说明有利的条件,而不告诉他们行动的危害。对此,许多人视为孙子论兵的瑕疵,斥为"愚兵"之策,认为这反映了孙子无法克服的时代局限性与贵族陈腐性。其实,恰恰相反,这正是孙子超俗脱常之处,彰显了兵圣过人的胆识与独到的创见。因为那时的军队,士卒成分复杂、觉悟有限,又没有什么文化,困难和危局之下,知道得越多,军心越不容易稳定,并且也容易泄露军机。这种"限知"之措,是保密和稳定部队军心的重要保障。

  儒家思想倡导仁、义、礼、智、信、恕、忠、孝、悌,注重的是伦理道德,彰显的是自身的包容性、内化性和开放性。儒家思想的内在特质,创造了灿烂的中华文明,许多传统美德与精神追求具有强大的生命力,起到了凝聚力量的重大作用,其许多思想融进了社会主义核心价值观。如果把儒家思想的守正与兵家思想的创新有机地结合起来,就会实现优势互补、相互促进、彼此相长、相得益彰。齐鲁文化只有在儒学与兵学的高度融合发展中,才能焕发更强的活力、产生更高的应用价值,才会更适应新时代的发展与要求,实现新的突破和超越。

(四)进一步推动齐鲁文化的应用性发展

文化是民族的血脉,是人民的精神家园。在我国五千多年文明发展历程中,各族人民共同创造出源远流长、博大精深的中华文化。中国共产党从成立之日起,就既是中华优秀传统文化的忠实传承和弘扬者,又是中国先进文化的倡导者和发展者。文化的生命力在于应用,在于"化"人,在于释解现实矛盾和问题,绝不能停留于文斋,束之于高阁,虚挂于嘴边。多年来,以《孙子兵法》为代表的兵学思想,不仅引起了世界各国军事界和决策机构的普遍重视,而且成为海内外工商业界实施企业管理的法宝,并转化为重要的战略思想和经营理念,显示了很高的商业利用价值和强大的生命力。在其他诸多领域,它同样显示了突出的思想启迪与实际应用价值。我们要善于总结经验,开阔视野,拓展思路,提升品位,围绕服务地方经济社会发展大局,在加强一些文旅项目建设的同时,注重把优秀传统文化所蕴含的思想与智慧创造性地运用于各个领域,进而转化为科学的思维方法、创新的工作思路、有力的对策措施,转化为应有的社会效益和经济效益,不断续写齐鲁文化发展的新篇章、新辉煌。

(作者简介:路秀儒,山东孙子研究会副会长、专家委员会常务副主任、《孙子研究》杂志主编,原济南军区司令部动员部部长。)

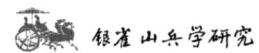

《孙子兵法》与领导力

张有凤

摘　要　《孙子兵法》不仅是一部军事战略经典,其深邃的领导力同样适用于现代经济、政治和企业管理等领域。孙子提出领导者应具备"五德":智、信、仁、勇、严,这些品质对领导力的提升至关重要。同时,领导者需避免"五危":硬拼、贪生、急躁、过分清廉、过度爱民,这些性格弱点可导致严重后果。在指挥和管理中,应避免"六过",包括用人不当、管理不善等问题。孙子还强调了"人情之理",即领导者需理解士兵心理,以确保军队的团结和战斗力。君主应信任将帅,避免不必要的干预。《孙子兵法》的这些原则,对于培养具有战略眼光、人格魅力和高超领导技巧的领导者具有重要指导意义。

关键词　《孙子兵法》;领导艺术;"五德";"五危"

当今世界,人们掀起了学习孙子兵法的热潮,还将其应用到经济、政治、外交、企业经营管理等各个领域。有的人就问了,为什么可以将《孙子兵法》应用于其他领域呢?我们深入研究就会发现,战争领域与其他领域一样,都存在着激烈的竞争。竞争是我们人类社会发展的基本动力,而战争领域是最激烈的涉及生死存亡的斗争。《孙子兵法》就是告诉我们如何通过智慧不战而胜或战胜敌人,实现"兵不顿而利可全"的目标,这恰恰也是其他领域所追求的最高目标。

《孙子兵法》所倡导的领导力也是竞争领域最重要的一部分,是关于领导者的竞争。《孙子兵法》是站在国家战略的全局角度上研究战争问题的一部军事战略学著作,而作为主宰国家命运的君主和将帅必须深刻理解战争制胜之道。孙子在十三篇里,多次提到将帅对国家的作用,如在《作战篇》说:"故知兵之将,民之司命。国家安危之主也。"又如在《谋攻篇》提到:"夫将者,国之辅也,辅周则国必强,辅隙则国必弱。"意思是将帅是国家的辅佐,辅佐越周密,国家就越强大,反之国家会变弱。可见,孙子对于带兵打仗的将军是非常重视的,甚至认为他们起到决定国家命运的作用。而对于君主,他也提出了"将能而君不御者"的领导原则。因此从领导力层面讲,《孙子兵法》告诉了我们作为国家领导者和军队领导者应具备的人格魅力、性格、智慧、学识、胆略、经验、作风、品格、方法和能力,应避免的性格弱点、指挥管理中的错误做法、应懂得的"人情之理",进而抽象出战争竞争领域的领导原理、原则以及领导方法的高超技巧。

一、为将"五德"与领导力提升

孙子在开篇就讲到"五事七计"的庙算思想,即道、天、地、将、法。"五事"的第四个要素就是"将"。千军易得一将难求,"将"是战争竞争中最活跃、最重要的变量,优秀的将帅是一支军队的灵魂。何为"将"?所谓"将者,智、信、仁、勇、严也"。孙子对将的要求提出五条标准:智、信、仁、勇、严,孙子对这五德的排列顺序,别有深意,值得注意。为将"五要",有此品质者,可为将才。

孙子将"智"放在"五德"的第一位,可见智慧是优秀将帅特质的首要条件和核心要素。智,就是智谋、智慧、智力。我们从"智"字的组成可以看出,"智"的本意就是"每日都要有所知",可见一个有智慧的人首先是一个爱学习的人,而且还要日日学,不断地更新和丰富知识,只有知识渊博的人,才会有智谋,有智慧。《孙子兵法》可以说是一部智慧之学,这也是东方兵学的特色。

孙子所说的将帅的"智",首先表现为君主和将帅的战略预见能力。这种战略预见性的智慧体现在对战争发展趋势的预见和识别能力。

孙子在开篇《计篇》就提出"庙算"思想，即在战前要对战争胜负进行战略预测。如果没有战略上的预测，即庙堂上的计算，连胜算有多少都不知道，谈何打仗。所以战前君臣聚集庙堂共计国家大事，进行战争胜负的预测与计算，这是决定是否发动战争的前提，也是国家高层最难走出的一步，这也是孙子把《计篇》放在篇首的原因。信息化战争条件下，我们应该科学预见未来战争的制胜机理，对可能发生的战争进行预先设计和谋划，努力做到"未战而先计""未战而先胜"。

那么，作为君主和将帅如何做到"未战而先胜"呢？孙子的回答是"五事"，即道、天、地、将、法，这是决定战争胜负的最基本、最重要的要素。孙子强调，作为将帅必须要知道这五个基本战略要素，他说："凡此五者。将莫不闻，知之者胜，不知者不胜。故校之以计而索其情，曰：主孰有道，将孰有能，天地孰得，法令孰行，兵众孰强，士卒孰练。赏罚孰明。吾以此知胜负矣。"(《计篇》)

孙子的"五事七计"战略预测思想植根于朴素的唯物主义的认识论，但又远远高出前人，甚至高出同时代的人，这至少表现在以下两个方面：第一，他是站在国家高度来论述战争预测问题。第二，他提出的"五事七计"的运筹思想使战争预测走向科学决策。他论述的战争制胜条件，有力地揭示了军事斗争的内在规律，融及了战争中一些带根本性的问题。"五事""七计"包含了民众对战争的态度，天时地利、将帅的指挥才能，军队的组织、装备、制度和训练程度，战斗力的强弱以及赏罚和纪律等方面。

其次，孙子的"智"还体现在君主和将帅的战略谋划能力。将帅的战略谋划智慧体现在对战争全局问题的把握，孙子在《谋攻篇》里，提出了"全胜"的战争目标和"上兵伐谋"的战略手段，并在随后的《形篇》与《势篇》提出"以镒称铢"的战略力量来达成全胜目标。

孙子说："故善用兵者，屈人之兵而非战也，拔人之城而非攻也，毁人之国而非久也。"(《谋攻篇》)，就是强调不与敌人直接交战，不与敌人硬打，不与敌人久战。按照现代军事学术的理解,可分几个层次来理解:从战略层面讲,要以谋略胜敌,要用谋用计,用智慧巧胜。从战役战术层面讲,以力攻敌,交战而胜,也要通过运用谋略,最大限度发挥军事力量,以最小的代价获取最大的战果。总之,"必以全争于天下,故兵不顿而利可全,此谋攻之法也。"(《谋攻篇》)这个"谋"相当于我们讲的战略,就是谋划战争全局的总体方略。

再次,孙子的"智"还体现在君主和将帅的辩证分析能力。孙子创造性提出一系列的军事学上的哲学概念范畴体系,诸如利害、奇正、虚实、迂直、主客、安危、速久、形势、分合、治乱等等,奠定了中国古典兵学的基础,体现了孙子相对的、思辨的、理性的战争观。孙子论述了战争中50多对对立统一的军事矛盾范畴,抓住了军事斗争的本质特点,揭示了战争中矛盾运动的普遍规律,为人们提供了一个崭新地认识战争问题的辩证思维体系,为后人留下了无限的研究空间。

将帅的第二个品德就是"信"。"信"是真诚正直,言而有信,说到做到。领导品质的一个重要内容就是言必行、行必果。如果没有想清楚的话,就不要做出决定;如果不想失信的话,就不要轻易做出承诺;一旦做出承诺,就一定要实现。具备这样行事风格的领导才会得到下属的信任和尊重。美国学者詹姆斯和巴里曾经在世界范围做过多次名为"受人尊敬的领导品质"的调查,比如诚实正直、能激发人、有胜任力、心胸宽广等,每次都有80%以上的人选择了"真诚",在所有调查中差不多都是占据第一名的位置。"信"是赏罚有信,领导者威信的树立主要靠赏罚有信建立起来,如果任人唯亲,就会丧失威信,而且也会失去人心。

将帅的第三个品德是仁,"仁"即关爱部下。仁,就是仁爱、爱卒、善俘,这是团结内部、统一意志的一个重要因素,是提升团队凝聚力和促进团队和谐的关键。"仁"的含义很丰富,一是爱而能令。孙子说:"视卒如婴儿,故可与之赴深溪;视卒如爱子,故可与之俱死。厚而不能使,爱而不能令,乱而不能治,譬若骄子,不可用也。"(《地形篇》)意思是对待士卒像对婴儿,士卒就可以跟他共赴患难;对待士卒像对爱子,士卒就可以跟他同生共死。对士卒厚待而不能用,溺爱而不管教,违法而不惩治,那就好像被娇惯的子女一样,是不能用来作战的。爱兵的目的在于用兵,不能为了示恩而不约束士卒,使其成为"厚而不能使,爱而不能令,乱而不能治"的骄兵悍卒。要把道义上的感化教育与组织纪律上的严格军法军纪有机结合起来,使将吏既取得士卒拥戴,又有令出必行的威信。二是唯民是保。孙子说:"故战道必胜,主曰无战,必战可也;战道不胜,主曰必战,无战可也。故进不求名,退不避罪,唯民是保,而利合于主,国之宝也。"(《地形篇》)中国的传统兵学,是建立在"安国全军、唯民是保"的基础上的,从一开始就提倡"止戈为武""不战而屈人之兵""自古知兵非好战",这是一种真正悲天悯人的情怀,以人为本的思想。三是善待俘虏。孙子说:"车杂而乘之,卒善而养之,是谓胜敌而益强。"(《作战篇》)意思是将俘获的战车编入我方车队,对俘获的俘虏要善待安抚。这就是战胜敌人而使自己越发强大的方法。

将帅的第四个品德是"勇"。什么是勇？勇就是勇敢,就是胆量。将帅的勇敢不是匹夫之勇,一怒而起,将帅最大的勇气是勇于承担责任,敢于坚决行动,勇于改革创新,勇于在风险和困难面前理智决策。古代文字往往是一词多义,勇的含义很丰富:一是无畏之勇。克劳塞维茨说:"没有胆量就谈不上杰出的统帅,也就是说,生来不具备大胆、勇敢这种情感力量的人决不能成为杰出统帅。因此,我们认为这种情感力量就是成为杰出统帅的首要条件。"二是大智之勇。面对战争的不可预见性,优秀的将领必备两大素质:第一,即便在最黑暗的时候,也具有能够发现一线微光的慧眼;第二,敢于跟随这一线微光前进的勇气。三是担当之勇。孙子说:"进不求名,退不避罪。"(《地形篇》)这说起来容易,做起来难。以生命为代价的担当是很沉重的,在个人得失生死与国家民族存亡之间做出选择,是需要非常大的勇气的。

将帅的第五个品德是"严"。"严"即要"军纪严明",即严格的军纪法令、严格的组织管理。这是部队特殊的地方,一切听指挥,服从命令是军人的天职。纪律是军队的命脉,是部队战斗力的重要因素。汉武帝前期,西北边境有两个名将,一个是骁骑将军李广,驻守云中,人称"飞将军";另一个是车骑将军程不识,驻守雁门,人称"不败将军"。李广的一生充满传奇和悲剧,行军打仗总是冲锋陷阵,身先士卒,与士兵同甘共苦。这样一位不可多得的将领,却始终没有实现封侯的愿望。史书上记载,李广治军宽松,部队纪律性很差,他带兵没有严格的层级指挥系统,管理军队的表册文书一律简化,平时部队风气散漫且不练兵,行军也不规划行程,扎营也是人人自便。匈奴人喜欢找李广交手,因为李广事前没有周密的军事准备和严格的军纪,容易被偷袭。自古兵家向来崇尚治军严谨,虽然李广得到了士兵的支持和爱戴,却犯了兵家大忌。李广的做法,缺乏正式的严格管理。这也是为什么他打了那么多精彩的仗,却始终得不到封侯的原因。

而程不识与李广恰恰相反,基本没有什么赫赫名声。他一辈子几乎没打过败仗,不仅没打过败仗,而且也没打过什么仗。因为他的部队法纪严明、管理严格、防守严密,匈奴人找不到他的任何漏洞,简直就是无懈可击。程不识治理部队很有章法:首先是正部曲,就是严格部队的组织编制,建立起一个严密的层级指挥系统。其次是正行伍营陈,即安营扎寨必须按规定来,宿营有警戒,整个营盘防得跟铁桶一般。匈奴人从没占过程不识的便宜,因为这支部队管理得太严密了,根本没有下手的机会。久而久之,匈奴人就不找他麻烦了,因为知道得不到任何好处。所以,他一辈子就没什么大仗可打,没有太大的功劳,但也没有犯过太大的过错。军队要始终严格管理,为将者也应当从严要求自己,这样才可避免祸害。

二、为将"五危"与领导者应避免的弱点

在孙子的心目中,将帅是国家的辅木、军队的主宰,他的才能、品德在很大程度上关系着战争的胜负。同样的道理,能否实施随机应变、灵活机动的作战

指挥,也依赖于将帅个人的主观条件。基于这样的认识,孙子强调必须高度重视将帅队伍的建设。他在《九变篇》中语重心长地叮嘱那些身为将帅的人,要注意克服自己性格上的"必死""必生""忿速""廉洁""爱民"等五种缺陷,以避免"覆军杀将"这一类悲剧的发生。

孙子说:"故军将有五危:必死,可杀也;必生,可虏也;忿速,可侮也;廉洁,可辱也;爱民,可烦也。"(《九变篇》)意思是将帅有五个致命的弱点:只知硬拼,就有被杀的危险;贪生怕死,就有被掳的危险;刚忿急躁,就有被轻侮的危险;清廉自好,就有被污辱的危险;宽仁爱民,就有被烦扰的危险。

将帅的五个性格缺陷最危险,往往会导致国家倾覆、军队败亡的后果。

第一,"必死,可杀也"。如果将帅只知道硬拼,而不会用谋,就有可能中敌诡计而被诱杀。三国名将关羽以"忠义守信"而闻名天下,他勇冠三军,曾经为报答曹操而温酒斩华雄,又诛颜良、文丑。后为回到刘备身边,过五关斩六将,勇猛异常,可敌万人。但关羽的性格中有致命的弱点,就是骄傲自负、胸怀狭窄、缺乏深谋远虑。比如孙权派人提媒,关羽却说"虎女焉能嫁犬子",直接回绝了孙权。被其惹怒的孙权,令吕蒙白衣渡江偷袭荆州。关羽兵败麦城,后被东吴仇家杀死。关羽的失败主要是他的骄傲自负、谋略不足造成的。

第二,"必生,可虏也"。如果将帅特别怕死,没有血性和斗志,就会被俘。如果一个国家的君主只想自保,将帅一味求和,贪生怕死,那么,这个国家离亡国已经不远了。北宋末年,北方的金军实力强大,完颜阿骨打派两路金军长驱直入,打到汴京城下。宋徽宗贪生怕死,危机之下禅位太子赵桓(史称宋钦宗)。宋钦宗同样贪生怕死,优柔寡断,害怕金人,不敢与金人决战。为了让金人撤兵,他一味割地赔款以求自保,结果也没有能满足金军的胃口。宋徽宗父子一再忍让令金军变本加厉,终于导致北宋灭亡。两位皇帝被俘到金国,更惨的是,还有赵氏皇族、后宫妃嫔与贵卿、朝臣等共三千余人被迫北上金国,承受亡国之辱,东京城中公私积蓄被抢劫一空。在战争中,君主与将帅只想着自保,一味退让求和,不敢以战促和,最后就会被敌人俘虏。

第三,"忿速,可侮也"。刚直易怒的将帅,容易被敌人激怒,失去理智,做出错误的决策而遭到敌人的侮辱。老子所言"善战者不怒",善于指挥作战的人,不会因为恼怒而失去理智,轻易用兵或改变决策,否则,轻则受辱,重则丧生、覆军灭国。孙子在《火攻篇》中讲道"主不可以怒而兴师,将不可以愠而致战",就是告诫君主和将帅不能因个人情感和一时的恼怒而用兵。

第四,"廉洁,可辱也"。廉洁并非指清廉、不贪污,而是指特别爱惜自己的清誉与名声,容不得别人有一点的污蔑和指责,即使拼上性命也要保住自己的名声。对付这种将领只需中伤、造谣、诽谤他,他自然无法忍受,甘愿上当,送上门来。如果将领能够忍辱负重,以大局为重,自然就不会有此结局了。

第五,"爱民,可烦也"。如果将领宽仁爱民,就有被烦扰的危险。孙子的意思不是否定将领的宽仁爱民,而是指"爱民"应把握一个度,懂得权衡利弊,适当取舍。刘邦就是这样一个既爱民、又善于把握"度"的人。项羽抓了刘邦的父亲和妻子要挟刘邦出战,刘邦就是坚守不战。项羽就把刘邦的父亲捆起来,旁边架一口大锅,逼刘邦出来交战。项羽说:你如果不出战,我就把你爹给烹了,煮成肉汤来喝,然后把你老婆也杀了。刘邦站在城墙上面大声地回应说:咱俩在怀王面前约为兄弟,我爹就是你爹,你要是把咱爹煮成肉汤,也要分一碗汤给我喝。至于我老婆,你要杀便杀,无所谓。项羽气得脸色铁青,最终放了刘邦的父亲和妻子。刘邦是不是算到了项羽不会杀他父亲和老婆呢?其实也未必,但刘邦深知,此时出战,必然全军溃败,那受伤害的就不只是他的家人了,可能是整个军队乃至天下。所以,作为领导者如果过度溺爱下属,就会畏手畏脚,顾虑这个、顾虑那个,不能施展自己的意志。

总之,勇于牺牲,善于保全,同仇敌忾,廉洁自律,爱民善卒,本来都是将帅应具有的优良品德,然而一旦过了度,那么性质也就起了转化,反而成为"覆军杀将"的诱因了。所以,领导者一定要避免性格上的五大弱点,这样才能确保做出正确的决策和行动。

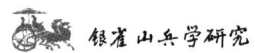

三、为将"六过"与领导者应避免的错误

孙子不仅提出将帅应具备的"五德"以及应避免的"五危",还提出将帅在指挥作战和治军管理中应避免犯的"六过"。孙子认为,军队有六种情况,即"走、弛、陷、崩、乱、北",则必败无疑,而这六种情况的发生都是将帅的过错。因此,我们也称之为将之"六过",将帅应避免这六种错误的发生。

孙子说:"故兵有走者,有弛者,有陷者,有崩者,有乱者,有北者。凡此六者,非天之灾,将之过也。夫势均,以一击十,曰走;卒强吏弱,曰弛,吏强卒弱,曰陷;大吏怒而不服,遇敌怼而自战,将不知其能,曰崩;将弱不严,教道不明,吏卒无常,陈兵纵横,曰乱;将不能料敌,以少合众,以弱击强,兵无选锋,曰北。凡此六者,败之道也;将之至任,不可不察也。"(《地形篇》)意思是,军队有六种情况:在势均力敌的情况下,却要以一击十而导致失败的,叫作"走";士卒强悍,而将帅懦弱而造成失败的,叫作"弛";将帅强悍,而士卒懦弱而导致溃败的,叫作"陷";高级将官怨愤不服从指挥,遇到敌人擅自出战,主将又不了解他们用兵的能力,因而导致失败的,叫作"崩";将帅懦弱无能,训练教育没有章法,官兵关系混乱紧张,列兵布阵杂乱无章,因此而导致失败的,叫作"乱";将帅不能正确判断敌情,以少击众,以弱击强,作战的时候又没有选择精锐先锋部队,因而败北的,叫作"北"。以上六种情况,都是将帅对于敌我情况判断有误、因为作战指挥上的问题还有管理问题导致的失败,一定要认真对待。

比如"弛",即吏弱卒强。造成这样的情况是因为将帅缺乏领导管理能力,任用的中低层军吏懦弱不堪,难以担当重任,士卒强悍,不服从管理,整个军队一盘散沙,这样的军队必然失败。在现实中,很多领导缺乏领导力以及团队建设能力,不能知人善用,下属能力太弱,员工不服从管理,上下不能一心,久而久之,队伍自然就散了。而"陷"与"弛"正好相反,即吏强卒弱,同样是将帅用人不当、管理不善造成的。中下层军吏过于强悍,独断专行,士卒懦弱,没有战斗力,军队没有凝聚力,打起仗来,自然要败。

四、为将之道与领导者应懂得的"人情之理"

孙子在《九地》篇提出,将帅要懂"人情之理"。孙子将进攻敌国的战场按照浅近纵深划分为九种战略地形,告诉将帅在不同战场区域面临的问题以及如何处理的方法。孙子认为,在这九种战场环境下,士卒们的思想情绪会随之变化,因而,好的将帅要根据敌我的战场态势变化,了解士卒的思想情绪变化,稳定军心,保持军队旺盛的士气。

孙子说:"聚三军之众,投之于险,此谓将军之事也。九地之变,屈伸之利,人情之理,不可不察。"(《九地篇》)意思是聚集全军,将其置于险境,这就是统率军队的要务。九种地形的不同处置,攻防进退的利害得失,官兵上下的不同心理状态,这些都是将帅不能不认真研究和周密考察的。在这里,孙子提到了"人情之理"。人的本性都是趋利避害的,置于危险境地,就会拼死抵抗,那时候人爆发的力量是最大的。将帅要懂得人性,懂得士卒的心理变化,将士卒置于最危险的境地,就能激发他们求生的欲望和斗志,转败为胜。

因此,孙子在《九地》篇多次、反复提到"死地"。孙子说:"投之无所往,死且不北,死,焉不得士人尽力。兵士甚陷则不惧,无所往则固。深入则拘,不得已则斗。"意思是将士兵置于无路可走的境地,虽死也不会败退。既然处于危险境地,士卒死且不惧,岂会不竭尽全力死战。所以说,士卒陷于绝地,则无所畏惧,士卒没有退路,则军心稳固。深入敌国境内,士兵远离本国,就无退路可言,所以士卒就会死战,死战则必胜。

古往今来,人心浮动是治军之大忌。在《行军篇》中,孙子列出了"夜呼""军扰""旌旗动"等多种军心不稳的表现,将其看作是军队溃败的前兆。在孙子看来,当处于战场之上,特别是处于"死地"的艰难境地,将士的心理、精神、斗志、团结、纪律和战斗意志都会发生很大的变化。如果士兵热衷于算卦占卜等迷信活动,便不再相信将帅正确的指挥决策,会导致军令不畅、军心涣散。这就需要禁止一切迷信活动,消除士卒的疑虑。

所以孙子又说:"将军之事,静以幽,正以治,能愚士卒之耳目,使之无知;易其事,革其谋,使人无识;易其居,迂其途,使人不得虑。帅与之期,如登高而去其梯。"(《九地篇》)意思是:将军统帅军队,要冷静而幽深莫测,公正而治理严明。要能蒙蔽士卒的耳目,使他们对于军事行动毫无所知。要经常变化战法,不断更新计谋,使人们无法识破。要经常改换驻地,进军多绕迂路,使人们推测不出意图。主帅赋予部属任务,就像登高而抽去梯子一样,使他们只能进不能退。

很多人将这一段话理解为"愚兵政策",其实这是一种误解。行军打仗需要高度保密,如果士卒知道过多,就会揣测主帅意图、私下妄议军机,产生过多疑虑,造成军心浮动,更何况军中还有敌方间谍,随时可能泄露军情,反而会造成祸害。所以这样做,也是为了更好地把控将士的心理,营造出心无杂念、一心求战的氛围。

孙子说:"犯之以事,勿告以言;犯之以利,勿告以害。投之亡地然后存,陷之死地然后生。夫众陷于害,然后能为胜败。"(《九地篇》)意思是赋予士卒作战任务,但不说明谋略意图。赋予士卒危险任务,但不指明有利条件。把士卒投入危地,才能转危为安;将士卒置于死地,才能转死为生。使军队陷入危境,然后才能夺取胜利。这些都是抓住了人性的趋利避害与求生的欲望而采取的对策。因此,将军必须要懂得"人情之理",方能在凶险的战场化险为夷,转败为胜。

有人说,孙子这样做也太不仁道了,这是不管士卒的生死。其实,孙子说的"置之死地而后生"是有条件的,他在《九地篇》专门提出了将帅应具备的素养:"将军之事,静以幽,正以治。"这样的将军深谋远虑、幽深难测,治军严明、爱护士卒、赏罚有信、公平正直,又怎么会将部下真的置于"死地"呢?他其实是有准备地"置之死地而后生",是为了激发士卒最大的斗志和死战的决心,并非不爱惜士卒的生命，相反是为了保护士卒的生命。但如果将军不具备这样的素养，把自己和士兵置于死地，那真的是死无葬身之地了。

总之，领导者最终的目标是做到"上下同欲者胜"。"上下同欲"不是天上掉下来的，也不是喊口号就能喊来的，需要我们修道保法，做到"主要有道"，还要"与众相得"，团结部众，关心下属，自然就会上下同欲、勇往直前、无往不胜。

孙子对君主也提出了领导上的要求，就是给将帅放权，不要干预将帅的管理和指挥军队的自主权。孙子提出为君应避免的三种危害军队的情况："故君之所以患于军者三：不知军之不可以进而谓之进，不知军之不可以退而谓之退，是谓縻军。不知三军之事而同三军之政者，则军士惑矣。不知三军之权而同三军之任，则军士疑矣。三军既惑且疑，则诸侯之难至矣。是谓乱军引胜。"（《谋攻篇》）孙子在这里告诉我们，专业的事情要交给专业的人办，君主不要干涉将帅的自主指挥权和行政管理权，不要不懂还瞎指挥，否则军队就会被搞乱。由此，孙子提出"将能而君不御者胜"的原则，即将帅有指挥才能而君主不加牵制的，才能胜利。这也是领导者最为重要的品质，也是很难做到的一点，有些领导不信任下属，不敢放权，总是事必躬亲，什么都过问，什么都管，搞得下属不知所从，这样的团队必然没有战斗力。

总之，君主、将帅在战争中的正确领导与决策直接决定战争的胜负、国家的存亡、民众的生死。因此，《孙子兵法》关于君主和将帅的内容涉及最多、对君主和将帅的期待和要求也是最多。将帅不仅要具备"五德"，也要避免性格上的"五危"，还要在指挥作战和治军管理中应避免"六过"，在各种战场环境懂得"人情之理"，做到这些，就是明君贤将、智者善战者了。

（作者简介：张有凤，国防大学军事学博士。）

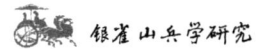

《孙子兵法》和平战略论[1]

庞小条

摘　要　"和平"内蕴于《孙子兵法》战略视野、目标、手段、决策、积极备战、工具理性与价值理性的统一思想之中。这是《孙子兵法》的大战略思想,也可以将其称之为和平战略。20世纪以来,《孙子兵法》伐谋智慧用于政治、经济、文化、外交诸多领域,也是其和平战略观的典型表现。

关键词　《孙子兵法》;和平战略;伐谋;工具理性;价值理性

和平是中国古典战略思想的底色。战争指导是兵学思想的核心内容。主要存在三种样态的战争指导:一是,直面残酷的战场,对敌进行生死搏斗的指导;二是,有详细谋划,以取得战争胜利为根本目的的指导;三是,有谋万世、谋全局的战争指导。一言以蔽之,三种样态的战争指导分别对应着战略自下而上的三层楼结构:战术、具体战略和大战略。战略以"战"名,长期以来,西方战略学止步于战术、军事战略层次,直到20世纪,经过对两次世界大战的反思,大战略才逐渐浮出水面。[2]利德尔·哈特的《战略论:间接路线》是其代表性

---

[1] 原载于《孙子研究》2024年第2期。
[2] 战略学家钮先钟指出:"概括地说,直到第二次世界大战时,西方人对于战略一词的意义大致还是采取有如上述的狭义界定,即仍以战争和军事为范围。"见钮先钟《西方战略思想史》,桂林:广西师范大学出版社,2003年,第4页。

作品。该书扉页上引用了《孙子兵法》语录十三条[1],足见其大战略观受孙子的影响之深。大战略以"不战"名,"不战"不是不"重战",大战略之"大"体现在目标、手段上:"战"与"不战"要服从于最高的大战略目标;政治、经济、外交、文化等都可以作为大战略手段,"战"只是众多手段之一种。中国战略思想早熟,理性早启[2],其典型标志是中国人一开始就认识到要站在大战略视野预防战争、制止战争,而非仅仅让矛盾发展到要用战争解决问题的程度,就像医生治病,有"未有形而除之"、治于病始发之"毫毛"及"镵血脉,投毒药,副肌肤间"[3]三种方法,其境界依次递减。即使是"战",中国兵家也反对轻启战端的"乐兵利胜"[4],而赞同吊民伐罪的"以战止战"[5],因为前者为纯粹地依照个人欲望发动战争,后者则是以恢复天下"和平"秩序为目标的战争,前者视野局限于军事,后者站在大战略视野上解决天下问题。总之,中国传统战略是以大战略为其底色,而大战略以"和平"为其底色,以此推论,中国传统战略经典以"和平"为其底色。

《孙子兵法》亦如是。中国《孙子兵法》是一部著名兵书,但其第一句话就讲"兵者,国之大事,死生之地,存亡之道,不可不察也",其要义是不战、慎战。几千年来,和平融入了中华民族的血脉中,刻进了中国人民的基因里。"和"是中华文明的典型特征,也构成了以《孙子兵法》为代表的中国战略经典的根本价值追求。《孙子兵法》底色是大战略,是和平战略。

笔者尝试通过对以下六个问题的回答,简要地分析《孙子兵法》和平战略

---

[1] [英]利德尔·哈特:《战略论:间接路线战略》,中国人民解放军军事科学院译,北京:战士出版社,1981年,第1—2页。

[2] 廖吉喆:《柔道战略论》,北京:光明日报出版社,2022年,第214页。

[3] 黄怀信:《鹖冠子校注》,北京:中华书局,2014年,第323页。

[4] 银雀山汉墓竹简整理小组编:《银雀山汉墓竹简:孙膑兵法》,北京:文物出版社,1975年,第36页。

[5] 王震:《司马法集释》,北京:中华书局,2018年,第2页。

思想。(1)战略视野是局限于两军对垒,还是拓展至天下国家全局与长久之万世;(2)战略决策是以战争还是以慎战为首选;(3)战略目标是追求纯粹的军事胜利还是追求国家整体利益的获得;(4)战略手段是运用伐谋伐交等非战争手段,还是运用伐兵攻城等战争手段;(5)是放弃战争准备,还是积极备战;(6)战略思维是以工具理性为主,还是辩证地运用工具理性和价值理性。

一、以全争于天下的战略视野

"不识庐山真面目,只缘身在此山中。"如果军事将领仅仅将视野放在军事领域,仅仅关注如何赢得军事胜利问题,那么就看不清战争结果带来的可能的负面影响。当付出极大成本,使国家出现"屈力、殚货","诸侯乘其弊而起,虽有智者,不能善其后"(《孙子兵法·作战篇》)的不利形势。这种视野局限,必然给国家带来深重的灾乱。中国传统战略文化中,优秀的军事将领常常都是大战略家,都是站在天下层面谋划军事问题。这也是《孙子兵法》对战略家的基本要求。

"不畏浮云遮望眼,自缘身在更高层。"《孙子兵法》曰"兵者,国之大事,死生之地,存亡之道,不可不察也"(《孙子兵法·计篇》),"夫兵久而国利者,未之有也"(《孙子兵法·作战篇》),"知兵之将,生民之司命,国家安危之主也"(《孙子兵法·作战篇》),"夫将者,国之辅也。辅周则国必强,辅隙则国必弱"(《孙子兵法·谋攻篇》),"战道必胜,主曰无战,必战可也;战道不胜,主曰必战,无战可也。故进不求名,退不避罪,唯人是保,而利合于主,国之宝也"(《孙子兵法·地形篇》),"怒可以复喜,愠可以复悦,亡国不可以复存,死者不可以复生。故明君慎之,良将警之,此安国全军之道也"(《孙子兵法·火攻篇》),"必以全争于天下,故兵不顿而利可全,此谋攻之法也"(《孙子兵法·谋攻篇》）。"（黄帝）已胜四帝,大有天下,暴者……以利天下,天下四面归之。"[1]可见,《孙子兵法》战略思想紧紧围绕人民、天下、国家视野展开,超越了纯粹的战争领域,而进入大战略领域。"会当凌绝顶,一览众山小",站在战略最高层,以大战略透视战争,许多"战争"只是某些野心家被欲望遮蔽双眼的"蜗角之争"[2],并没有给人类带来和平与推动社会进步。《孙子兵法》"以全争于天下","全",是大战略最宽广的大系统视野,是协调整个天下、国家有效运转的方法,这样的"全"必然蕴涵价值层面的"善"。"全"和"善"的辩证统一导向的是"真正的和平"。站在大战略的最高层,"战"与"不战"目标都是"和平",都是以人民、天下和国家的利益为重。

"不谋全局者,不足谋一域;不谋万世者,不足谋一时。"最大的全局是天下,最长的万世是永久。谋全局、谋万世,就是要为天下谋、为世世代代谋。"王"字,以"一"而贯"天地人"宇宙三才[3],王者无外[4],王者之师,为天下和万世利益而谋[5],为持久和平而谋。《孙子兵法》曰"善战者之胜也,无智名,无勇功,故其战胜不忒"（《孙子兵法·形篇》）,盖因大战略家不将主体矛盾激发到通过战争解决的程度,其"胜"不是战胜敌人,而是在达到战略目标过程中,始终保持世界持久和平。如是其战胜不忒的赫赫之功也不是普通人所能看见的,故其智慧之名不显,勇猛之功不彰。如同神医扁鹊两位拥有高超医术的兄长:"长兄于病视神,神未有形而除之,故名不出于家。中兄治病,其在毫

---

[1] 银雀山汉墓竹简整理小组编：《银雀山汉墓竹简：孙子兵法》,北京：文物出版社,1976年,第101页。
[2] 《庄子·则阳》,见[清]郭庆藩《庄子集释》,北京：中华书局,2013年,第783页。
[3] 《春秋繁露·王道通三》,见苏舆《春秋繁露义证》,北京：中华书局,2015年,第321页。
[4] 《春秋公羊传·成公》,见王维堤、唐书文《春秋公羊传译注》,上海：上海古籍出版社,2016年,第372页。
[5] 苏洵《权书·子贡》曰"王者之兵,计万世而动",见[宋]苏洵《嘉祐集笺注》,上海：上海古籍出版社,1993年,第59页。

毛,故名不出于间。"[1]这是"通天"的本事,也是孙子战略的最高理想,铺垫其整个战略思想的底色,充满了绝顶的智慧和人性的光辉。然而,就像现实有许许多多的病人,社会也有许许多多尖锐的矛盾,医者仁心,医治社会矛盾者亦需要大的仁心,要有"接地"的本事,才能解决这些矛盾。然而,战略家们在医治社会肌体疾病的时候,不能小病大治,肆意运用战争"手术刀";也不能庸医乱治,任性地使用绥靖"抗生素";还不能讳疾忌医,无视社会存在的问题。这样不仅医治不了疾病,反而会加重社会的病情。《孙子兵法》是训练战略家(医生)的科学教科书,要求站在天下全局和长久万世的大时空系统视野,揭示战争规律,"战"与"不战"的根本目的都是获得社会持久和平与繁荣。

二、慎战止战的战略决策论

"可怜无定河边骨,犹是春闺梦里人。"孙子强烈反对将战争视为儿戏的行为。孙子说:"兵利也,非好也。""非戏也。"[2]战端一旦开启,社会必然面临诸多不可控因素:一是,国家可能会灭亡,士兵和人民一定会付出生命的代价,即使是正义的战争,同样是一场豪赌,"兵者,国之大事,死生之地,存亡之道"。二是,国家必然要付出高昂的代价,战争耗费巨大,"车甲之奉,日费千金"(《孙子兵法·作战篇》),一旦超过临界点,"力屈、财殚,中原内虚于家"(《孙子兵法·作战篇》),其结果是"诸侯乘其弊而起,虽有智者,不能善其后矣"(《孙子兵法·作战篇》),就要面临国家灭亡的悲惨结局。因此,对于战争,孙子强调必须慎之又慎。

"不战而屈人之兵,善之善者也。"国家政策决定战略目标。战争是解决社

---

[1] 黄怀信:《鹖冠子校注》,北京:中华书局,2014年,第323页。
[2] 银雀山汉墓竹简整理小组编:《银雀山汉墓竹简:孙子兵法》,北京:文物出版社,1976年,第106页。

会矛盾的"手术刀",但其副作用又是巨大的,必须慎之又慎。当能以其他非战争手段解决问题时,要坚决采取其他手段解决,"必以全争于天下,兵不顿而利可全,此谋攻之法也"(《孙子兵法·谋攻篇》)。作为一部指导战争的教科书,孙子认为,在能够达到战略目标的大前提下,"不战"优于"战"——"百战百胜,非善之善者也;不战而屈人之兵,善之善者也。"(《孙子兵法·谋攻篇》)"不战"之"和平"是《孙子兵法》的根本价值追求。

"以战止战,战之可也。"在孙子看来,一个国家做出战略决策,"慎战""不战"以至于"战"都要以"保国安民"为其基本价值追求。"保国安民"战争蕴涵了这样几层涵义:第一,战争要符合国家和人民利益,顺应历史规律。这是根本原则,不允许背离。孙子说:"(黄帝)已胜四帝,大有天下,暴者……以利天下,天下四面归之。"[1]黄帝"南伐赤帝""东伐青帝""北伐黑帝""西伐白帝",统一天下,利于天下人民,而归附黄帝。黄帝讨伐四帝、"汤之伐桀""武王之伐[纣]"[2]等战争符合天下人民利益,顺应了历史发展规律,其目的是吊民伐罪,以战止战,最终目的是实现天下持久和平。第二,战争胜败的关键在于获得人民的支持。在《孙子兵法》中,孙子提出了"五事"(道、天、地、将、法)的战争战略分析框架。"五事"中,"道"排第一而最为重要。"道者,令民与上同意也。"(《孙子兵法·计篇》)所谓"道",就是进行战争时,必须获得人民的支持。

虽然《孙子兵法》没有对战争的正义与非正义做出明确的区分,但是很明显,孙子"保国安民"战略价值观推崇的是正义的战争,反对非正义战争。非正义战争在某些时候能够取得一时之胜利,却失去民心,如同解衣包火,蕴藏了更大的战争,必然走向灭亡。正义战争在某些时候会遭遇一些挫折,却总能得到民心,必然会获得最终的胜利,带来真正的和平。这就是以孙子为代表的中

---

[1] 银雀山汉墓竹简整理小组编:《银雀山汉墓竹简:孙子兵法》,北京:文物出版社,1976年,第101页。

[2] 银雀山汉墓竹简整理小组编:《银雀山汉墓竹简:孙子兵法》,北京:文物出版社,1976年,第101页。

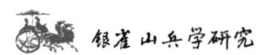

国传统战略学的基本价值取向。

三、安国全军的战略目标论

战略家时时刻刻地要将国家和人民利益放在首位,而不能以个人之私欲追求纯粹的军事胜利。只要符合国家和人民利益,即使损害自身,亦在所不惜。这样才能真正做到"安国全军",才能为人民和国家带来真正的和平,而非虚假的和平。

"兵者,国之大事。"自克劳塞维茨《战争论》提出"战争无非是政治通过另一种手段的继续"[1]命题,提出"政治意图是目的,战争是手段"伊始,西方战略模式便开启了从军事战略向大战略的演化进程。纯粹的军事战略以战争胜利为其根本目标,大战略则以人民、天下、国家利益为其根本目标。克氏《战争论》有"西方兵学圣经"之誉,享有如此高的评价的一个重要原因在于,其在整个西方战略思想史中将战略目标由纯粹的军事目标转向了国家目标,以国家利益来节制战争实践。比较之下,早于克劳塞维茨两千年的孙子,以"兵者,国之大事"直接穿透了战略的本质——战略要以人民和国家利益为其谋划的基础。换言之,《孙子兵法》一开篇,便以宏大的视野,充满人文价值关怀的战略目标,为战略谋划确定了基本准则。

"国计已推肝胆许,家财不为子孙谋。"孙子提出的用兵原则的核心是"利益",即"合于利而动"。这里的"利益"是国家的利益,人民的利益,而非个人的私利和欲望。孙子说:"主不可以怒而兴师,将不可以愠而致战。合于利而动,不合于利而止。怒可以复喜,愠可以复悦,亡国不可以复存,死者不可以复生。故明君慎之,良将警之,此安国全军之道也。"(《孙子兵法·火攻篇》)"怒""愠"等皆是欲望之呈现,用兵一旦被欲望所控制,严重者将导致国破家

---

[1] [德]克劳塞维茨:《战争论》,杨南芳等译校,西安:陕西人民出版社,2001年,第25页。

亡。以此延伸,其他的欲望,比如用兵被个人之好战、纯粹追求军事胜利等私欲所控制,灭亡和侮辱亦随之而来,孙膑"乐兵者亡,而利胜者辱"[1]同孙武控制欲望思想是一脉相承的。"孙子所重之'利'和所争之'利'都非个人私利。利字当先,但他始终强调'安国全军'。"[2]大战略家为国家谋,"无智名,无勇功"(《孙子兵法·形篇》),大公无私,运筹帷幄。

"苟利国家生死以,岂因祸福避趋之。"孙子指出,当君主的命令违背战争规律时,绝不能遵循该命令,"战道必胜,主曰无战,必战可也;战道不胜,主曰必战,无战可也"(《孙子兵法·地形篇》)。"君令有所不行者,君令有反此四变者,则弗行也。"[3]计利当计天下利,战略家只有忘却个人的祸福甚至生死,才能真正地为国家负责,这是战略家的基本素质,"进不求名,退不避罪,唯人是保,而利合于主,国之宝也"(《孙子兵法·地形篇》)。

四、伐谋伐交的战略手段论

"上兵伐谋"。《孙子兵法·谋攻篇》对战略手段有一个经典的阶梯式价值评估:"上兵伐谋,其次伐交,其次伐兵,其下攻城。攻城之法,为不得已。"(《孙子兵法·谋攻篇》)从效用上讲,"伐谋""伐交"非战争手段优于"伐兵""攻城"战争手段。换言之,在达到战略目标层面上讲,"非战争"手段优于"战争"手段。直到现代,这一点才被西方战略学家注意到。

"间接路线要比直接路线优越得多"。在战略手段运用上,现代西方大战略提出者利德尔·哈特通过对历史上30次战争、280多次个别战役和会战的

---

[1] 银雀山汉墓竹简整理小组编:《孙膑兵法》,北京:文物出版社,1975年,第36页。
[2] 熊剑平:《〈孙子兵法〉新研究:以银雀山竹简本为中心》,北京:中华书局,2023年,第195页。
[3] 银雀山汉墓竹简整理小组编:《银雀山汉墓竹简:孙子兵法》,北京:文物出版社,1976年,第101页。

研究[1]得出"间接路线要比直接路线优越得多"[2]的结论,并认为间接路线是战略的实质,战略的历史也就是间接路线的使用和演变的记录。[3] 在战争中,如果敌我双方没有任何智力谋划而进行直接战斗,必然要付出更为高昂的成本。运用间接路线,就能节省自己的成本。进一步延伸,"间接路线"预示了这样的一种逻辑——非战争手段同样是一种"间接路线"。这也是利德尔·哈特认为"间接路线"具有哲学普遍性的原因之所在。[4] 法国战略学家博福尔将哈特获得军事胜利的间接手段归类于直接战略,使用军事胜利以外的方式取得目标的手段归类于间接战略。[5] 哈特站在大战略层次上强调,"战争的目的是要获得一个较好的和平"[6]。博福尔提出"间接战略"的目的也是"设法挽救剩下来的那一点真正的和平"[7]。换言之,哈特所谓的"间接路线要比直接路线优越得多"的重要原因之一,就在于"间接路线"战略可以带来真正的和平,直接路线只能带来战争。利德尔·哈特、博福尔等都是现代大战略研究的代表性人物,他们站在大战略层次上,皆强调了非战争性手段的优越性。实际上,这一点,在《孙子兵法》中是一个常识性问题。利德尔·哈特用几十万

---

[1] [英]利德尔·哈特:《战略论:间接路线战略》,中国人民解放军军事科学院译,北京:战士出版社,1981年,第207页。
[2] [英]利德尔·哈特:《战略论:间接路线战略》,中国人民解放军军事科学院译,北京:战士出版社,1981年,第5页。
[3] [英]利德尔·哈特:《战略论:间接路线战略》,中国人民解放军军事科学院译,北京:战士出版社,1981年,第4页。
[4] [英]利德尔·哈特:《战略论:间接路线战略》,中国人民解放军军事科学院译,北京:战士出版社,1981年,第5页。
[5] [法]安德烈·博福尔:《战略入门》,军事科学院外国军事研究部译,北京:军事科学出版社,1989年,第106页。
[6] [英]利德尔·哈特:《战略论:间接路线战略》,中国人民解放军军事科学院译,北京:战士出版社,1981年,第494页。
[7] [法]安德烈·博福尔:《战略入门》,军事科学院外国军事研究部译,北京:军事科学出版社,1989年,第135页。

字的篇幅和众多案例想要证明的,无非是《战略论:间接路线》扉页上引用的《孙子兵法》的十三条内容,如"兵者,诡道""攻其无备,出其不意""以迂为直"等,同他的"间接路线"是相通的。以"诡道"为例,"诡道"常常被解释为"诡诈之道",而具有伦理上的负面意义。不过,"诡道"包含有智力的谋划,其蕴藏有两层含义:一是,智力谋划战争,这样对己方来讲,可以节省己方的战争成本;二是,通过智力谋划,也可以避免战争。很显然,第二层含义成本更低,更容易获得一种有利的和平。这也是孙子最为推崇的战略手段。孙子曰:"百战百胜,非善之善者也;不战而屈人之兵,善之善者也。""伐谋""伐交"之"不战"手段优于"伐兵""攻城"之"战"争手段。在孙子看来,"武力运用愈少愈好,最好完全不用"[1]。"伐谋""伐交"运用的正是一种间接性战略路线。

"战略是间接性智慧。"数学上,两点之间,直线最短。不过,这句话在战略上并不适用。对于具有斗争性、竞争性特征的战略而言,两点之间,间接最短。战略之"战"意味着战争(斗争)主体直面相对,用克劳塞维茨的话讲就是"战争无非是扩大了的搏斗"[2],是"暴力的最大限度的使用"[3];"略"即谋划、谋略,"略"超越面对面的直接性战争(斗争),呈现出一种明显的间接性,"略"之视野越大,谋划的内容就越复杂,其间接程度越高,其智慧运用程度也越深。我们也可将这种战略智慧称之为间接性智慧。"战略"既有"战",亦有"略","战"与"略"存在一种辩证统一的关系。凭借本能即可从事直接性的"战",发挥主观能动性方有间接性的"略"。"战略"之重心在于"略",即在于对间接性战略智慧之强调。利德尔·哈特的"间接路线"、博福尔的"间接战略"都是对战略间接性智慧手段的强调。实际上,《孙子兵法》所谓"庙算""伐谋""诡道""智将""全胜"等范畴,无不是对"间接性"智慧的强调。如李兴斌先生指出:

---

[1] 钮先钟:《孙子三论:从古兵法到新战略》,上海:文汇出版社,2018年,第244页。
[2] [德]克劳塞维茨:《战争论》,杨南芳等译校,西安:陕西人民出版社,2001年,第7页。
[3] [德]克劳塞维茨:《战争论》,杨南芳等译校,西安:陕西人民出版社,2001年,第8页。

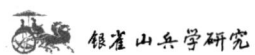

"伐谋思想是《孙子兵法》的精髓。"[1] 运用"伐谋"战略手段,其本质就是对间接性智慧的强调。

五、立于不败之地的战略备战论

"立于不败之地"。"和平"贯穿于《孙子兵法》"慎战""不战"的战略决策。"战争是力量的竞赛"[2]。只有积极备战,不断地强大自己的力量,才能保存自己,取得最后的胜利与和平,"善战者,立于不败之地,而不失敌之败也"(《孙子兵法·形篇》)。孙子强调:政治上,要"修道而保法"(《孙子兵法·形篇》);经济上,"公家贫,其置士少,主金臣收,以御富民""厚爱其民"[3];军事上,要"先为不可胜";准备充分,才能真正"立于不败之地"。

"事备而后动"。战略备战论渊源有自,亦影响深远。《司马法·仁本》曰:"国虽大,好战必亡;天下虽安,忘战必危。""好战必亡"的警示,"忘战必危"、积极备战的告诫,指向的是"和平"。《孙膑兵法》的"事备而后动",《唐李问对》的"不大胜亦不大败"等皆是如此。

六、工具理性与价值理性辩证统一的战略思维

中共中央党校哲学与战略学教授段培君指出:"战略思维的本质不是价值理性或工具理性的某一方面,而是两者在实践中的某种统一。价值理性是实践中的人注重行为本身所代表的价值,一种目的理性、促进人趋近自由而全面地发展的根本性关怀,一种通过反思、批判、变革而实现超越的理想,它在特定

---

[1] 李兴斌:《青山依旧——谈兵斋笔耕录》(上),济南:齐鲁书社,2017 年,第 59 页。
[2] 毛泽东:《论持久战》,见《毛泽东选集》第二卷,北京:人民出版社,1991 年,第 487 页。
[3] 银雀山汉墓竹简整理小组编:《银雀山汉墓竹简:孙子兵法》,北京:文物出版社,1976 年,第 95 页。

时期往往体现为人的某种目标;工具理性是通过实践的途径确认工具(手段)的效用性,从而追求事物的最大功效,为人的某种目标的实现而服务,它往往体现于人在行动中所采取的手段上。"[1]作为世界战略史上最伟大的、充满朴素辩证思维的战争指导著作,《孙子兵法》将战略思维中的工具理性和价值理性通过辩证方式完美地统一起来了。

1.《孙子兵法》工具理性

孙膑评价孙武曰:"知孙氏之道者,必合于天地。"[2]天地,"是客观实际和客观规律的代名词"[3]。孙武之道符合天地万物运转的规律。遵循此规律,能使国家长治久安,"求其道,国故长久"[4]。冯友兰先生指出:"孙武的《吴孙子》比较科学地从春秋时期的战争中总结出战争的一般规律,富有丰富的唯物主义和生动的辩证法思想。它是古代一部优秀的兵书,也是一部出色的哲学著作。"[5]《孙子兵法》的唯物主义和辩证法思想,使其工具(手段)的效用性超越了具体的地域和时代,充满了理性的张力。《孙子兵法》受到古今中外战略家、政治家、经济学家、企业家等各个领域人们的运用和推崇即明证。特别需要指出的是,《孙子兵法》的战略是从大战略透视具体战略、战术的,这一点使其工具效用性得到最大限度的发挥。从大战略层面来讲,孙子提出的"百战百胜,非善之善者也;不战而屈人之兵,善之善者也"(《孙子兵法·谋攻篇》),"上兵伐谋,其次伐交,其次伐兵,其下攻城。攻城之法,为不得已"(《孙子兵法·谋攻篇》),"必以全争于天下,故兵不顿而利可全,此谋攻之法也"(《孙子兵法·谋攻篇》),"善用兵者,修道而保法,故能为胜败之政"(《孙子兵法·形

---

[1] 段培君、陈熙皓:《提高战略思维能力的新的要求》,《学习时报》2014年9月8日。
[2] 银雀山汉墓竹简整理小组编:《孙膑兵法》,北京:文物出版社,1975年,第51页。
[3] 吴名岗:《孙膑论〈孙子兵法〉》,《孙子研究》2015年第1期。
[4] 银雀山汉墓竹简整理小组编:《孙膑兵法》,北京:文物出版社,1975年,第51页。
[5] 冯友兰:《中国哲学史新编》,北京:人民出版社,2007年,第138页。

篇》)等内容,得出一个结论:"不战"之工具效用优于"战"之工具效用。

2.《孙子兵法》价值理性

殷周鼎革,小邦周取代大邑商,周王朝统治者对殷商灭亡的教训进行了深刻总结,发现神权背后的意义——国运的昌隆和民众的根本利益有着密切的联系。[1] 换言之,人心向背奠定了政权的合法性基础。"天视自我民视,天听自我民听"(《尚书·泰誓》)、"唯人万物之灵"(《尚书·泰誓》)等价值取向,不仅成为周朝治国的根本法则,也成为此后整个华夏民族治国的根本法则,积淀成中国人的潜意识。《孙子兵法》承袭了周朝以来的战略价值取向。孙子认为,作为军事将领,要"进不求名,退不避罪,唯人是保,而利合于主"(《孙子兵法·地形篇》)。换言之,人民和国家利益是《孙子兵法》基本战略价值追求。

3.《孙子兵法》工具理性与价值理性的辩证统一

工具理性与价值理性有一个基本的辩证逻辑结构:工具理性与价值理性是矛盾的——工具理性与价值理性是同一的——工具理性与价值理性是相互转化的。《孙子兵法》工具理性与价值理性存在着一种辩证统一的关系。以"上兵伐谋"为例:首先,"伐谋"是战略工具,"上兵伐谋"体现了最高的工具效用性;"伐谋"通过"不战"解决问题,"不战"之"和平"体现了战略价值追求的人文关怀;"伐谋"的工具性与价值性自然不同,二者是对立的。其次,"伐谋"的工具性中蕴藏了价值追求,"伐谋"的价值性中蕴藏了工具效用,二者是同一的。再次,不通过战争等残酷的手段解决利益冲突问题,使其现实实践必然蕴藏了价值意蕴,换言之,"伐谋"工具的实践必然转向人文价值关怀;其人文价值关怀又易于团结一切可以团结的力量,易于实现战略目标,从而发挥了其工具效用,亦即"伐谋"的战略价值转向其工具效用。总之,《孙子兵法》所有范

---

[1] 任俊华:《战略创新与管理之道》,北京:中国书籍出版社,2013年,第55页。

畴的辩证关系,形成了一个有机的战略体系。工具理性和价值理性的辩证统一既是这种有机战略体系的客观现实,亦是战略家们需要具备的思维方式。在这种工具理性与价值理性辩证统一的战略体系中,"和平"构成了《孙子兵法》底色和基本价值追求。

七、《孙子兵法》和平战略的现代启示

1. 伐谋即斗智

智慧谋划的最高境界,必然是以最小的成本达到战略目标,"必以全争于天下,故兵不顿而利可全,此谋攻之法也"(《孙子兵法·谋攻篇》)。智与仁辩证统一,智之极致即为仁,伐谋之极致即在持久和平。"伐谋"之视野,不仅要看到战争,也要看到战争之后的和平;不仅要看到战争区之内的情况,也要看到天下国家之全局;不仅要分析当前形势,更要审时度势,考虑遥远未来子孙后代的利益。"伐谋"之决策,始终以"慎战""止战"为首选,"不战而屈人之兵,善之善者也。""伐谋"之目标,要以国家长治久安、人民安居乐业为鹄的,而不能因为个人各种各样的欲望轻启战端。"伐谋"之工具,非战争手段优于战争手段。"伐谋"不是要放弃战争,而是要积极备战,坚持富国和强军相统一,以积极防御之势,慑止战争。"伐谋"之战略,既要"通天",矢志不渝追求人类和平与繁荣,充满温情;又要"接地",遵循规律,解决矛盾,手段高明;在战略实践中,二者辩证统一起来了。

2. 生产力决定生产关系

据麦迪森研究,人类在工业革命之前的千年,人均收入略有下降。从1000—1820年,全世界人均收入只提高了50%。生产力落后时,人类为了十分有限的生存资源,战争常常不可避免。工业革命后,从1820—1998年,全世

界人均收入提高了8.5倍。[1] 此时,尽管人类可以通过战争掠夺资源,但是随着武器越来越先进,使得以战争手段掠夺资源的成本越来越高;核武器的出现,大规模的战争无异于自杀。同时,现代生产效率的飞速提升使得通过"合作"做大蛋糕成为可能。和平、发展、合作、共赢成为时代发展的趋势。作为一部具有哲学普遍性的战略学著作,《孙子兵法》不仅应用于军事领域,是人类兵学的圣典,而且在当今时代,广泛应用于经济、政治、文化、外交等非战争领域,当《孙子兵法》主旨延伸至非战争领域时,和平、共赢的战略价值智慧自然蕴藏其中。

总之,《孙子兵法》是一部指导战争的兵书,但因其站在战略最高层指导战争,故其根本指向则是"和平"。在新时代,世界百年大变局加速演进之际,研究《孙子兵法》和平战略论,不仅是一种理论研究,也是一种现实的实践研究;不仅指导农耕文明时代的中国,为中华民族文化延续保驾护航;也对走和平发展道路的中国式现代化以深刻的战略文化上的启示;不仅给中国人处理各种战略问题以启示,也给世界在现代条件下处理人类问题贡献了中国式的战略智慧。

(作者简介:庞小条,哲学博士,江苏海洋大学马克思主义学院教师,军事理论教研室主任。)

---

[1] [英]安格斯·麦迪森:《世界经济千年史》,伍晓鹰等译,北京:北京大学出版社,2003年,第15页。

鸿沟与"大胜并莒"初探

孙长生　韩明林

摘　要　国家战略一定是围绕着国家长久的重大的根本的利益制定的,而保障国家战略的实施,一定是倾其所有、全力而为。鸿沟这条人工运河的连通,是魏国"大胜并莒"战略实施的最重要的手段之一。鸿沟从今河南的荥阳可直达今江苏新沂的骆马湖,同时还有两条向南的水系河流,使魏国向东、向南拓展都有了最基础的保障。

关键词　鸿沟;大胜并莒;马陵之战

在20世纪90年代初的马陵之战战址大讨论中,有的学者在驳斥"郯城说"时,把《魏策》中记载的太子申率十万大军向东追击齐军路过宋之外黄时,外黄徐子进见太子申并劝说太子申退兵时所说的魏国之战略企图"大胜并莒"认为是调侃之说。理由是:徐子身份为附庸之国宋之外黄之士,人微言轻,不可能将魏国之战略机密得知。因而"大胜并莒"不能成为"郯城说"的依据。

那么,"大胜并莒"是否是魏国的战略企图?如果是,魏国在完成"大胜并莒"之后得到什么好处?为保障"大胜并莒"的实现,魏国又采取了哪些措施?本文将一一进行分析。

一、魏迁都的原因

史学界关于春秋与战国的时间界定有多种说法,但多数以"三家分晋"作为春秋和战国的分水岭。当时魏国的土地包括今山西省南部,河南的北部、东部及陕西与河北的部分地区,其主要疆土在河南北部、东部的平原地域,而山西南部地区为山岳地,其都城定在安邑(今山西运城)。从地理关系上看,其都城周边地势险峻,处于太行山和黄河环绕之中,属于"表里山河"(《左传·僖公二十八年》),利于防守。而安邑有当时中国内陆最大的盐湖——解池(今运城盐湖),其总面积达132平方公里,盐层自然结晶,储量极大,是华夏盐业之始,春秋时称"盐邑",汉代改称"司盐城",宋元时为"运司城",元末正式修筑了官城,正所谓"先有盐务,后有运城"。而且我们会发现,尧都平阳(今山西临汾)、舜都蒲坂(今运城永济)、禹都安邑(今运城盐湖区)几乎都在这个小圈之内。盐自古都是人们生活的必需品,也是自古至今的战略物资。盐的专卖自西汉至今,前几年才刚取消了专卖。可见,魏都定在安邑的基本理由——掌握了盐,就控制了主动权。

另外,从魏国的特性上看,前三任国君都是雄才大略之君。魏国是在生死博弈中诞生,也是在生死博弈中求生。笔者曾粗略地统计自"三家分晋"到秦统一的时间内,中原地区发生较大规模的战争、战役大约百余次,而魏国参与其中或涉及魏的就有九十余次,可见魏国始终处在战争或者准战争的过程中。因而,自第一任国君魏文侯开始变法图强,到第二任国君魏武侯时,先后让李悝、吴起分别主持变法。归纳起来,大约是四个方面:一是废除奴隶制时代的世袭制度,根据能力来选拔官吏;二是废除中国传统的"井田制",采取"尽地力之教"的政策;三是实行法制,建立了完备的魏国律法《法经》;四是改革军事制度,建立"武卒"制。这些变法使魏国在政治、法律、军事、文化等方面焕然一新。"从公元前413年开始,魏不断向周边地区发起军事进攻。它首先攻占了秦国的河西(黄河西边,洛水东边的地区),又越过赵灭掉了中山(今河北保定附近地区),东败齐,南败楚,占据了黄河以南的广大土地。"[1]魏国强盛后,

---

[1] 安作璋:《中国运河文化石》(上册),济南:山东教育出版社,2001年,第17页。

大有一统三晋之趋势,由此引起了赵、韩的不安。魏惠王即位后,韩、赵联合在浊泽(安邑附近)大败魏军,斩魏卒6万,俘魏将公孙痤。齐也将淮泗间小国召至自己麾下,不再唯魏国马首是瞻。在这种情况下,魏惠王重新采取了团结韩、赵的政策,与赵修好,与韩会盟。当时魏国分东西两部分,西部在今山西西南部的河东地区,东部在今河南北部、中部的河内到大梁一带。东西之间仅有狭长的地带相连。将政治中心置于西方,则难以向东发展,将政治中心置于东方,则西方难以掌握。后来,魏惠王还是下定了决心,向东发展。"公元前361年,惠王将国都从今山西西南部的安邑迁到了今河南中部的大梁。这样,魏将控制东方诸侯,向东扩展势力作为基本国策。"[1]

二、魏迁都后的战略态势变化及"大胜并莒"策略的制定[2]

魏迁都大梁,与赵修好,与韩会盟,但旧有的裂痕很难修复,加之韩、赵除在联合抗秦这一点上可与魏达成一致外,对魏一统三晋的野心始终提防着,实质上是面和而心不和。因此时齐威王变法雄起,正逐步向南扩展,向西南蚕食,这必然会与魏国发生碰撞。而韩、赵由于魏的迁都,进一步感觉到魏国的压力。一方面,他们慑于魏国的强大,不得不接受魏国交换土地及会盟的要求;另一方面,它们又不甘于受魏国的控制,都在谋求独立发展,抗衡魏国。周显王十三年(前356),鲁、宋、卫、韩的国君迫于压力,入朝魏国,赵成侯却在这一年先后与齐威王、宋桓侯、燕文公相会。这就引起了魏国的不满。加之周显王十五年(前354)赵向卫国(魏的属国)发起了进攻,迫使卫国依附于赵国,对此魏国当然不能坐视不管。魏惠王于周显王十六年(前353)派大将庞涓率兵8万攻打赵国,并

---

[1] 安作璋:《中国运河文化石》(上册),济南:山东教育出版社,2001年,第17页。
[2] 该部分主要参考了吴如嵩、黄朴民、任力、柳玲的《中国军事通史》第三卷《战国军事史》,北京:军事科学出版社,1998年,第170—191页。

于第二年(前352)攻下邯郸。赵在魏攻赵时,即向齐国求救,而齐应之,并未出兵,到第二年邯郸危时,赵再向齐求救,齐派田忌为将、孙膑为军师率8万众救赵,田忌听取了孙膑的意见,采取"围魏救赵"之法,败魏军于桂陵,擒庞涓。

而秦国任用卫鞅(商鞅)实行变法后,国势蒸蒸日上。周显王十五年(前354),派卫鞅乘魏陷于赵、齐两面作战的良机大举东进,攻下魏长城线上的重邑元里(今陕西澄城南),歼魏军七千余人,攻取了魏国位于西河郡的少梁城(今陕西韩城南)。紧接着又在周显王十七年(前352)攻入魏河东郡,一度攻占魏旧都安邑,第二年(前351)卫鞅又率军包围了魏之固阳,迫使魏守军归降。

面对秦国咄咄逼人的攻势,魏国被迫调整战略,先后与齐、赵媾和之后,于周显王十九年(前350)派军队反击秦军,魏攻定阳(今陕西延安东南),执意与秦在河西地区寻求会战。秦孝公不得不与魏在彤(今陕西西华县西南)修好。

由此,魏国重振声威,魏惠王积极准备召集诸侯,朝见周天子,巩固霸业,并图谋攻秦的时候(《战国策·齐五》记载:当魏国"拔邯郸、西围定阳,又从十二诸侯朝天子,以西谋秦"),秦孝公惕惕为备,"寝不安席,食不甘味,令于境内,尽堞中为战具,竟为守备,为死士置将,以待魏氏"。同时,秦派卫鞅出使魏国,卫鞅清醒地意识到"以一秦而敌大魏,恐不如"(《战国策·齐五》),必须借助他国的力量,最好是"借刀杀人",坐收渔利。故卫鞅到魏后,一面鼓吹魏惠王"大王之功大矣,今行于天下矣"(《战国策·齐五》),又说魏想称霸天下,仅使小诸侯国臣服还不行,要联合一个大国,打击一个大国,威服一个大国。具体地说,或联燕伐齐,威服赵国;或联秦伐楚,威服韩国。并向魏惠王献策,先称王,后称霸。因卫鞅之行的鼓噪,魏惠王野心膨胀,不计利害,立即按周天子的建制准备舆服仪仗,扩建宫殿,于周显王二十五年(前344)加冕称王。卫鞅之行不但使魏惠王野心膨胀,同时又以强为敌,把自己摆到了火炉之上烘烤。

从地理地形上看,魏以大梁为中心的西部地区,大梁以西为丘陵地带(中国地理的第二、第三阶梯结合部),大梁以东为平原地,无险可守。与周边各国的关系中,小诸侯国基本为其附庸,大国明面交好,实则都在密切注视着形势的变化,一旦有风吹草动,就会瞅准时机"扑上去咬一口肉下来"。故而,魏惠王虽狂,但危机感、敏锐性、主动作为的意识还是很强的。例如,魏惠王称王后,即搞了一个逢泽会盟,意在巩固西南、东部、北部的关系。

"大胜并莒"虽只出现在《战国策·魏策》上,但从魏惠王迁都前后的行为和大的战略形势来看,"大胜并莒"应当是在迁都前即有意向,迁都后会盟几次和几次向秦作战,向韩、赵作战中感悟到西进力量仍有限,必须有一个统一的、巩固的后方,才可能向西发展。其策略应当是先东后西(或南),因而"大胜并莒"的战略企图,可能在三个时间段提出:一是在准备迁都阶段,二是在迁都以后即提出,三是在几次会盟期间,但绝不会超过逢泽会盟时。故"大胜并莒"战略企图的构成,绝对在公元前343年以前。

"大胜并莒"之战略企图一旦实现,对秦可加大战略纵深,对齐可形成半月形包围圈,对赵形成斜面锥形对峙形态;对楚可形成宽大的攻击正面。同时,莒郯之地人口密集,物产丰富,特别是战略物资——海盐,可得到巨大的利益。东夷族善冶炼,其技术传承可对魏提供技术支持,而东靠大海,无论是攻秦还是攻赵,都无后顾之忧,故"大胜并莒"不失为一个极为高明的战略谋划。

三、围绕向东发展"大胜并莒",魏国采取的具体措施

为使魏向东发展"大胜并莒"成为称霸战国的基石,魏惠王采取了一系列的保障措施。

1. 开挖鸿沟,为向东发展乃至"大胜并莒"做准备。在华夏大地,不但有治水之举,而且还有利用水为民生造福之措。大约在氏族社会的末期,我们的先祖已懂得用人工开挖沟渠,治理水患和引水灌溉。《国语·周语下》说禹"疏川导滞,钟水丰物"。《论语·泰伯》说禹"尽力乎沟洫"。到春秋时,人工运河则被利用到军事行动上来。公元前485年,吴国的邗沟凿通后,夫差率军北上,由邗沟抵达淮水,又由淮水入泗水,一直达到鲁国,吴会同鲁、邾、郯国军队攻打齐国南郊。

魏东部地区处于黄河流域，南临淮水流域，各种支流众多，南北流向，东西流向的均有。如大梁附近的汳水、获水、睢水、鲁沟水、过水等，这些河流早已形成，只是互不相连。大梁所处地势为西高东低，为连通诸水向东疏通提供了便利条件。安作璋主编《中国运河文化史》中转载《水经·渠注》中引述《竹书纪年》中记载的两条材料：

梁惠成王十年，入河水于甫田，又为大沟而引甫水……又有一渎，自酸枣受河，导自濮渎，历酸枣迳阳武县南，世谓之十字沟，而属于梁，或谓是渎为梁惠之年所开，亦不能详也。[1]

梁惠成王三十一年，为大沟于北郭，以行圃田之本。[2]

《竹书纪年》是魏国的史书，其成书年代距魏惠王不远，故较为接近史实。其中，梁惠成王即魏惠王。梁惠成王七年即公元前360年，梁惠成王三十一年即公元前339年，文中所说的大沟即鸿沟。

这两份材料说明，魏迁都后于第二年（前360）即开始了鸿沟的通连开挖。到马陵之战（前341）时，鸿沟东西已连通，可从今河南荥阳向东到江苏新沂骆马湖，也可按吴王夫差北上的水路向南入楚。这就为魏向东发展"大胜并莒"提供了有力的战争潜力保障。

2. 起十万众。魏之吴起变法主要是训练士兵的体能和战技，以及吃苦和各种条件下生存、作战能力，类似于现代的特种兵。《荀子·议兵篇》曰："魏之武卒以度取之，衣三属之甲，操十二石之弩，负服矢五十，置戈其上，冠胄带剑，赢三日之粮，日中而趋百里。中试则复其户，利其田宅。"荀子说，魏武卒取身材高大者

---

[1] 安作璋：《中国运河文化史》（上册），济南：山东教育出版社，2001年，第19页。
[2] 安作璋：《中国运河文化史》（上册），济南：山东教育出版社，2001年，第20页。

录用,穿上身髀部、胫部的铠甲,能拉开十二石的弩,每人背负 50 只弩矢,拿着长戈或戟,佩带利剑,携带三天的粮食,半天能走一百里路。只要被选中武卒,国家免除全家的赋税徭役,还奖励田宅。故魏之军队的战斗力在当时是顶尖的。

魏向东拓展进而"大胜并莒"不是临时起意而为。一定是做好了充分的准备,马陵之战中动用的十万士卒,应当是桂陵之战之后,魏即准备的十万精兵。《战国策·魏二·魏惠王起境内众》中载:"魏惠王起境内众,将太子申而攻齐。"[1]在该书的第 636 页中《齐魏战于马陵》中载:"齐魏战于马陵,齐大胜魏,杀太子申,覆十万之军。"这两段记述中说出了五个关键点:一是起境内众,二是太子申为将,三是攻齐,四是魏大败太子申被杀,五是魏十万大军被覆。

这其中的一个关键字"起"字,说明不是临时准备,而是长期备用,即日"起"之,而十万军是明确说明白了魏军是十万众。"攻齐"说明不是被动而是主动,而"攻"在"大胜并莒"中可以看成两个阶段的军事行动。第一个阶段是"大胜"将直指大梁而退兵的齐军歼灭,第二阶段是攻占莒郯之地,使其成为魏之疆土,让魏的土地直到东边海域(宋为魏之附庸),这是魏惠王加冕后的第一个大的战略行动。

3. 多次会盟,铺平东进坦途。魏惠王东迁大梁后,虽然把拓展方向定在了向东拓展,但对秦、赵、韩的国土也是虎视眈眈,表面采取对秦、赵、齐修好原则,对赵、韩以交换土地的方式而会盟,东部十二小诸侯国则以威压而会盟成为魏之附庸。自公元前 356 年到逢泽会盟,魏搞了多次会盟,而逢泽会盟则是魏惠王加冕后的会盟,也是实施"大胜并莒"前的会盟。正是这次会盟,韩国国君未出席,魏即以此理由在公元前 342 年由庞涓率三万大军攻韩,魏知道韩与齐修好,故攻韩第五战中,只将韩的都城围而不攻,让韩再次向齐求救,以引齐军出兵,而后在魏境(或宋境)中将其歼灭,达到"大胜"之目的。

4. 针对教训,设立预案,以确保"大胜"。史书上没有明确记载魏国为达"大

---

[1] 钱超尘:《战国策译注》(文白对照),北京:北京燕山出版社,1993 年,第 635 页。

胜并莒"之目的,而设立预定作战方案。但从典籍的蛛丝马迹中我们可以找到一些魏有预案的痕迹。一是"起"境内众。境内指魏国全境内,甚至包括在作战号令下达后,作战区域内附庸国必须出兵或出力(如粮草器械等)。境内众达十万,数字不可谓不巨。一个"起"字既能聚起,可见如无预先备之,绝无"起"之的可能。二是"钓鱼"。逢泽会盟中,韩国国君未出席,去使节责问即可,即使出兵教训,树威于其他附庸国,也只能是打得韩国失地丢城,亡卒众,或是灭韩。但魏攻韩五战中的第五战,只围韩的都城而不攻,其意图明显是"钓鱼"。魏知韩与齐关系好,会向齐求救,故只围不攻,用意在"围城打援"。这个打援即是"大胜并莒"中"大胜"这一步骤的行为。三是吸取桂陵之战教训。魏针对桂陵之战中齐军出兵路线和兵力转移及退回齐境的路线应当是做了缜密的研究,特别是针对齐出兵路线由齐到大梁距离较短,而齐境西部筑有40余个"武库"(类同现代的坚固防御堡垒),防御能力很强,不是"大胜"的首选。如果在救韩的过程中,齐军仍按桂陵之战的路线,佯动出兵直指大梁,只要调动攻韩之魏军回援大梁,就算达到目的,就会沿最短的捷径返回齐国。同时,齐国也应知道,在桂陵之战后,魏境内备战储兵的大致情况(用间在战国时已普遍采用,而齐在魏境肯定有间谍及情报网,以保证博弈需求)。所以魏在设想齐军可能行动时,一定会吸取"桂陵之战"时的教训。在"大胜并莒"时,一旦发现齐军越过边境,立即启动作战预案,切断齐军走捷径退回齐境的道路,逼迫齐军走大野泽以南,沿丹水一线经彭城回齐境。这样魏军就有充分的时间调动力量,在大野泽以南、以东的平原地带吃掉齐军,以取得"大胜"。四是在魏攻韩时,鸿沟已基本修成,东西运行已无问题。在执行"大胜并莒"战略时,无论在"大胜"阶段,还是在"并莒"阶段,鸿沟都会在前送、后运,输送人员装备上发挥巨大的作用。

结　语

战国时期是中原地区战乱纷争的时期,春秋时各种思潮的涌动与呈现,对战国时期各国产生了极大的影响,特别是春秋末期以《孙子兵法》为代表的兵学理论和大量的战争(役)实例,对各诸侯国都有着刻骨铭心的警醒。战国初、中期的鬼谷子的捭阖纵横等理论和苏秦的合纵连横,张仪的捭阖外交,李悝、吴起、卫鞅分别在魏、秦的变法都直接影响着战国的进程。魏国的变法使魏在中原雄起,秦用卫鞅之变法,使秦由弱小走向强大。然而无论是谁,体现强大的方式都是最直接、最见效的方式——战争,这就是战国时期最基本的生存状态。弱小保守就只能依附于强国,直至灭亡。图强、变化、博弈,把一切可利用的形式、意识、物资、地理、山川、民意都利用起来为战争中的博弈服务,这是战国时强国的行为方式。像魏迁都前的向西拓展,意图一统三晋,向南、向东攻楚伐齐都基于这一行为方式,而受挫后,被迫迁都大梁,也只是将博弈的方向、目标放到了东方,并没有在根本上改变思维的基本形式和行为方式。

"大胜并莒"应当说是一个很不错的战略思维,围绕"大胜并莒"实施的具体措施也是相当出色的,只是在具体执行力上出了问题。孙膑指挥的"直指大梁"的战略佯动,"退兵减灶"的"以物示形",利用马陵山丘陵地形,"龙随阵伏所以山斗"的以战示形。"削疏明旗所以疑敌"的以疑示形,"禅袺蘩避,所以莠聂也"的以溃示形,和最终杀太子申,覆魏十万军的伤敌十指不如断其一指。齐军在执行力方面做到了十分完美,没有丝毫纰漏。所以各种示形,一步一步紧扣魏主将庞涓的心弦,而庞涓在求胜心理和看不起齐军战力的思维定势中,被牵着牛鼻子,一步一步走向陷阱,落得个身死军亡的下场。

鸿沟虽然在齐魏马陵之战中起到了重要作用,但其出名还是在百余年后的楚汉相争中,项羽与刘邦的鸿沟之盟。自此,鸿沟名显天下。

(作者简介:孙长生,中共郯城县委党史研究中心副主任;韩明林,中国孙子兵法研究会理事,郯城县孙子兵法研究会会长。)

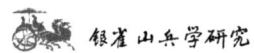

从"明之吴越,言之于齐"
看《孙子兵法》的齐文化属性

扈光珉　扈潇

摘　要　古往今来,人们在探求《孙子兵法》所昭示的科学真谛的同时,也在不断地寻根求源,探寻研究其产生与形成的时间、背景、地域以及文化渊源。从银雀山汉墓出土的竹简《孙膑兵法·陈忌问垒》明确记载中更充分说明《孙子兵法》的齐文化属性。

一、从司马迁《史记》的记载看,兵法十三篇形成于齐国;

二、临沂银雀山汉墓出土的竹简上明确记载着:兵法"明之吴越,言之于齐"。这句话的意思是:孙子的学说,虽然是在南方的吴越公之于众、运用于实践的,但这一学说的形成及根脉却是在齐国;

三、孙子十三篇何以是齐文化的结晶;

四、《孙子兵法》的吴文化烙印。

关键词　明之吴越,言之于齐;孙子兵法;齐文化

　　杰出的军事家孙武所著兵法十三篇,是世界上现存最早的兵书,被誉为"兵学圣典",其思想智慧广泛应用于经济、政治、军事、外交、体育、文化、教育等众多方面。这样一本旷世经典,很早就已广泛流传。从现在看到资料记载,战国时期的哲学家韩非在《韩非子·五蠹》就说过"境内皆言兵,藏孙(孙武)、吴(吴起)之书者家有之"。但在实际上,兵法的流传肯定要比这要早得多,只是现在还没有发现更早的资料罢了。此后的两千余年间,这部古典军事名著更是被后人奉为指导军事斗争的圭臬。古往今来,人们在探求它所昭示的科

学真谛的同时,也在不断地寻根求源,探寻研究其产生与形成的时间、背景、地域以及文化渊源。

那么,这样一本旷世兵书,究竟是在哪里形成的呢?

一、从司马迁《史记》的记载看,兵法十三篇形成于齐国

司马迁《史记·孙子吴起列传》记载:"孙子武者,齐人也,以兵法见于吴王阖庐,阖庐曰'子之十三篇,吾尽观之矣,可以小试勒兵乎?'"。意思是说:孙武是齐国人,因为兵法写得极为出色,被吴王阖庐发现、重视,于是召见了他,称赞他的兵法写得非常好,并要求他现场演练一下。通过这一记载我们可以断定:

一是孙武在见到吴王前已经写成了兵法十三篇。因为孙武是"以兵法见于吴王",意思是因为兵法写得好,被吴王重视、发现。这里的"见"是同"现",是显露、呈现的意思。如北朝民歌《敕勒川》:"天苍苍,野茫茫,风吹草低见牛羊。"也就是说这里的"见"并不是带着兵法去拜见吴王,而是凭着兵法的思想水平、哲学高度和对战略战术战争的普遍指导意义等智慧思想,深深地打动、折服了吴王。

二是吴王在召见孙武时已经通篇熟读了比较成型的兵法十三篇。《史记·孙子吴起列传》记载:吴王说"子之十三篇,吾尽观之矣"。译成今天的话就是:你的兵法十三篇我已经全部阅读完毕。这表明吴王是看完了兵法十三篇后,才召见孙子并让他实际演练兵法的。此处的"尽观"是指"通读、完整阅读"的意思。如果是现场向吴王进献兵法,就谈不上"尽观"。

以上两点足以说明,在司马迁看来:兵法十三篇形成于孙子见到吴王之前。

二、临沂银雀山汉墓出土的竹简上明确记载着
兵法"明之吴越,言之于齐"

1972年4月,山东省临沂市在银雀山基本建设施工中,发现了两座西汉前期墓葬。经过文物、考古工作者清理,出土了著名的《孙子兵法》和已经失传1700多年的《孙膑兵法》等竹简。这批竹简的出土石破天惊、意义重大,解开了历史上孙武和孙膑是否是同一人、其兵书是一部还是两部的"千古之谜"(历史上曾经怀疑孙武与孙膑为同一个人、《孙子兵法》与《孙膑兵法》为同一本著作)。

在临沂银雀山汉墓出土的《孙膑兵法·陈忌问垒》篇中,有这样十分重要而又明确的记载。篇中说:"明之吴越,言之于齐,曰智(知)孙氏之道者,必合于天地。"

银雀山汉墓竹简整理小组对此句释为,"这里大概把孙武、孙膑的军事理论作为一家之说看待。'明之吴越',是说孙武运用此种军事理论于吴越;'言之于齐',是说孙膑以此种军事理论言之于齐威王。由于兼包两个孙子而言,所以称'孙氏',不称'孙子'"[1]。

笔者认为"明"是"公开"的意思,"言"是"学说",如《孟子·滕文公下》所云"天下之言不归杨,则归墨";司马迁在《报任安书》篇中也说"凡百三十篇,亦欲以穷天人之际,通古人之变,成一家之言。"此"言"皆学说之意。

因此这句话的意思是:孙子的学说,虽然是在南方的吴越公之于众、运用于实践的,但这一学说的形成及根脉却是在齐国。这一学说的本质规律在于,合乎天地自然法则。用今天形象的话来说就是:孙子的兵法学说,发表在吴越,但写成于齐国。西汉出土的竹简上的记载进一步证实了兵法最初形成于

---

〔1〕 银雀山汉墓竹简整理小组编:《孙膑兵法》,北京:文物出版社,1975年,第51页。

齐国的结论。

日本汉学家谷中信一在《淮南子·兵略训》中，对《孙子兵法》的文化渊源有这样一段叙述：

"现行《孙子》十三篇，但《汉志》说'吴孙子兵法八十二篇'。关于作者孙武，班固自注有'臣于阖闾'之说，可知他是春秋时代曾供职于吴王阖闾的、非常活跃的战略家。但人们不应只盯着孙子在吴的经历，而应仔细琢磨《史记·孙子吴起列传》开头一段话：'孙子武者，齐人也，以兵法见于吴王阖闾。'这说明孙武本是齐人，在去吴国之前，已经以兵法知名或已撰成了兵法书，可见他的思想是在齐国齐文化圈中定型的，甚至连语言也保持着较浓的齐地特点——清代学者俞樾就曾指出《孙子》中使用了不少齐语。关于《孙膑兵法》的作者，《汉志》载'齐孙子八十二篇'，肯定他是齐人，说他是孙武逝世百余年后活跃在战国时代的战略家。孙武是齐人，孙膑也是齐人，而且据《史记》说，孙膑是'孙武之后世子孙也'。二人的兵书在诸多概念范畴上又相通相近，兵法思想具有同一的倾向，可证他们与齐文化有不解之缘，和齐文化有着非同寻常的深度联结，《孙子兵法》不是孙武以来在吴形成的，而是在齐继承发展起来的。"[1]

钱穆先生作有《先秦诸子系年考辨》，在"夹注"中他对《孙子兵法》一书指出："书中论用兵地形皆切适于中原，未见其为其吴越水国之事也。"[2]

总之，"明之吴越，言之于齐"充分说明《孙子兵法》是立言于齐国的。

三、孙子十三篇何以是齐文化的结晶

齐国兵学甲天下，其悠久的军事文化传统与浓厚的兵学氛围，应该是孙武著就兵法13篇的主要条件和依据。

---

[1]　山东省社会科学联合会编《孙子学刊》1993年第3期。
[2]　钱穆：《先秦诸子系年考辨》第三卷，上海：商务印书馆，1935年，第263页。

笔者认为:兵法十三篇有三个基本来源:一是,诸侯争霸尤其是齐桓公称霸的实践,是兵法十三篇产生的活水源头;二是,齐文化尤其是兵学文化的深厚底蕴是兵法十三篇产生的文化沃土;三是,家族传承尤其是《司马法》是兵法十三篇产生的血脉基因。

(一)战争实践尤其是春秋诸侯争霸战争是兵法十三篇产生的活水源头、实践基础

1. 春秋争霸战的实践需要兵法理论指导

"时代是思想之母,实践是理论之源",春秋时代正是需要战争理论而产生了战争理论的激情时代。

我国古代文学名著《红楼梦》上有一句话"乱哄哄你方唱罢我登场,反认他乡是故乡",用这句话来形容春秋时代是最贴切不过了。

孙子出生、生活的春秋时代,正是这样一个看起来"乱哄哄"的时代。之所以会出现这样的局面,还要从周朝分封说起。

我们常说封建时代、封建社会,本意是周朝"封邦建国"的一种制度。西周时期(公元前1046年—公元前771年),周王为了巩固和扩大王朝的统治,有效地管理广大被征服的地区,镇抚各地原有的邦国,以分封的办法来拱卫周室。分封制即"封邦建国",就是周天子把同姓宗室子弟、异姓功臣宿将、一些部落首领以及古代先王圣贤的后代,分配到一定的地区,分别授给他们一定范围的土地和民众,建立起众多附属于中央王朝的封国。这些封国就是诸侯,诸侯对周王承担一定的义务,如定期朝见,缴纳贡赋,随周王出征,前往助祭王室重大祭祀活动等等。通过"封邦建国",周朝形成了《诗经·北山》中描述的那种"普天之下,莫非王土;率土之滨,莫非王臣"的大一统局面。

但随着时代的发展,各诸侯国由于历史条件、地理位置、君主能力、思想观念、封疆大小、臣民多少等各方面因素的不同,其发展也出现了差异。经过几百年的发展变化,一些诸侯国发展壮大起来,向四周扩展,成为雄踞一方的大

邦,至平王东迁时,诸侯国不仅不服从"天子"的命令,有的甚至侵夺王室的土地,政治上的尊卑等级界限被打破了,原来的"礼乐征伐自天子出",实际上变成为"礼乐征伐自诸侯出"了,周天子的"共主"地位已经名存实亡,于是便形成了春秋各国相互混战、诸侯争霸的局面。

春秋时期,见于史书的诸侯国名有128个,但比较重要的不过十几个,它们主要是位于今天山东的齐、鲁,位于今天河南的卫、宋、郑、陈、蔡,位于今天山西的晋,位于今天北京及其周围地区的燕,位于今天陕西的秦,位于今天河南、安徽南部和两湖的楚,位于今天江苏中南部的吴和位于今天浙江一带的越。这些比较大的诸侯国凭借其实力,用战争来扩充领土,迫使弱小国家听从他的号令,并互相争夺,形成了诸侯争霸的局面。霸,又写作"伯",就是诸侯中的老大的意思。

在春秋近300年的时间里,各种战争此起彼伏。其中,诸侯争霸和大国兼并是当时战争的主流。据《中国军事史》附卷《中国历代战争年表》统计:春秋时期在公元前769年至公元前476年这期间的294年里,共发生战争384次。

另据《史记·太史公自序》的说法是:春秋之中"弑君三十六,亡国五十二,诸侯奔走不得保其社稷者,不可胜数"。相传春秋初期诸侯列国140多个,经过连年兼并,到后来只剩较大的几个。这些大国之间还互相攻伐,争夺霸权。所以孟子形容这时的战争是"春秋无义战"。这个时期一些强大的诸侯国为了争夺霸权,互相征战,争做霸主,先后称霸的五个诸侯被称为"春秋五霸"。春秋五霸是指齐桓公、宋襄公、晋文公、秦穆公和楚庄王。另一种说法是齐桓公,晋文公,楚庄王,吴王阖闾,越王勾践。此说见之于王褒的《四子讲德文》。但不管五霸是谁,争霸战争连绵不断却是事实,这为兵法的产生奠定了基础。因为理论不会凭空产生,只有在实践中产生。

2. 齐桓公改革与称霸为兵法十三篇的产生提供了适宜条件

齐桓公,公元前685—前643年在位。在任内励精图治,任用管仲为相,推行改革,尤其是实行了兵民合一的"作内政而寄军令""叁其国""伍其鄙"制度等,对兵法十三篇的形成起到了直接赋能作用。

(1)"叁其国""伍其鄙"制度

春秋之前,只有"天下"而没有"国"的概念。周天子封疆裂土,诸侯国恪守秩序,相安无事,因此没有求变的动机及欲望。公元前771年,周幽王"烽火戏诸侯"被犬戎杀死,西周终结。从此,天子权威丧失。在这种背景下,管仲首先实行"叁其国,五其鄙"制度,出现了"国"的概念。据《国语·齐语》记载:"圣王之治天下也,叁其国而伍其鄙。"就是"三分国以为三军,五分其鄙以为五属"。其具体做法是"叁其国",就是把国家分为"三军",分别由齐桓公、国氏、高氏任统帅。"伍其鄙"就是将鄙野(国都之外的广大地区)分为五属,设立五大夫、五正官分管。属下有县、乡、卒、邑四级,分别设立县帅、乡帅、卒帅、司官管理。这是一种社会与军事相结合的战斗体制,每一层的组织都有一位负责人,每一层的负责人都领导下属并听取他下属的治理状况,这样既能到达分层管理的目的,又能严密监督管理。

(2)齐桓公"不以兵车九合诸侯"

齐桓公任用管仲实行改革后,国力大增,一举成为春秋首霸。齐桓公打出"尊王攘夷"的旗号,打败侵燕的北戎,"存邢救卫",制止了狄人的侵袭,又举兵击败了兵力强盛的楚国。公元前681年,齐、宋、陈、蔡、邾五国国君在齐国举行"北杏会盟",齐国首开以诸侯身份主持天下会盟的记录,齐桓公的威望在诸侯中开始不断升高。公元前679年冬天,齐桓公请周天子的代表单伯,约集卫、郑、宋三国国君一起在鄄地会盟,各国诸侯看到周天子支持齐国,遂共推齐桓公为盟主,齐桓公的霸主地位开始确立。

公元前678年,齐又约集鲁、宋、陈、卫、郑、许、滑、滕等国在"幽地会盟"。会上,大家再推齐桓公为盟主,承认了齐桓公的霸主地位。公元前651年在葵丘大会各国诸侯,周天子也派人前往,此次盟会齐桓公确立了公认的霸主地位。

在《论语·宪问》中,孔子说:"管仲相桓公,霸诸侯,一匡天下,民到于今受其赐。微管仲,吾其被发左衽矣"(管仲辅助齐桓公做诸侯霸主,一匡天下。要是没有管仲,我们都会披散头发,左开衣襟,成为蛮人统治下的老百姓)。又说:"桓公九合诸侯,不以兵车,管仲之力也,如其仁,如其仁!"

孙武从齐桓公的改革实践中,总结出了用兵之法的最高追求,那就是"全国为上""全军为上"的全胜思想;从齐桓公称霸的实践中,总结出了用兵的最高境界,那就是"不战而屈人之兵""上兵伐谋其次伐交"的境界(孔子所说"九合诸侯,不以兵车")。因此说,齐桓公的改革与春秋第一霸是兵法十三篇的母体。

(二)齐文化尤其是兵学文化的深厚底蕴是兵法十三篇产生的丰厚沃土、是"根"与"魂"

战争活动固然是兵法诞生最为根本的基石,然而春秋时代社会思潮,尤其是齐文化中的兵学文化底蕴为兵法十三篇提供了生长土壤,这是兵法出世的文化沃土。

西周以前,文化乃是王室贵族的专利品,对于平民乃至于普通贵族而言,是不具备从事学术文化研究条件的,更不可能著书立说。这一特定的文化格局,史称"学在官府"。由于周王室的衰微,原来的官学受到严重破坏,负责文化教育的官吏和文化典籍流散到各地,流落到民间。"学在官府"的文化垄断局面终于被打破了,出现了"天子失官,官学在四夷"(《左传·昭公七年》)的局面。与此同时,私人聚徒讲学之风逐渐兴起。学术下移、思想解放所形成的文化繁荣局面的出现,使不同地位的人得以自由发表自己的哲学、政治、伦理、教育等观点。于是一大批思想大师登上历史舞台,各呈异说,为兵法十三篇的产生提供了不竭的思想源泉。

1. 齐国兵学文化的群山托起了兵法十三篇的兵学高峰

有句话叫做:世界兵学看中国,中国兵学看齐鲁。意思是说齐鲁兵学文化传统是十分深厚的。孙武生长于泱泱大国的古老齐国,齐国是中国的兵学发源地,先秦的主要兵书出自齐地,孙武的兵学思想上承源远流长的齐国兵学传统流脉,深深承受于地域文明滋养,深深打上了齐文化的印痕。齐国作为兵家的摇篮,具有悠久的尚武精神和兵学传统,长期保持大国风范,积极投入争霸战争,培育出许多兵家名将,齐国的兵学深厚文化底蕴为兵法理论达到高峰打牢了基础、提供了条件。对兵法十三篇产生深厚影响的齐国兵学文化的成果主要有以下几个方面。

(1)《周易》中的军事思想。《周易》中的军事思想十分丰富,64卦中不仅有"师卦",其他卦中也含有丰富的军事思想。例如,它总结长途行军和征伐的实践,《泰卦》中上升为"无平不陂,无往不复"的哲学概念;《同仁卦》说"伏戎于莽,升其高陵,三岁不兴"的山地伏击作战原则。《周易》的"易"字,在军事上就含有设伏施诈之意。在"蒙卦"爻辞中也有"击蒙,不利为寇,利御寇"的表述,意思是指敌情不明,不利于进攻,则以防御为主,发展成为完整的防御原则。当然在《周易》中,军事思想最丰富的要算是"师卦"了。师卦说"师出以律,否臧凶",意思是必须以严格的军纪统制军队,否则,不论胜败都是凶。这成为兵法中"严"的主要内容,也是"齐之以武"的源泉。还说"师左次,无咎"。这一条是由单兵战术动作发展为战略防御思想。此句原始含意是:位于左侧或驻扎在左方,则安全。引申为:后退防卫,避敌锋芒。在冷兵器时代,士兵通常左手执盾用于防守;右手执器,用于攻击。因此,当与敌对杀,特别是狭路相逢时,当然应靠近左侧的坡坎或崖壁,迫敌位于自己之右侧,便于右手执兵器击杀。直至现代坑道内作战和巷战中,为便于右肩举枪射击和隐蔽身体,也是要求注意靠左侧和利用左拐弯。《尚书》中发展为"罔或无畏,守执非敌",意指不得有自认为无畏而存轻敌之心,宁可立足于敌人比我强大,我方不是敌人对手来作好防御准备。这显然是指挥要求,而不是对士兵的动员。到《孙子兵法》中,这个思想则完善为"先为不可胜,以待敌之可胜"。意指先以防御手段使自己立于不败之地,然后等待和抓住可以战胜敌人的有利时机,去进攻战胜他。应该说,这是中国的"慎战"思想和积极防御原则的滥觞。

(2)《六韬》中的军事思想。《六韬》成书年代虽难确定,但是它却反映了周初姜太公思想。姜太公,即吕尚,为周初大政治家与军事家。今本《六韬》共六卷六十篇,思想内容很丰富。在军事方面,其主张"伐乱禁暴""上战无与战",强调"知彼知己""密察敌人之机""形人而我无形""先见弱于敌"。要求战争指导者要实行"行无穷之变,图不测之利",机动灵活地运用各种战略战术。它认为作战中最重要的是奇正变化,"不能分移,不可语奇"。对于攻城,它认为最好的办法是围困打援,迫敌投降。它重视地形、天候对战术的影响。总结了步、车、骑兵种各自的战法及诸兵种的协同战术。它重视部队的编制和装备,记述了古代指挥人员组成和各自的职责,提出了因士兵之所长分别进行编队的原则。它认为"凡三军有大事,莫不习用器械",详细记述了古代武器装备的形制和战斗性能。它重视军中秘密通讯,记述了古代军中秘密通信的方式方法。它还重视将帅的修养和选拔,认为"社稷安危,一在将军",要求将帅不仅要谙熟战略战术、知进退攻守、出奇制胜的谋略,而且要懂得治乱兴衰之道,要能与士卒同甘苦,共安危,并提出了考察将帅的八条方法,即所谓"八征"。

在军事哲理方面,一方面反对巫祝卜筮迷信活动,一方面又主张用天命鬼神去迷惑敌人。提出了"极反其常"的重要辩证法思想,它的许多军事思想都是建立在这一思想基础之上的,如"夫存者非存,在于虑亡;乐者非乐,在于虑殃","大智不智,大谋不谋,大勇不勇,大利不利","太强必折,太张必缺","无取于民者,取民者也"等等。司马迁赞扬说:"后世之言兵及周之阴权皆宗太公为本谋",故此书即使非太公手著,语言表达也不一定是当时术语,但大致反映了太公的思想。

作为齐国开国元君,姜太公的思想对孙武影响很大很深。兵法十三篇中有许多思想直接来源于太公的《六韬》,甚至连兵法中最出名的"知彼知己"一语也直接借用于《六韬》,可见影响之大。

(3)《管子》中的军事思想。管仲首先是一位大政治家、思想家、经济学家。然就其治国理政的谋略来看,他同时也是一位军事战略家。今存《管子》之书,是否为管仲所手著,学界尚多有争议。然而《管子》一书基本上反映了管仲的思想观点,则是多数学者所认可的。《管子》论述,已形成了比较系统的军事思想观点。

其一,对于"兵"的重要性有相当充分的认识。《管子》言:"明一者皇,察道者帝,通德者王,谋得兵胜者霸"。意思是能够通天人合一、万物大同的君主可为"皇",明白事物发展规律的为"帝",贯通德行的为"王",统帅用兵的为"霸"。又说:"故夫兵,虽非备道至德也,然而所以辅王成霸。"此处首列"明一""察道""通德",实为对过去之历史的追述:"明一""察道"者,指三皇五帝也,故其功效为"皇"、为"帝";"通德"者,指夏、商、周三代也,故其功效为"王",而《管子》真正的落脚点正在于"谋得兵胜"。故《管子》又曰:"君之所以尊卑、国之所以安危者,莫要于兵;故诛暴国必以兵,禁辟民必以刑。然则兵者,外以诛暴,内以禁邪;故兵者尊主安国之经也,不可废也。"此处所论,与孙武"兵者,国之大事,死生之地,存亡之道,不可不察也"有一定的师承关系。

其二,用兵打仗必须立足于政治与经济基础而又明于机数。在政治上首先能治其民,《七法》言:"不能治其民,而能强其兵者,未之有也。"然"能治其民","而不明于为兵之数,犹之不可"。而"为兵之数",则"存乎聚财,而财无敌;存乎论工,而工无敌;存乎制器,而器无敌;存乎选士,而士无敌;存乎政教,而政教无敌;存乎服习,而服习无敌;存乎遍知天下,而遍知天下无敌;存乎明于机数,而明于机数无敌"。"故明于机数者,用兵之势也"。这一连串之推理,把人的智慧谋略与国家的政治、经济基础联系在一起,从而形成了"用兵之势"。

其三,关于战争之具体规律的探索。用兵打仗,如何能够达到预期的目的,而又尽量减少自己的损失,是有一定的客观规律的。对此,《管子》中亦有不少论述。如用兵必先衡量计算敌我双方的条件——"凡攻伐之为道也,计必先定于内,然后兵出乎境"。所言"计"者,即作战双方诸种战争因素的衡量计算等,这些思想都对孙子兵法产生了很大的影响。

(4)《司马法》中的军事思想。《史记·司马穰苴列传》说:"齐威王使大夫追论古者《司马兵法》,而附穰苴于其中,号曰《司马穰苴兵法》。"司马穰苴即田穰苴,因其任大司马,故名。他从辈分上来讲,是孙武的叔父。军事著作《司马法》到了宋代在《武经七书》中,位列第三,成为兵家的必读书。

首先,《司马法》认为战争是为了铲除邪恶,争取和平。其开篇先说"以仁为本",所以说,"是故杀人安人,杀之可也;攻其国,爱其民,攻之可也;以战止战,虽战可也"。并认为发动战争应最大限度地保护人民的利益,"战道,不违时,不历民病,所以爱吾民也;不加丧,不因凶,所以爱夫其民也;冬夏不兴师,所以兼爱民也"。并指出,作为仁义之师,占领敌国后,不可烧杀抢掠,要善待战俘。"入罪人之地,无暴神祇,无行田猎,无毁土功,无燔墙屋,无伐林木,无取六畜、禾黍、器械。见其老幼,奉归勿伤,虽遇壮者,不校勿敌;敌若伤之,医药归之。"

其次,《司马法》提倡慎战与备战。认为"国虽大,好战必亡;天下虽安,忘战必危"。强调居安思危,要时刻备战,但不可穷兵黩武。

《司马法》最早提出了"法治"的思想。认为"治国尚礼,治军尚法",并详细论述治军立法的各种要则,强调治理军队要申军法、立约束、明赏罚。对于将帅,则提出了"仁、义、智、勇、信"五条标准。

第四,《司马法》提出了许多军事规范。如对军容军貌的作用、战略战术的运用、武器装备的建设等问题作了论述,言简而意赅。还指出军事原则知易行难,重视战争实践。

两千多年来,《司马法》一直为谈兵者所重视,如班固、马融、郑玄、曹操、杜预、杜佑、杜牧等人,都曾引用过《司马法》中的文字。汉武帝"置尚武之官,以《司马法》选任秩比博士",可见在西汉初《司马法》即成为朝廷选拔人才的必考科目。司马穰苴作为孙武的近族叔父,他对孙武的影响是不言而喻的。

2. 齐文化中"阴阳""五行"的思想滋养了兵法十三篇的哲学思维

《孙子兵法》是总结齐国军事文化的产物,也是齐文化阴阳哲学思维的优秀成果。如果没有富于创新、善于求变的阴阳哲学思维,就不可能有《孙子兵法》这样高水平的军事哲学理论著作。正因为如此,在《孙子兵法》中充分反映了齐文化中阴阳文化特点。《史记·封禅书》记载,齐国先民崇拜八神。八神中"四曰阴主,祠三山。五曰阳主,祠芝罘",又说"八神自古而有之,或曰太公以来作之"。可见齐国先民崇拜"阴主""阳主"历史悠久,或者说自古就有,或者说是姜太公开国以来所制定的。这种阴阳文化在《孙子兵法》中得到比较充分应用和体现。如《孙子兵法》开篇提出了用兵必需的五事,即道、天、地、将、法。孙子对"天"的解释是:"天者,阴阳、寒暑、时制也"。还如"凡军好高而恶下,贵阳而贱阴,养生而处实,军无百疾"等等。

"五行说"也是在齐文化摇篮中发育成长起来的,是古代哲学思想中的瑰宝。孙武不仅在兵法中运用了"五行说",而且对"五行说"也有了发展和贡献。《孙子兵法》就讲到了五行的概念,它指出:"五行无常胜,四时无常位。"还如在《孙子兵法》中还大量用"五行说"中的"水"来比喻用兵。

3. 齐文化的伦理功利思想匡定了兵法十三篇的得失标准

齐文化的伦理学说十分重视功利。据《淮南子·齐俗训》记载,周初在分封之后,姜尚问周公姬旦:"您怎样治理鲁国?"周公姬旦说:"尊尊而亲亲。"也就是说要以伦理来维持治理国家。姬旦问姜尚:"您如何来治理齐国?"姜尚告:"尊贤而尚功。"意思是要以选拔人才、崇尚功利来治理国家。齐文化在讲利益方面的特色,在《孙子兵法》中体现得也十分清楚。如《孙子兵法》中"利"字出现了52次之多,并明确提出"合于利则动,不合于利则止","杂于利害","以利动,以分合为变者"等战争指导原则。在讲利这一思想方面,兵法十三篇在先秦典籍中是难能可贵的,也是独树一帜的。

(三)家族兵学文化丰富底蕴是兵法十三篇产生的血脉基因

孙氏家族的兵学文化基因,是兵法十三篇的直接营养与人梯。从小的耳濡目染、文化熏陶,从小的习惯养成与生活接触,从小的言谈教育与以身作则,都使得孙武直接站在了巨人的肩上。孙武出生在一个著名的兵学世家,从孙武的家世来看,贵族家庭条件,使得孙武从小就能得到优越的学习条件和环境,广泛涉猎文化典籍,涉猎许多人不能问津的知识。对田氏家族智慧的继承,同样也是孙武思想的重要渊源。孙武自幼生活在齐国。孙武的曾祖父、祖父、叔父都是善于带兵作战的将领。《左传·襄公六年》记载:孙武的曾祖"陈无宇献莱宗器于襄宫"。《左传·襄公二十四年》又记:"楚子自棘泽还,使启强帅师送陈无宇薳"。《左传》还记载孙武的祖父孙书指挥了伐莒战争,凭借其卓越的军事才能,指挥齐军破城获胜,因功赐姓孙,食采乐安。略早于孙武的田穰苴也是出自田氏家族的一代名将,田穰苴潜心研究古兵法。《史记·太史公自序》说:"自古王者而有《司马法》,穰苴能申明之。"他曾于公元前531年统率齐军大败侵入齐国的燕、晋联军,尽复失地,被齐相晏婴誉为"文能附众,武能威敌"的良将。

此外,孙武在家里还阅读了目前已经失传的《军志》《军政》等著名军事著作,也对其兵法的产生起到了重要作用。《左传·僖公二十八年》记楚成王引用《军志》中的一段文字:"允当则归。"又说"知难而退""有德者不可敌"。同时,《左传·昭公二十一年》载:《军志》有之,"先人有夺人之心,后人有待其衰"。《孙子兵法》中则引用了《军政》中的一段文字:"言不相闻,故为金鼓;视不相见,故为旌旗。"这表明孙武当时是直接吸收这些著作中的有关思想的。

四、《孙子兵法》的吴文化烙印

孙武的战争实践与后半生是在吴国度过的,《孙子兵法》也深得吴文化的滋养与浸润。吴文化对《孙子兵法》的最后形成完善、流传也有较大影响,因此兵法也深深地打上了吴文化的烙印。孙武飘然高隐后,一边与青山绿水为伴,同家人在一起悠闲自得,另一方面,又根据自身所经历的军事斗争的经验教训,进一步修改完善了自己的兵法,使之日臻成熟。大约现在流行的《孙子兵法》就是在这个时期最后形成的。

从历史地理角度出发,吴地的核心基本上是一个完整的太湖流域地区。根据记载,泰伯"自号句吴",在太湖流域开创了一个国家形态的文明国家——吴,也开启了吴地文化初端。春秋以后,吴文化的核心地区大致就是苏州地区。从区域的共同性来看,该地区的自然环境、风俗文化、社会经济等方面都存在着很强的一致性。太湖及其流域内的大小湖泊既支撑着吴地的稻作、渔猎等农耕生产方式,也便利着舟楫往来。史料证明,千万年来,吴地人从事着渔猎和稻作。渔猎生产的"诡诈多变"开启了吴地军事活动绵绵不绝的心智文化脉络;这一自然区域河网交织、港汊纵横,形成了一张稠密的水网,便利着吴地的水运。古时吴人以船为车、以楫为马,就是这一生活状况的生动写照。无论是生产生活,还是交通贸易,在精神层面的吴文化所显现出的最为突出的特征就是与水有着密切的天然联系和依赖。《孙子兵法》中"夫兵形象水,水之形避高而趋下""兵无常势,水无常形""激水之疾,至于漂石者""以水佐攻者强"等,体现出了吴地兵学机智灵活的历史文化渊源。水运交通的便利不仅紧密着区域经济、文化的联系,还能造就吴人开放、灵活、实用的风气,产生因时而动,因利而动的机智、巧思的行为风尚。如《孙子兵法》中"合于利而动,不合于利而止""水因地而制流""凡战者,以正合,以奇胜""可使必受敌而无败者,奇正是也""以迂为直""兵以诈立"等,都吸收了吴地灵活善变的文化因子。

吴文化的另一个突出特征就是勇猛尚武。《汉书·地理志》云:"吴、粤之君皆好勇,故其民至今好用剑,轻死而易发。"南宋范成大在《吴郡志》中说吴风俗"好用剑,轻死"。吴地造剑工艺精良,造剑之风兴盛,这种尚武风尚的形成,来自于吴越人长期对水的征服,在与恶劣天气兴风作浪的江河湖水和滔滔汹涌的洪水长期的拼搏中,养成了富于冒险、勇于搏杀、敢于抗争、不惧生死的尚武性格。春秋三大刺客中的两位,专诸和要离都出自春秋吴地。《孙子兵法》中,"不动如山""动如雷霆""侵略如火""无恃其不来,恃吾有以待"等,都是这种精神的展现。

综上所述,有着战火纷飞的激扬时代,齐国兵学文化的连绵群山,家族丰厚的兵学底蕴,先辈们的战争智慧,吴文化的浸润滋养,良好的个人天赋等等,一部"前孙子者,孙子不遗"的"兵学圣典"横空出世、流芳万代也就是顺理成章、水到渠成的事情了。

(作者简介:扈光珉,中国孙子兵法研究会理事、滨州孙子研究院研究员;扈潇,香港山东青年商会副会长。)

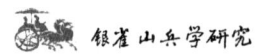

银雀山汉简出土震撼和影响世界

韩胜宝

摘　要　银雀山汉墓竹简兵书的出土,对当代世界文明产生了深远的影响,不仅为全世界翻译《孙子兵法》提供了珍贵的一手研究材料,而且让世界感受到中华文明的深厚与精髓。在世界政治舞台上、在世界外交谈判桌上、在世界军事变革中、在世界经济大潮中、在奥运会和世界杯的赛场上,乃至在全世界的媒体上,发出中国声音频率最高的是孙子语录,讲述中国故事最精彩的是孙子故事。全世界孙子学术研究方兴未艾,孙子研究机构如雨后春笋,遍布全球;全球媒体掀起了一波又一波的孙子传媒热,冲击着全世界的视野;《孙子兵法》翻译出版高潮频现,掀起了一股又一股经久不衰、居高不退的"孙子出版热";《孙子兵法》小语种增多,再版不断;催生一批《孙子兵法》国际畅销书;"孙子创作热"风靡全球文化界。

关键词　国家宝藏;守护人;银雀山汉简;影响世界

《孙子兵法》是一部影响中华文明两千多年的兵书,它浸濡于生生不息、绵延不绝的中华民族文明历史。银雀山汉墓竹简兵书的出土,成为震惊世界的考古重大发现,对当代世界文明产生了深远的影响。

1972年山东临沂银雀山汉墓竹简兵书的出土,揭开了孙武其人其书的千古之谜,结束了孙武与孙膑、《孙子兵法》与《孙膑兵法》著作权的千古之争,不仅为全世界翻译《孙子兵法》提供了珍贵的一手研究材料,而且让世界感受到中华文明的深厚与精髓。

银雀山汉墓竹简兵书出土的消息传遍世界,在全球兵学界引起的轰动不亚于爆炸了一颗原子弹,其影响辐射五大洲。时隔40多年,其"辐射效应"经久不息,持续不断地影响着全世界。在世界政治舞台上、在世界外交谈判桌上、在世界军事变革中、在世界经济大潮中、在奥运会和世界杯的赛场上,乃至在全世界的媒体上,发出中国声音频率最高的是孙子语录,讲述中国故事最精彩的是孙子故事。

一、全世界孙子学术研究方兴未艾

银雀山汉墓竹简的出土引起全球学术界的极大关注,孙子研究机构如雨后春笋般遍布全球,专业或业余的研究人员数不胜数。日本、美国、马来西亚、新加坡、韩国、澳大利亚等国家和中国香港、澳门、台湾地区相继成立了孙子兵法研究会、研究学院、国际沙龙、世界兵学社、兵研社、孙子兵法网站等学术研究和传播机构。

1980年,创立兵法与经营融为一体的"兵法经营论"的大桥武夫在日本成立了"兵法经营塾",并担任塾长。之后,日本先后成立了兵法经营研究会、国际孙子俱乐部、孙子兵法国际研究中心等学术研究机构。目前,日本孙子研究者和爱好者已逾20万人。

银雀山汉墓竹简的出土引发了美国人对孙子的强烈兴趣,不仅是美国军人,而且发展到美国社会,形成了美国人研究《孙子兵法》的第一次高潮。从20世纪70年代末到80年代初,美国举行了上千次孙子研讨会和培训班。据不完全统计,除军界和专门研究机构外,目前美国民间已有近百个研究《孙子兵法》的学会、协会或俱乐部在频繁活动。

法国、英国、俄罗斯等欧洲国家有一批高层次的军事和战略研究机构的学者从事孙子研究,政治界、经济界、学术界也有一批热衷孙子研究的学者,意大利有以专家教授为主体的数千名孙子研究者。

波兰著名历史学家、汉学家克里斯托夫·高利科夫斯基,根据中国出土的银雀山汉简,在研究《孙子兵法》上成果颇丰:《孙子兵法》"九地篇"第七段"四五"两字,古今中外没有恰当的论述和考证,这一千古之谜却被他破解了。他不仅在银雀山发掘的竹简"善者"一文中,破解了"四五"用兵密码,还通过对竹简的研究,对孙子"用间"篇中的"师比"等字做出了更符合历史沿革的论述和考证。

马来西亚郑良树教授从"帛书"考证确定,《孙子兵法》其著作年代在公元前496年到公元前453年之间,他的最新发掘资料支持了兵法十三篇是在春秋末期时就以今日所见的形态加以编成的观点。郑良树根据银雀山汉墓出土资料所引及《孙子》文字来考察,认为春秋末年及战国早期,社会变动非常剧烈,动辄十万兵队、数年的战争,并认为军制、战术等都是长期性的孕育和演变,春秋末年战国早期未必不是它们孕育的开始,何况军事家们对这些战术、名词等,都比常人更会有敏锐的"先知"。

香港城市大学中文翻译语言系讲座教授曾志雄根据银雀山汉墓竹简,论述孙武杀姬与吴王爱才。银雀山汉墓竹简中有《吴问》一篇残简,记载吴王和孙武的问答。他认为,如果说孙武宫廷勒兵是初见吴王时小试牛刀的话,那么《吴问》便应该是勒兵之后"卒以为将"的后续对话。《见吴王》《吴问》和"勒兵斩美"同样显示了吴王阖闾对孙武的尊崇和重视。

澳门大学中国文学讲座教授杨义用银雀山出土竹简《孙子兵法》和《孙膑兵法》,考证孙氏家族与兵学传家。在孙武南迁百余年后,孙氏家族又诞生了一位兵学天才孙膑。银雀山汉墓竹简《孙膑兵法》中"攻其无备,出其不意""必攻不守,兵之争者也"的思想,与《孙子兵法·计篇》之"攻其无备,出其不意,此兵家之胜,不可先传也",以及《虚实篇》之"攻其所不守""攻其所必救"若合符契,并且运用得更加出彩。由此引发的桂陵之战,竹简本《孙膑兵法》明言庞涓和田忌各"带甲八万",可补《史记》《战国策》之不及载。《孙膑兵法》竹简尚存的《威王问》篇中,孙膑回答了齐威王问用兵的三个问题和若干小问题,回答了田忌的五组问题。其中提出的"让威",诱敌、轻兵试敌一类计谋,在马陵之战中都在运用中有所变通。

海峡两岸的《孙子兵法》研究也进入了一个新的时期,两岸的兵学破冰之旅和学术交流也由此展开。1975年,在大陆文物出版社公开出版《银雀山汉墓竹简》后,台湾学者即纷纷投入对竹简兵书的研究,针对竹简残文作白话的释义及传世本的比较。

二、《孙子兵法》传媒热冲击着全世界的视野

从20世纪70年代开始,全球的主流媒体当仁不让,掀起了一波又一波的孙子传媒热,冲击着全世界的视野。

日本《产经新闻》连续20多年每周刊发5名企业家的座右铭,其中不少孙子的名言,使孙子在日本家喻户晓。

1974年,中国《孙子兵法》和《孙膑兵法》在山东临沂银雀山汉墓出土的消息传到日本后引起轰动,专家学者纷纷撰写研究论文,各种报刊连篇累牍地报道这一消息,仅《读卖新闻》《朝日新闻》《产经新闻》《东京新闻》《每日新闻》《东京时报》这6家主流媒体,在当年的19天中就发表了20篇消息和专稿。

1980年以来,美国最有影响的《纽约时报》《华尔街日报》《洛杉矶时报》《华盛顿邮报》《纽约邮报》,多次长篇累牍地报道《孙子兵法》。

东西方媒体对孙子和他的兵法评价超乎想象。英伦《卫报》把《孙子兵法》列入100本最佳非虚构书籍,并列为政治类书刊第一。

英国《金融时报》也将《孙子兵法》十三篇的英文译文,制成30页特刊出版。该报强调,中国2500年前的古老军事策略,十分适用于现代社会的商业管理,西方国家应该加以研究。

英国BBC曾报道说,《孙子兵法》中的兵法内容对大到围困巴格达的进攻战术、军队部署,小到诈诱敌军等战术都有讲述。从相关书目来看,西方人不

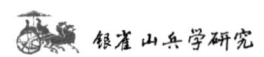

仅用《孙子兵法》来指挥作战,还将其原则广泛应用于商战、人际关系,甚至婚姻大事和家庭纠纷。

英国《经济学家》发表题为"孙子和软实力之道"的文章称,唯一未受过抨击的中国古代思想家孙子正逐渐走到台前。德国《明镜》周刊撰文指出,中国和平崛起,成功发展的重要思想体系是孔子和孙子。

三、银雀山竹简成《孙子兵法》翻译主要底本

自 20 世纪 70 年代初至今,全世界《孙子兵法》翻译出版高潮频现,掀起了一股又一股经久不衰、居高不退的"孙子出版热"。笔者作为央视《国家宝藏》银雀山《孙子兵法》《孙膑兵法》汉简守护人,感到非常欣慰。

世界各国以《孙子兵法》和《孙膑兵法》竹简为翻译本的主要底本,纠正了许多谬误,使这两部中国兵书更为准确,更符合原意,极大地提升了以《孙子兵法》为代表的中国兵书在全世界的地位和影响。

1972 年,日本著名孙子兵法研究专家服部千春用了整整两年时间研究银雀山汉墓竹简兵书,以丰富他撰著的《新编孙子十三篇》。目前,这部著作被珍藏在北京故宫博物院。

1975 年,文物出版社出版《银雀山汉墓竹简》后,台湾学者即纷纷投入对竹简兵书的研究和成果出版。翌年,徐培根和魏汝霖合著的《孙膑兵法注释》,由台湾黎明文化事业公司率先出版,这也是汉简出土后出版最早的为数不多的研究专著之一。

1976 年,日本著名汉学家、孙子研究学者村山孚和金谷治先后整理出版了《银雀山汉墓竹简——孙膑兵法》。

日本学者河野收在该国《防卫大学纪要》,1979 年 9 月号开始发表研究竹简本《孙子兵法》的系列文章,一直到 1983 年 3 月号结束,跨度达 5 年之久。河野收所著《竹简孙子入门》,由大学教育社结集出版,具有较高的学术价值。

该书对竹简本做了比较详细的解说,对《孙子兵法》原文的校改注释,参互通校,斟酌异同,有颇多精到之见,取得不俗的成就。银雀山汉墓竹简的研究,带动了一批《孙子兵法》新著的出版,从而使日本的《孙子兵法》研究上了一个新的台阶。

1982年,马来西亚"帛书"兼孙子学专家郑良树教授撰写的《竹简帛书论文集》,由台湾中华书局出版。

1993年,美国夏威夷大学教授、汉学家罗杰·埃姆斯(中文名安乐哲),翻译了书名为《孙子兵法:首部含有新发现的银雀山汉墓竹简的英译本的新译本》,由纽约巴兰坦出版社出版。该译本将银雀山汉墓竹简校勘的十三篇原文译成英文,同时简要介绍了汉简出土情况,并辑录《孙子兵法》佚文,在一些核心范畴和重点论述上花费了很多工夫,力图对西方传统的翻译进行纠偏和重解,使该英译本更符合原意。1996年,他翻译了《孙膑兵法》,之后又出版了《孙膑兵法概论》。

1993年,美国奎尔公司出版了J. H. 黄翻译的《孙子兵法新译》,这个译本收录了银雀山汉墓出土的《孙子兵法》佚文。

1994年,美国出版了拉尔夫·索耶从《武经七书》析出重编的《孙子兵法》单行本,由美国西部视点出版公司出版。该译本充分利用汉墓竹简《孙子兵法》残本,补正武经本的《孙子兵法》,使英译文更加忠实于原作。1995年,美国西部视点出版社还出版了拉尔夫·索耶译的《孙膑兵法》。

1999年,美国清桥出版公司出版了加里·加格葛里亚蒂《兵法:孙子之言》英译本。加里在翻译中以银雀山汉墓《孙子兵法》竹简作为蓝本,2003年获得"独立出版商多元文化非小说类图书奖",是唯一获奖的《孙子兵法》英译本,此后多次再版。

澳大利亚国立大学教授闵福德最得意之作是将《孙子兵法》介绍给西方读者,他在翻译《孙子兵法》时,参阅了银雀山的汉简。闵福德表示说,以他个人翻译过的作品为例,其中只有《孙子兵法》最受欢迎。有学者评价,闵福德对底本的选择,不仅体现出他认真细致的学术态度,也反映了他敏锐的眼光。美国前国务卿基辛格在书中曾引用了闵福德对一句孙子名言的翻译:"是故百战百胜,非善之善者也;不战而屈人之兵,善之善者也。"

2005 年,苏州孙武子研究会收辑西汉《孙子兵法》银雀山竹简本的《孙子兵法传世典藏本》,被联合国教科文组织收藏。该组织总干事松浦晃一郎写信给予高度评价:"我非常高兴能够细读你们编辑的《孙子兵法传世典藏本》……它的的确确属于整个世界,也属于所有时代。"

四、《孙子兵法》小语种增多再版不断

1975 年以来,全世界《孙子兵法》文本增加了加泰罗尼亚语、斯洛文尼亚语、芬兰语、蒙古语、立陶宛语、伊朗波斯语、泰米尔语、卡斯提尔语、印地语、乌克兰语、斯里兰卡僧伽罗语、马拉地语、巴西葡萄牙语、孟加拉语、意大利语、土耳其语、荷兰语、瑞典语、丹麦语、挪威语、希腊语、波兰语、匈牙利语、克罗地亚语、保加利亚语、亚美尼亚语、爱沙尼亚语、阿塞拜疆语、北印度语等 30 多个语种。

银雀山汉墓竹简出土后,日本《孙子兵法》出版和再版高潮迭起,迄今已出版 400 多种,相关书籍数不胜数。尤其是《孙子兵法》注释书不断涌现。这些注释本,大多用近代的战争原理和军事实践、哲学思想和政治外交来解释,内容丰富新颖,并给孙子以极高的评价。

韩国普及《孙子兵法》的通俗读物大致可分为军事、人文、经营、青少年和儿童、青壮年、女性、小说、生活等八个方面,至今已有 220 余种韩文版译著面世。《孙子兵法》在韩国不是畅销书,而是长销书,其销量长年累积,已经创下韩国出版史的最高纪录。

在西方世界中,英美所出版的英译本影响最大。在整个 20 世纪下半叶,《孙子兵法》的西文文本以美国的英译本为主,仅由美国翻译的已不下 10 多个

版本,这在中国名著中是绝无仅有的。

从20世纪70年代至今,《孙子》俄文版新译本不断问世,包括前苏联的现已超过60多部。白俄罗斯、阿塞拜疆、格鲁吉亚、亚美尼亚的俄文版《孙子》版本众多,递增幅度居高不下。

截至目前,法国共有20多部《孙子兵法》译作问世。德文版《孙子兵法》翻译出版也开始走上快车道,10年间出版了10多部。西班牙文《孙子兵法》再版不断,从20世纪的49部增加至现今的177部,葡萄牙文有69部,意大利文有65部,递增速度惊人。

《孙子兵法》翻译出版覆盖了大半个欧洲。土耳其、罗马尼亚、波兰、捷克、匈牙利、塞尔维亚、立陶宛、希腊、荷兰、芬兰、瑞典、丹麦、挪威文等版本已再版多次。只有206万人口的中欧小国斯洛文尼亚,已翻译出版了6个版本的斯洛文尼亚文《孙子兵法》。

东南亚各国翻译出版《孙子兵法》出现了新的势头,泰国《孙子兵法》版本达60种以上,成为泰国最受欢迎的中国典籍之一。马来文有20多个版本,印尼文有10多个版本,越南文有6个版本。新加坡翻译数量也直线上升。

五、催生一批《孙子兵法》国际畅销书

1981年,美籍作家、亚洲家世小说家詹姆斯·克拉维尔编辑的《孙子兵法》新译本,被译成德文、西班牙文普及本,连续10次出版发行。

1984年,日本学者守屋洋编译的《孙子兵法》袖珍版,到2001年已重印32次之多,成为日本的畅销书。

1988年,美国哈佛大学学者托马斯·克莱瑞重译了《孙子兵法》,此后又出大开本精装版,该版本重印16版。

1993年,美国夏威夷大学教授安乐哲以银雀山汉墓竹简兵书为底本翻译的《孙子兵法》英文版出版了几十万册,是西方较早运用汉简校注译文的版本,

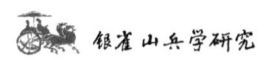

在美国深受欢迎。

1999年，美国亿万富翁加里·加格葛里亚蒂翻译的《兵法：孙子之言》英译本，因其译文之流畅、语言之精美，自出版后便成为各大网站及全球畅销书，被确定为指导其他亚洲语言著作英译的范本。

美籍华人、国际畅销书作家朱津宁著的《新厚黑学之孙子兵法：先赢后战》等书成为畅销书，由英文原著被译为17种语言，共有60多国读者。世界最大书店鲍威尔书店老板迈克·鲍威尔称，朱津宁为成年人开始生活和事业撰写了一部权威性的教科书，它应成为美国每一所学院和大学一门必修课的指南。

2006年，瑞士苏黎世大学著名汉学家胜雅律根据《孙子兵法》撰写的德文版《智谋》一书，被翻译成十几种文字，风靡西方。该书曾有8位外国总统或总理热烈称赞并题词，德国前总理科尔特别写信给胜雅律，对此书加以推荐，盛赞此书是一本有助于西方人了解古今中国的应时之作。

2013年，土耳其80后汉学家吉来翻译的土耳其语《孙子兵法》，是首个从汉语直接翻译成土耳其语的译本。该译本一经出版，便反响巨大，很快便成为畅销书，印了第10版，获得了第十届"中华图书特殊贡献奖"。

六、"孙子创作热"风靡全球文化界

20世纪70年代，日本社会流行"孙子热"，出版界发现了出版商机。一家名为《每星期日》的杂志，想到了要请人写关于孙子的小说，于是自然想到了当时已很有名气的日本著名作家海音寺潮五郎。以海音寺潮五郎的中国文化修养和艺术创造力，当然是最合适写作《孙子》的人选。于是，长篇历史小说《孙子》应运而生，艺术地再现了孙武和孙膑的生平事迹，首开用文学形式记述《孙子兵法》的先河，至今已有7个版本并多次重印，仅1973年至1994年就印刷53次，在日本影响广泛。

日本文坛巨匠、曾任日中文化交流协会会长的井上靖出版了以《孙子兵法》为题材的巅峰之作《风林火山》,在日本国内妇孺皆知,狂销 500 万册。

韩国著名作家郑飞石的《孙子兵法演义》四卷本成为世界著名畅销书。该小说自 1981 年开始在《韩国经济报》连载,1984 年 2 月由高丽苑图书出版社出版第一版,10 年共印刷 64 次。从 1984 年至 1995 年就再版 5 次,印数达 200 万册,并译成多国文字在海外发行。

1987 年,美国经典电影《华尔街》,由迈克尔·道格拉斯扮演的华尔街大亨戈登·盖柯,曾引用了《孙子兵法》中的一句话:"去读读孙子,不战而屈人之兵"。《孙子兵法》等"中国题材"经过好莱坞的创作加工,很快被世界范围内的观众认可。好莱坞超级经纪人欧维兹将《孙子兵法》奉为宝典。一些外国影视产品,包括一些电子游戏中,《孙子兵法》成为古代中国神秘高深军事智慧的象征。通过好莱坞大片的传播,《孙子兵法》在世界范围内影响更广。

法国电影《蛇》以孙子警句"故明君贤将,所以动以胜人,成功出于众者,先知也。——《孙子兵法》公元前五世纪"为开场导语,情节引人入胜,步入惊心动魄的谍战场,引起了法国公众对中国兵家文化的兴趣。

两位美国人从中国古代兵书中找到了灵感,合力将《孙子兵法》改编为现代版绘本惊悚小说,由哈泼柯林斯公司出版。法国里昂文学青年阿莱克西·热尼受中国古代典籍《孙子兵法》影响创作的《法兰西兵法》,获得 2011 年法国文学奖——龚古尔文学奖。获奖后累计销量已超百万,全球有 30 多国翻译出版。

香港电视剧再现银雀山汉墓出土竹简兵书:第一部上卷《孙子兵法之孙武篇》"叱咤风云",气势磅礴地再现了风云际会大时代,乱世英雄大点将,古今翘楚大智慧。第二部下卷《孙子兵法之孙膑篇》"战国传奇",以春秋战国群雄割据的动荡时代为背景,再现了这个战争伴随着变革、动荡、创新的时代,这个强者生、弱者亡、智者兴、愚者衰的时代,描述了孙膑用他的大智大慧,创造出流传百世的兵法与计谋的故事。

在日本,最受推崇的要数森哲郎的《孙子兵法》漫画,日本人只要读起来都会爱不释手。森哲郎是日本著名社会派漫画家,堪称"中日漫画交流第一人"。他画的《孙子兵法解读》,把中国的兵法以漫画的形式刻画得惟妙惟肖。这是森哲郎第45册漫画著作,在日本获得广泛赞誉。称森哲郎的画作幽默中含深意,平易中见深刻,既有东方文化的共性,也有日本传统文化特色。

香港漫画家李志清历时十年创作的漫画《孙子兵法》,共分10册,畅销数十万册,轰动日本,影响国际漫画界。2007年,在日本首届国际漫画奖中,李志清的漫画《孙子兵法》击败多个国外漫画家,成为获得国际漫画最优秀大奖的中国漫画家。该奖被日本人戏称为"漫画大臣"的外相麻生太郎提出,号称漫画界的"诺贝尔奖"。

在银雀山汉墓竹简兵书出土不久,中国台湾漫画家蔡志忠决定把《孙子兵法》改编成一种更当代的版本,他的目的是给这部有两千五百年历史的文本注入新的生命。蔡志忠的改编让《孙子兵法》这部拥有上千年历史的专著重新焕发了活力。蔡志忠用漫画演绎的包括《孙子兵法》在内的诸子百家经典历经多次再版,被译成20多种语言,在全球的销量以千万册计数。

(作者简介:韩胜宝,知名媒体人,"孙子兵法全球行"发起人,新加坡孙子兵法国际传播中心高级顾问。)

孙子文化与文化软实力综辨及其价值意蕴

孙 兵

摘 要 孙子文化以《孙子兵法》为根源性经典,是一种长期存在的,具有历史惯性的社会心理现象。孙子文化随着历史的发展而不断丰富其内涵,充实新的创造性成果。孙子文化是文化软实力的重要资源,它不仅限于战争领域的指导之用,而是适用于一切人类社会竞争领域,具有普世的精神价值。孙子文化不仅参与了中华民族思想精神的塑造,而且对近现代以来特别是西方国家战略思想变化和经营管理战略思想形成起到了不可忽视的塑造作用,发挥出了中华文化的巨大吸引力。

关键词 孙子兵法;孙子文化;文化软实力;文化塑造

一、"孙子文化"与"文化软实力"综辨

(一) 孙子文化概念探讨

"孙子文化"目前尚属学界探讨性的提法,没有形成明晰的概念界定。黄俊度、谈世茂认为:"所谓孙子文化,主要指孙武其人其事和《孙子兵法》所引起的一系列文化现象。该文化现象自然以孙武其人为主体,以孙子思想为灵魂。"[1]

---

[1] 姚有志、阎启英主编:《第六届孙子兵法国际研讨会论文集》,北京:军事科学出版社,2005年,第499页。

"孙子文化"涉及"孙子"和"文化"两个概念。"孙子"指孙(武)子其人和《孙子》其书(历史上长期将孙子的兵法称作"孙子"或"十三篇"[1];"文化"有很多种定义,广义的文化是指与自然相对立的概念,包括人类创造的一切物质和精神成果的总和;狭义的文化特指人类创造的精神成果。这两种视角都仅把文化当做是物质和精神两方面或精神单方面的成就,这样的定义使得文化似乎缺少一种自觉能动的主体行为特征。

有学者新近提出,如果"把文化简单地看做人类活动的结果","那就会流于对文化只做静态的分析,容易忽视人在文化创造过程中的能动作用,不能从文化发展的主客体中揭示文化的本质"。因此,文化是"人类在社会实践中形成的创造能力、活动方式及其创造的精神成果"[2]。

当前学界对"软实力"的概念有很大争议,资料来源相对宽泛,至今仍没有一个统一的定义。军事科学院李祖发研究员对国家软实力的内涵描述为:"国家软实力,主要指综合国力中与硬实力相对应的另一半,体现为意识形态和国家制度的先进性、文化的吸引力、社会民众的凝聚力、外交政策的道义性和国际规则的规制力、科技创新力、国民素质和国家形象等。"李祖发认为:"软实力的来源包括无形资源、有形资源以及一定条件下的实践行为。"[3]这些表述表达出了文化不仅是指精神成果,还具有"创造行为"或"实践能力",即文化深刻地影响着人们的思想意识和行为选择,也是一种行为模式。西方的文化研究普遍认为文化是一种行为模式。

关于"文化软实力"具体定义,国务院新闻办公室原主任王晨曾指出:"文化软实力通常是指一个国家基于文化的生命力、创新力、传播力而形成的思想、道德和精神力量。我国文化软实力根植于中华民族优秀文化传统,以社会

---

[1]《孙子兵法》称法始于何时未有公论,大致出现于民国时期。
[2] 徐长安、刘宝村、陶军、尚伟:《军事文化学》,北京:解放军出版社,2009年,第2页。
[3] 李祖发:《军事软实力方略》,北京:军事科学出版社,2012年,第72页。

主义核心价值观为引领,反映时代发展要求,对内表现为民族的向心力和凝聚力,对外表现为国家的亲和力和向心力。"[1]

据此定义孙子文化,我们认为:孙子文化就是以《孙子兵法》作为根源性经典,以《孙子兵法》思想理论体系为核心,以孙武其人的事迹、传说以及著作流传、影响作为本体,后世兵学家、思想家以及历史人物在继承孙子思想理论的实践过程中形成的精神创造力,以及所创造的精神成果(所有精神产品和物质载体中的精神因素)的总和。孙子文化具有观念形态、历史继承性等属性,是一种长期存在的,具有历史惯性的社会心理现象。孙子文化是一个开放的、动态的文化系统,随着历史的发展而不断丰富其内涵,不断充实新的创造性成果。孙子文化是文化软实力的重要资源,它的产生虽然主要来源于军事领域和战争实践,但它不仅仅限于战争领域的指导之用,而是适用于一切人类社会竞争领域,具有普世的精神价值。孙子文化属于中华优秀传统文化的"独特因子"和"精神符号"。

约瑟夫·奈在其2008年出版的《领导能力》一书中,将软实力和孙子的理念做了描述性的阐述。认为孙子的结论是:"不战是最高的境界,一旦开战就证明了政治的失败。"还说,作为聪明的斗士,他应当懂得什么是"用软实力吸引和硬实力强制"。可以看出,作者认为《孙子兵法》是软实力的重要资源。

(二)"文化软实力"的概念产生和演进

要弄清孙子文化与国家文化软实力的相关性和作用,首先需要弄清"软实力"的概念,弄清中国"文化软实力"与西方"软实力"的区别。

首先,从概念的来源看,"文化软实力"是一个中国气派的概念。自从约瑟夫·奈创建的软实力概念引入中国后,经过不断深化的理论研究和实践总结,

---

[1] 张国祚主编:《中国文化软实力发展报告2014》,北京:北京大学出版社,2015年,第185页。

催生了中国特色的"软实力"理论,产生了中国特色的概念——"文化软实力"。

2007年10月,"文化软实力"首次正式进入了中国共产党十七大文件,文件中指出:"文化软实力是综合国力和国际竞争力的重要组成部分。"2011年10月中国共产党十七届六中全会再次强调:"文化在综合国力竞争中的地位和作用更加凸显,维护国家文化安全任务更加艰巨,增强国家文化软实力、中华文化国际影响力的要求更加迫切。"2013年12月30日,习近平总书记在中央政治局集体学习时强调,建设社会主义文化强国,着力提高国家文化软实力。2014年"两会"期间,习近平总书记指出:"体现一个国家综合实力最核心的、最高层的,还是文化软实力,这事关一个民族精气神的凝聚。我们要坚持道路自信、理论自信、制度自信,最根本的还有一个文化自信。"

二、孙子文化是文化软实力的重要资源

(一)孙子文化参与了中华民族思想精神的塑造

中华文明历史悠久,源远流长,是全人类文明宝库中的重要文化形态。以孙子兵学文化为代表的中国传统兵学文化贯穿中华民族几千年文明史,像儒学、易学、道学及佛学等主要学说一样,是中华文化的重要组成部分。

从学术史看,兵家是先秦时期的一个重要思想流派。孙武及其《孙子兵法》的诞生,标着着兵家学派的诞生。兵家的诞生丰富了诸子百家的内容,并且吸收了道家、墨家、法家的思想,为先秦诸子学,为中华文化做出了杰出的贡献。根据《中国兵书通览》[1]中统计,截至清朝末年,中国古代共产生兵书3227部,加上民国时代的150多部,则我国兵书总数可达3380种,23503卷。

---

[1] 许保林:《中国兵书通览》,北京:解放军出版社,2002年。

其中存世兵书2308部,计18567卷。这些兵书中,影响最大的就是《孙子兵法》,居中国兵家著作之首,与《周易》《论语》《老子》同为中华民族众多典籍中最为重要的四部经典著作。文化史的研究表明,中华文化数千年演进的进程中,其中的中国智慧在农艺、天算、医学,特别是在军事领域,获得了长足的发展。

在《中国古代思想史论》一书中,李泽厚着重强调:"中国四大文化(兵、农、医、艺)与培育中国智慧形式有关系。"可以说,孙子文化参与了中华民族智慧的培育和民族精神的锤炼与塑造,表现出历史非常时期的民族精神的底力,情系天下兴亡,熔铸民族之魂。以《孙子兵法》为代表的中国传统兵学文化体现出来的价值取向、观念意识和精神风尚,深刻影响着中华民族对于生死存亡的因应方式。文化软实力属于国家安全与发展战略的内容,具有国家战略的性质。大国间博弈、对抗最高层级是国家战略,而国家战略选择的文化根基可以在一国的战略文化中寻找到。《孙子兵法》是世界第一部涉及战略思想的理论著作,是东方战略思想的奠基之作,也是运用战略思维揭示战争规律、指导战争规律、解决战争冲突等问题的理论巨著。其中蕴含着朴素高妙的战略智慧和政治智慧,所论的范围不仅是关于战略战术,同时对于政治、经济、外交等重要的"国政"方面,都有全面而独到的论述。与西方"只有作兵典的价值"的军事著作相比,中国的兵书却有治国平天下的大经纶的价值。

西方军事理论家克劳塞维茨指出:"任何思维都是一种能力。"西方所说的"软实力"是"一种通过吸引别人而不是强制他们来达到想要达到的目的的能力"的这种观念,早已在两千多年前就被孙子提出了。在与张国祚进行关于软实力的对话时,约瑟夫·奈曾说:"软实力这个概念可能是新的,但概念表示的行为并不是新的。""中国古代文化对软实力就有很好地理解,虽然没有使用这一专有名词。"[1]

---

[1] 张国祚:《中国文化软实力研究论纲》,北京:社会科学文献出版社,2015年,第124页。

张国祚认为"理论思维的重要性居文化软实力各要素之首","国家文化软实力的强弱,最终取决于人的软实力水平,而理论思维则是提升人的文化软实力的向导和阶梯"[1]。

孙子文化所蕴含的思维方法就是"软实力"的要素。软实力、巧实力说到底,就是运用实力的智慧和谋略。孙子战略思想的奥秘所在就是对力量的运用和把握。

(二)孙子文化对全球国家战略思想演变发挥了巨大的软实力作用

张国祚认为:"我国文化软实力根植于中华民族优秀文化传统,以社会主义核心价值观为引领,反映时代发展要求,对内表现为民族的向心力和凝聚力,对外表现为国家的亲和力和向心力。"[2]李祖发认为:"约瑟夫·奈的软实力只研究了对外影响的维度。从中国学者对国家软实力内涵的理解来看,包括对内与对外两个维度,不仅表达了对内的整合、凝聚、动员、创新各个层面意志和力量的能力,也表达了对外为达到目标、影响他国的能力。只是'中国式软实力'对外的影响力,不同于西方软实力的渗透扩张。"[3]上述观点结合对内对外的作用分析中国文化软实力内涵,颇具启迪。就是说,作为综合国力的重要组成部分的文化软实力,对内不仅在国家思想文化建设方面发挥着整合、凝聚、感召作用,对外在国际交往中同样可以扩大中华文化的国际影响。

就文化软实力的内外两个维度来看,中国优秀传统文化参与了中华民族智慧的培育和民族精神的锤炼与塑造,也对近现代以来西方世界特别是西方国家起到了塑造作用,表现出中华民族民族精神的底力。

金一南提出:"物质对世界的改变,我们都看见了,但是思想对世界的塑

---

[1] 《一刻也离不开理论思维》,《求是》2016年1月18日。
[2] 张国祚主编:《中国文化软实力发展报告2014》,北京:北京大学出版社,2015年,第185页。
[3] 李祖发:《军事软实力方略》,北京:解放军出版社,2012年,第67页。

造,我们却估计不足。孙子战略思想产生一千多年来,已对世界的兵学思想产生了不可磨灭的塑造。""《孙子兵法》这本书,首先从软实力,从精神上陶冶的是我们制胜的心理,以及一种夺取胜利的坚强心态。它给我们提供的不是制胜的手段和窍门,而是制胜的精神底蕴。"[1]

中华民族为人类世界的进步和发展做出的巨大贡献,除了四大发明所代表的物质文明贡献,更在文化思想领域独树一帜。孔子和孙子,文武两圣人的经典著作至今被中国人民和世界各国人民所推崇和传承。两圣人相比,孔子的《论语》在中国周边的汉文化圈国家尤其是东亚、东南亚范围内影响当属最大。究其原因是随着长期以来中国与邻近各国政治、经济、文化的交往而发生影响、得到接受和传播的。孙子与孔子相比尤其特别之处在于:孙子的思想是被东西方各国主动地、有选择地接受和继承的。这种传播方式被称为"采借",即通过异质文化的自然交流和影响,一方的文化引发对方的兴趣、尊重而选择并加以改造,然后植入本民族的文化土壤中,变成对方国家民族文化的一部分。所以说,孙子文化的传播,是不受民族、宗教、文化、国界限制的,具有穿越时空的思想价值。

中国被称为"兵法王国",这不仅因为中国兵法历史源远流长,浩如烟海,更重要的是中国兵法以其奥妙无穷的魅力影响了中国,也影响了世界。世界各界人士热衷于把中国古代兵法当做"很好的东西"来探究,并将这些"很好的东西"运用于各个领域。从各种传媒可见,中国兵法在国外,被政治家视为"治国方略",被军事家视为"制胜秘诀",被外交家视为"谈判法宝",被企业家视为"营生之本"。

进入20世纪之后,人类经历了历史上空前惨烈的两次世界大战,特别是核武器出现之后,将西方崇尚力量的黩武主义军事思想的缺陷暴露无遗。以西方人对克劳塞维茨以来的军事理论进行反思为契机,《孙子兵法》为代表的

---

[1] 金一南:《世界军事》2014年第17期。

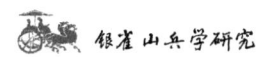

中国传统兵学的价值,又一次受到西方政治家、军事家、外交家的重视。

被西方公认为当代战略研究先驱的英国军事学家、战略家利德尔·哈特对拿破仑战争以来的西方军事理论产生了强烈的幻灭感,他的军事理论受《孙子兵法》影响很大。他高度评价孙子的"全胜"思想。他说:"所谓战略的完美,也就是那种不必经过真正的战斗,而得到决定性的成果——不战而屈人之兵,善之善者也。"[1] 正是在对西方近代军事理论的清算过程中,利德尔·哈特发现了《孙子兵法》在战略思维、战略价值观上的重要启发意义,并由此提出了世界军事理论界著名的"间接路线战略"。

随着核子时代的到来,美苏开始了核武器竞赛。当西方战略体系面临着严重的"崩溃性危机"的时候,美国人又想到了孙子,并受孙子的"全胜"战略的启示而制定出了所谓的"孙子的核战略"。

不仅从大战略层面,在军事战略和作战理论层面,美军也从《孙子兵法》中吸取了很多东西。1982年美国陆军制定《作战纲要》时,在"作战思想"部分赫然引用孙武名句"兵贵胜,不贵久"和"出其不意,攻其无备"。纵观美国军事战略的演变过程,可以看出受《孙子兵法》的影响越来越大。西方军事理论对中国传统兵学的吸取,从一开始就不是在低层次上进行的,而是借鉴了中国传统兵学中所包含的思维方式。21世纪以来,美国再次掀起学用《孙子兵法》的热潮。仅牛津大学出版社出版的该书英译本,一个月内在美国就卖出16000多册,长期高居畅销书排行榜第二位。美国非常重视孙子的"诡道"思想,重视军事欺骗,重视舆论战、心理战。美国防大学信息工程学院院长柯基斯少将来我国防大学演讲时曾说:"美国的信息战理论,其基础观点就来自中国的《孙子兵法》。"由此可见,美国的"孙子热"随时代发展开始转向信息战研究领域。

---

[1] 龚留柱:《孙子兵法与中国文化》,郑州:河南大学出版社,1995年,第231页。

三、孙子文化对于文化软实力建设的当代价值

人文关怀指引。孙子文化的鲜明特点,是其高瞻远瞩的战略思维和深沉厚重的人文关怀。孙子将军事置于政治之下,将战争控制在道德理性之下,追求"合于利而动,不合于利而止",指出"百战百胜非善之善者也"。告诫"军争为利,军争为危",凡"安国全军"的军事行动务求"百战不殆",才能实现国家"生民"的目的。孙子战争观中的"安国全军""唯民是保""上下同欲"等都反映出以国家、民族的利益为追求,这是和平思想的渊源和基础。以孙子文化丰富中国的国际交往的内容和手段,根本使命在于传播孙子以"道""智""仁""信""慎"为核心的中华和合理念和"同舟共济"的和平精神,推广中华民族和平发展的人类普适价值观,使之成为化解不同国家、不同民族、不同文明之间矛盾和冲突的新的国际行为准则。

文化安全守望。"文化安全指一国文化处于没有危险和不受内外威胁的状态,以及保障持续安全状态的能力。"[1]从人类文明进步的视角看,孙子文化蕴含着丰富的思想资源,对于今天国家安全发展具有重大文明借鉴价值。就实现国家文化安全目标来说,要"修道保法",继承与弘扬优秀传统文化、教育国民、抵制"文化殖民"、保持本民族文化的独特性和自主性;要"上下同欲",塑造公民核心价值,需要大力推动孙子文化普及化、大众化,以促进爱国主义教育,进一步激发国民的爱国尚武的英雄主义精神,增强民族自信心和自豪感,继承和发扬中华儿女崇武尚义、誓死捍卫国家和人民的勇敢坚韧优良传统。还要"不可胜在己"。一个国家和民族的英雄主义传统和与敌人血战到底的气概,是一个国家和民族内在的精神力量,缺乏爱国主义和英雄主义传统的国家和

---

[1]《总体国家安全观干部读本》编委会编著:《总体国家安全观干部读本》,北京:人民出版社,2016年,第115页。

民族充满着生存危机。要使这种精神渗透在民族基因之中,成为民族的性格,需要发扬中华民族的尚武精神和爱国主义传统,延续中华民族制胜的血性基因。

"不忒者,其所措必胜"。面对所谓"中国威胁论""中国崩溃论"的文化围攻,所谓"普世价值观"的思想进攻,中国的文化软实力研究更需要积极探讨孙子文化对于当代世界普世价值观的理念构建和精神塑造作用;积极探讨孙子文化代表中华文化如何参与世界各种文化交流交融;积极探讨在全球化语境下如何进一步提升和发挥孙子文化的文化软实力作用,在大国崛起的道路上,去冲破"修昔底德陷阱"论调,铲除"文明冲突论"土壤,构建合作共赢,和平共处,多元文明共存的和谐世界,使孙子文化成为彰显中国文化软实力的重要力量。中国在国际交往中积极倡导的和平共处五项基本原则,是中国传之久远的"止战""慎战"思想在新的历史条件下的发扬光大。中国有大国责任为世界和平、合作、发展注入新的理念,开创新的模式,为塑造繁荣、和谐、文明的新世纪全球和平提供新的范本,在文化软实力的较量中决胜制高点。

商战文化启迪。《孙子兵法》用于商业经营有着久远的历史,古人很早就发现。《史记·货殖列传》记载,战国时的大商人白圭宣称"吾治生产,犹伊尹、吕尚之谋,孙吴用兵,商鞅行法是也"。白圭用孙子"知彼知己"预测商情。他实行的"人弃我取,人取我与"的经营方针正是《孙子兵法》"避实击虚"原则的体现。所谓"盖天下言治生祖白圭",就是说白圭被后世商人尊为经商致富的祖师爷。《孙子兵法》等古代兵家谋略思想在商业领域的应用多是秘而不宣的秘诀,尽管其没有成为显学,但孙子文化对古代商业文化的形成确有催化充实作用。《孙子兵法》这门古老的学科和智慧对企业发展的借鉴在当今中国是从20世纪90年代才开始的文化现象和较新的研究课题。

张国祚认为:"软实力中各种要素的特质无不取决于相应的文化价值观念和智力因素。"[1]要做到古为今用,就需要通过内容联结、方法契合、价值会通实现

---

[1] 张国祚:《中国文化软实力论纲》,北京:社会科学文献出版社,2015年,第53页。

古今思想的相互融通。孙子的兵法谋略为当今世界国家间经济竞争提供着理念补充和价值指导。总体国家安全观五个要素之一"以经济安全为基础"内涵就是"确保国家经济发展不受侵害,促进经济持续稳定健康发展,提高国家经济实力,为国家安全提供坚实物质基础"[1]。为此提出国家经济安全要坚持国家利益至上,受到威胁与侵犯时必须通过斗争维护。在整体国家安全观视野下,更需要积极探讨孙子思想对于当代商战文化理念构建和精神塑造作用。挖掘孙子商战文化传统价值,服务当代总体国家安全观实践,正当其时。

(作者简介:孙兵,滨州市政协市孙子文化研究中心原副主任,山东孙子研究会理事。)

---

[1]《总体国家安全观干部读本》编委会编著:《总体国家安全观干部读本》,北京:人民出版社,2016年,第20页。

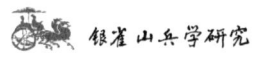

《孙膑兵法》卓越的政治思想

周方林

摘　要　《孙膑兵法》于1972年在山东临沂银雀山汉墓出土,展现了孙膑在军事、政治、哲学上的深刻见解。孙膑主张以战止战、慎战、存亡国、继绝世,并提出战胜而强立的战争观,强调战争的目的是实现国家统一和社会秩序的稳定。在经济和政治上,他提倡富国强兵,主张内得民心,认为获得民众支持是战争胜利的关键。孙膑的思想融合了兵家、儒家、法家等学说,对齐国乃至整个战国时期的政治和军事有着重要影响。

关键词　《孙膑兵法》;政治思想;以战止战;富国强兵

孙膑,战国中期齐国(今山东省鄄城县)人,生卒年月不详。孙膑的一生极具传奇色彩。他与庞涓同在鬼谷子门下学习兵法,后来遭受"自以为能不及孙膑"的庞涓陷害而苦受膑刑,"断其两足而黥之""欲使其终身废弃"。孙膑佯狂忍辱逃回齐国。他以运筹之术助田忌赛马赢得千金,田忌将其推荐给齐威王,"威王问兵法,遂以为师"。他相继以围魏救赵、减灶诱敌、批亢捣虚、攻其必救之计大败魏军,杀庞涓而虏太子申,从而创造了桂陵之战、马陵之战两个辉煌战例,孙膑以此名扬天下,"世传其兵法"。

孙膑生于鄄城,主要活动于齐国,又称"齐孙子"。孙膑与孙武、吴起齐名,世称"孙吴"。《孙膑兵法》亦称《齐孙子》,大约东汉时期即已失传,一直沉寂了1700多年。1972年在山东临沂银雀山汉墓中《孙膑兵法》与《孙子兵法》同时出土,在国内外引起了极大反响。由于竹简埋葬在地下两千多年,残损严重,经银雀山汉墓竹简整理小组的整理考证之后,于1975年2月和7月分别公开出版了普通本竹简《孙膑兵法》和线装大字本竹简《孙膑兵法》,共收录竹简364枚,分上、下两编,各15篇,共计11000余字。

后来,有学者提出:《孙膑兵法》下编15篇,因为没有"孙子曰"或"威王问"之类的词语,故不像是《孙膑兵法》的内容,而像是其他兵法著作的"佚文"。因此建议:"应别题书名,作为附编"。这一观点得到了某些专家的认同,文物出版社于1985年又重新校订出版了新版大字本《孙膑兵法》,删去了下编15篇,上编增加了《五教法》而成16篇。此后,该版本为大多数学者在注释、研究《孙膑兵法》时所依据。其实,据《汉书·艺文志》记载:《齐孙子》89篇,图4卷。《孙膑兵法》今整理出版的30篇与之相比还相差甚远。而汉墓竹简《孙膑兵法》埋葬时不可能仅仅是十几篇残卷。银雀山汉墓出土的竹简基本上都已经各有所属,而整理出的《孙膑兵法》下编究竟为何书?几十年过去了,至今没有结论,否定其不是《孙膑兵法》的"确凿证据"是什么?也始终不得而知。这不仅给《孙膑兵法》再一次蒙上一层云雾,给读者带来诸多疑惑,也给研究孙膑的军事、哲学、政治思想带来不便。应当指出的是:由于竹简在地下埋藏了两千多年,出土时又经过挪运损毁,不可避免地会出现混乱。但是,从"内容""文例"上看,上、下编有许多相一致的地方。从"字体"上看,上、下编有"不像"之处,则可能抄写者不是同一个人。古代典籍有几个人抄写是正常的事,我们不能因"字体"不同就把它视为另一部书的内容。没有"孙子曰"三个字,不能作为排斥它们于《孙膑兵法》之外的理由。这有可能是孙膑自己的著述而未经其弟子整理,或者是孙膑的弟子或后学者的著述。不论是属于哪一种情况都符合我国古代典籍编辑的惯例,都应该归入《孙膑兵法》之中。

纵观春秋战国时期的许多私人著作,从上、下编各篇内容及思想表述上看,皆属于一个人的著作和传授。整理小组原对下编各篇"据内容、文例及书体定为孙膑兵法",是认定清晰、完全正确的。比如:在将帅、士卒、君主、民众、阵法和战略战术等方面的论述上,其思想观点基本上是一致的,同属于孙膑的思想体系,其用词和思想观点的一致性充分说明,上下编很显然是出自一个人的手笔。因此,在学习研究《孙膑兵法》的过程中,依然应该坚持把原上、下编视为一个统一的整体加以分析思考。

孙膑作为一代著名的军事家,他不仅指挥了桂陵之战和马陵之战两个辉煌的战例,而且《孙膑兵法》在军事、政治、哲学上都有非常丰富的思想内容,有许多独到的见解和深刻精致的论述。《孙膑兵法》尽管残缺不全,现在我们看到的也仅仅是原著三分之一的残卷,但他提出了"富国强兵"的政治主张,"间于天地之间莫贵于人"的思想,"战胜而强立"的战争观,"事备而后动""内得其民之心,外知敌之情"的战争方针,"必攻不守"、创造"便势利地"的积极战略思想和以"道"制胜的军事哲学。强调以战止战,以禁争夺,才能创造一个和平安定、繁荣昌盛的环境。他强调重智用谋,"致人而不致于人","出其不意,攻其不备"。提出了义、仁、德、信、智的将帅标准等。可以说,孙膑学习借鉴儒、法等各家思想学说中合理切实、行之有效的积极主张,吸取其精华,显示出集思广益,博采众长的特点,这在齐国群贤云集的众多思想家中是难能可贵的。下面仅就孙膑的政治思想谈点粗浅的看法。

一、以战止战

战国中期,诸侯之间兼并攻伐日趋激烈,"争地以战,杀人盈野;争城以战,杀人盈城。此所谓率土地而食人肉"(《孟子·离娄上》)。在孙膑青少年时期,他生活在齐国西部边境的古鄄之地,战乱频仍。面对动荡不安的社会现实,孙膑明确主张,必须"举兵绳之",以"禁争夺"(《见威王》)。他强调只有像历史上神农、黄帝、尧、舜、汤、武、周公等圣贤明君那样,用战争的强制手段去制止战争,从而建立起良好的社会秩序,才能达到"战胜而强立,故天下服矣"(《见威王》)的目的,才有可能实现一统天下的政治理想。正如《左传·宣公十二年》所指出的那样:"夫文,止戈为武","夫武,禁暴、戢兵、保大、定功、安民、和众、丰财者也"。认为只有用战争去禁止战争,才可能创造一个和平安定、繁荣昌盛的环境。《尉缭子·武议》中也说:"兵者,所以诛暴乱,禁不义也。"《司马法·仁本》中说:"以战止战,虽战可也。"看来,用战争消灭战争,大家认识略同。

但是,孙膑虽然主张以战止战,但他仍然认为要慎战。他说:"天时、地利、人和,三者不得,虽胜有殃…不得已而战。"(《月战》)他告诫人们"其伤在于数战"(《篡卒》)。要看准时机,在天时、地利、人和都具备的情况下,或者是外敌入侵,迫不得已才可发动战争。如果是频繁地进行战争,国家和军队就会元气大伤。他明确指出:"夫乐兵者亡,而利胜者辱,兵非所乐也,而胜非所利也。"(《见威王》)他认为好战和贪利都是很危险的,用兵要讲究策略。他说:"用兵无备者伤,穷兵者亡。"(《见威王》)他甚至提出:"恶战者,兵之王器也。"(《篡卒》)孙膑的这一政治主张,具有远见卓识,不仅为春秋战国时期无数的事实所证明,也为后来的战争实践所验证。这种主张既符合历史发展的要求,又客观上反映了大多数人民的愿望,因而具有相当的进步意义。

二、存亡、继绝

"存亡国""继绝世"是孙膑的另一个重要的政治主张。在论述进行战争的目的时,孙膑指出:"战胜,则所以存亡国而继绝世也。"(《见威王》)他的这种主张,与他"禁争夺",维护天下太平的思想是一致的。

《史记·太史公自序》中说:"《春秋》之中,弑君三十六,亡国五十二,诸侯奔走不得保其社稷者不可胜数。"《春秋》宣传的一个重要思想就是"存亡国,继绝世"。因此,这种主张便成为一种思想潮流。比如,子产提出"诸侯修盟,存小国也。贡献无极,亡可待也。存亡之制,将在今矣"(《左传·昭公十三年》)。孔子也大声疾呼"兴灭国,继绝世,举逸民,天下之民归心焉"(《论语·

尧曰》）。只不过子产、孔子等人的议论无力改变社会现实，孙膑则主张依靠军事力量，通过战争的手段去实现这一政治主张。在《见威王》中，孙膑叙述了尧舜汤武周公等圣贤明君之事迹，抒发自己的政治思想，不仅是歌颂尧舜，向往周公，而且更赞赏他们的武功。

孙膑主张"战胜而强立"以使"天下服"，并不是主张兼并所有的诸侯国，建立一个中央集权的统一的封建国家，而是要战胜各个诸侯国，由一个诸侯国君主"强立"各诸侯国之上使天下服从于一个作为"共主"的天子，这仍然是封建领主制的政治模式。这与他"战胜，则所以存亡国而继绝世"的政治思想是一致的。保存众多的诸侯国不使它灭亡，延续众多的世族不使它绝迹，正是封建领主存在的基础。这也是当时的社会形势决定的。当时七雄还势均力敌，齐国还远不能担负起统一的历史重任。孙膑同时提出"战胜而强立"与"存亡国而继绝世"的主张也就不难理解了。

三、战胜而强立

孙膑初见威王时，陈述了他对战争的看法，集中反映了孙膑的战争观，其核心思想是"战胜而强立"。这是孙膑的名言，也是他战争观中的灵魂。

首先，战争是关系国家安危生死存亡的大事——"战胜，则所以存亡国而继绝世也。战不胜，则所以削地而危社稷也。故不可不察也"。孙膑既不是危言耸听，也不是简单重复孙武的话"兵者，国之大事，死生之地，存亡之道，不可不察也"（《孙子兵法·计篇》），而是针对当时齐国的现实而说的。在齐威王即位前后的一段时间内，"诸侯并伐"（《史记·田敬仲完世家》），齐国接连失利。能否改变这一局面，确实关系到齐国的前途命运。这就是孙膑提出的"战胜而强立"的社会历史依据。

其次，孙膑进一步阐明了"战胜而强立"的条件，即"事备而后动""有委""有义"。孙膑警告："乐兵者亡，而利胜者辱。"他主张慎战，反对穷兵黩武，但他也反对和平主义者,强调关键在于用兵是否得当。因此,孙膑主张要"事备而后动",就是要做好各方面准备,特别是要"有委""有义"。"有委",即有充足的物资储备,也就是要有强大而巩固的经济基础,从而保证国富、兵强、民安,保证战争的胜利。曹操在《孙子兵法·作战篇》题解中指出:"欲战必先算其费,务因粮于敌也。"张预说得更明白:"计算已定,然后完车马,利器械,运粮草,约费用,以作战备。"战争都是在一定的物质基础上进行的,军队没有坚强的后勤保障便寸步难行。《孙子兵法·军争篇》也有著名的论断:"是故,军无辎重则亡,无粮食则亡,无委积则亡。""辎重"泛指军用器械装备,"粮食"泛指粮食和草料,"委积"泛指军用物资储备。这三个方面包含了军队行军作战所必须具备的客观物质条件。在这里,孙膑以"有委"概括之。"有义",即有正义的理由,进行正义的战争,也就是要修明政治,取得民众和士兵的支持,不致因为战争而带来国内的不安或动乱。先秦时代,民众崇尚武功,对于正义的战争,民众是极为拥护的。相反,对于无休止的、非正义的战争,兵民也都是反对诅咒的。他们对于正义战争往往表现出强烈的爱国主义情怀,对于非正义战争则是深恶痛绝的。因此,孙膑提出战争要以"有义"为前提条件,是有着极其深厚、极其坚实的社会基础的。只有做到"有委""有义",才能"以固且强"。孙膑把战争同经济、政治的关系紧密地联系在一起,把经济看成是进行战争的根本基础——"城小而守固者,有委也";把政治看作是战斗力的首要因素——"卒寡而兵强者,有义也"。这就是孙膑的朴素唯物论的战争观,是"战胜而强立"的基本条件。

再次,孙膑阐明了"战胜而强立"的目的,即通过进步而统一的战争,达到"天下服",实现国家长治久安。他用三皇五帝到西周初年的战史事实说明,只有"战胜而强立",才能消除分裂,平息叛乱,维护统一,从而巩固政权,建立进步的新王朝。由此可以看出,孙膑所提"战胜而强立",并不是主张强权政治,也不是无条件地赞成一切战争,而是赞成进步的、正义的战争,并对这类战争在历史发展中的积极意义给予了充分肯定。可是,当时齐国有许多学派都极力反对各诸侯国之间的战争。儒家主张"仁义",道家强调"无为",墨家宣传"非攻"。这些观点,根本无法解决历史进程中提出的统一的要求,是不适应客观规律的,不过是一些不切实际的幻想而已。所以,孙膑严厉批驳了"德不若五帝,而能不及三王,智不若周公"的人,以及那种"欲责仁义,式礼乐,垂衣裳,以禁争夺"的思想,以此坚定齐威王"战胜而强立"的决心。在此后的历史发展进程中,孙膑的"战胜而强立"的思想,几乎被各诸侯国所接受,最后,经过残酷激烈的战争,终于被秦王朝统一了天下。

四、富国强兵

孙膑生活的时代,社会急剧变革,各大诸侯国相继进行了一系列变法改革,政治、经济、军事都有了不同程度的进步和发展。面对迅速发展变化的社会现实,要想在当时的兼并战争中取胜,除了"战胜而强立"之外,还应当在经济、政治、军事上进一步实行改革措施,以增强综合国力,以确保用兵作战的有效进行。

在经济上,孙膑提出了"富国"的目标。孙膑认为,只有"富国",才能为战争提供充分的财力、物力。他指出,进行战争,必须有充分的物资保障。只有"委""积"充盈,才能守之能固,战之能胜。所以孙膑认为,只有"富国"才是"强兵之急者也"。如何使国家富强起来呢?孙膑说:"其富在于亟归,其强在于休民。"(《篡卒》)意思是说,战争结束了要迅速撤回,回乡从事生产,不能滥用民力,要让人民休养生息。这实际上就是主张要放宽政策,减少干扰,让人民安居乐业,致力于生产,从而使民众富裕,国家富强。在政治上,孙膑主张要"内得其民之心"(《八阵》)。他认为:"兵不能胜大患,不能合民心者也。"(《兵失》)"得民心""合民心",讲的就是人和。孙膑强调,要"敢去不善"(《月战》),要敢于革除一切不合民心的弊政、制度。这与孙武提出的"上下同欲"的思想是一致的。

在军事上,为了提高部队的战斗力,孙膑提出了一系列的改革主张:

第一,必须赏罚严明。孙膑认为,"夫赏者,所以喜众,令士忘死也;罚者,所以正乱,令民畏上也。可以益胜"(《威王问》)。他一再强调,军队要取得胜利必须"明赏",只有赏罚分明,才能政令严明,令行禁止。

第二,严格选拔将士。孙膑认为,"用兵移民之道,权衡也,权衡,所以篡贤取良也"(《行篡》),用一定标准选拔的优秀官兵,才能组成一支强大的军队。

第三,严格法纪。孙膑指出,一支军队"其勇在于制"(《篡卒》)。所谓"制",包括军队的组织、纪律、训练、任官、财用、后勤保障、作战、指挥等一系列制度、法令。只有建立起严格的法制,军队才能有强大的战斗力,将士才能奋勇拼杀,才能夺取战争的胜利。

第四,对将士要"明爵禄"(《杀士》)。要想提高将士们的作战积极性,就必须赏罚严明,有功者,升迁,加爵晋级;有罪者,处罚,降级撤职罢爵。孙膑的这一主张,为各国的军事制度改革所实现。

应该说,孙膑的富国强兵的政治主张,在齐国得到了一定的实施,"当是之时……齐威王,宣王用孙子、田忌之徒,而诸侯东面朝齐"(《史记·孟子荀卿列传》)。这与孙膑的富国强兵的主张得以实施有很大关系。

五、内得民心

孙膑认为,战争不能仅仅依靠兵强马壮,还必须"内得其民之心",获得广大民众的支持,这是夺取战争胜利的极为重要的因素。因为人是最关键的因素、最根本的因素、决定的因素,"间于天地之间,莫贵于人"(《月战》)。

在孙膑看来,如何才能"得众""得民心"呢?他说,"卒寡而兵强者,有义也";"战而无义,天下无能以固且强者"(《见威王》)。"素信"才能"令民素听",才能"立义用兵"。孙膑还特别强调将帅要爱护士兵,应该"视之若赤子,爱之若狡童,敬之若严师"(《将德》),如此,才能官兵一致,上下同心,去夺取胜利。如果能够做到"素信""立义""仁德"必将赢得民众的拥护支持。他进一步指出:"其利在于信,其德在于道";"德行者,兵之厚积也";"取众者,胜之胜者也";"得众,胜","不得众,不胜"(《篡卒》)。人心向背,是决定战争胜败的关键因素。

在战国中期兼并战争日益加剧,广大民众苦不堪言的残酷形势下,孙膑不仅从孙武、吴起等兵家的军事思想中继承和发展了积极而有价值的思想学说,而且还从儒家、法家等学派的思想学说中撷取了合理可行的有益成分,加以融合吸收,提出了他解决当时世事混乱、缓和矛盾、富国强兵的一系列政治主张。他既强调富国强兵,依靠强大的军队以战止战,从而实现"战胜而强立"。同时,他还大力提倡仁、义、道德、素信、得众、人和等,积极实现"内得其民之心",最大限度地争取民众的支持和拥护,最终达到维护好天下安宁、建立新的统治秩序的目的。孙膑"以人为贵"、重视民本的政治主张,充分显示出他博采众长、务实求真的特点,在齐国当时群贤云集、百家争鸣的思想家中是十分难能可贵的。

(作者简介:周方林,山东省鄄城县孙膑研究会会长。)

说说孙子的责任与担当

王廷文

摘 要 孙子在兵法十三篇中,从一个为将者的角度出发,在对战争全局以及与战争相关的政治、经济、文化等方面进行高度精炼概括,深刻阐释战争内在规律的同时,也将一个为将者的使命、标准、责任和担当一一进行了阐释。孙子全面分析了将领的使命和责任,强调了挑选合格将领的重要性,提出了挑选合格将帅的五个标准。孙子指出,合格的将领首先必须政治过硬,心中要时刻装着国家和人民,做到"进不求名,退不避罪,唯人是保,而利合于主"。孙子指出,君主要知人善任,做到"将能而君不御";将领更要勇于承担责任,主动做到"不唯上",特殊时刻能做到"君命有所不受"。孙子强调,为将者还要用"择人任势"的思想使用好手下将领,用"令文齐武"的思想加强对士卒的教育管理,用"同舟共济"的思想团结和带领好队伍,真正担负起管理者的职责。

关键词 孙子;将领;使命;责任;担当

孙武是我国春秋时期著名的军事家、军事谋略家,他所著的《孙子兵法》是现存人类历史上最早的一部军事典籍。据司马迁《史记》记载,《孙子兵法》是在孙子被吴王召见、觐见吴王阖闾时面世的。从这层意义上讲,孙子的兵法十三篇相当于是孙子献给吴王阖闾的见面礼,也可以说是孙子写给吴王的一封求职信。所以,孙子在兵法十三篇中,从一个为将者的角度出发,在对战争全局以及与战争相关的政治、经济、文化等方面进行高度精炼概括,深刻阐释战争内在规律的同时,也将一个为将者的使命、标准、责任和担当等等,详细地为

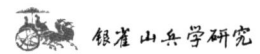

吴王描画了出来。

一、孙子站在宏观的角度，对将领的使命、责任进行了系统阐述

首先，孙子全面分析了将领的使命和责任，强调挑选合格将领的重要性。对于军队而言，为将者的使命光荣、责任重大，必须挑选合格的人才担任将帅。《孙子兵法·谋攻篇》中说："夫将者，国之辅也。辅周则国必强，辅隙则国必弱。"将帅是国君的辅佐。辅佐缜密周详，国家必然强大，辅佐疏漏失当，国家必然衰弱。《孙子兵法·作战篇》中说，"故知兵之将，生民之司命，国家安危之主也"。真正懂得用兵之道、深知用兵利害的将帅，是民众生死的掌握者，是国家安危的主宰者。这都是在强调选将、用人的重要性。将帅作为"国之辅"和"国家安危之主"，责任非常重大。交战双方哪一方的将领更有能力，即"将孰有能？"（《孙子兵法·计篇》），是战争的"五计""七事"之一，是决定战争胜负的先决条件。

其次，孙子指出合格的将领必须政治过硬，心中要时刻装着国家和人民，必须服从命令听指挥。作为一个为将者，"唯人是保，而利合于主"是为将的前提。在指导思想上，一个将领首先要弄清楚为谁带兵、为谁打仗的问题。春秋时期，虽然战争开始有了正义、非正义之分，但将领带兵打仗基本还是为了国家利益，为了人民过上好日子。所以，将领一旦为将，即"将受命于君，合军聚众，交和而舍"，就要将国家利益、人民利益放在首位。同时，孙子主张要挑选合格的为将者，而合格将帅的先决条件就是服从命令，用今天的话来讲，就是首先要政治过硬。孙子在《孙子兵法·计篇》中说："将听吾计，用之必胜，留之；将不听吾计，用之必败，去之。"其意思是：将领听从主帅的计谋，用其作战必定胜利，就留下他；将领不听从主帅的计谋，用其作战必定失败，就坚决辞退他。"军人以服从命令为天职"，体现了军队组织领导的一致性，就是下级必须绝对服从上级的指挥。

再次,孙子提出了挑选合格将帅的五个标准。为将者担负着国之辅佐和国家安危的重大责任,所以孙子强调将帅的选择必须慎重,必须经过严格的挑选。基于为将者的使命和责任,《孙子兵法·计篇》中提出了挑选将帅的五个标准,即"将者,智、信、仁、勇、严也"。智就是智谋,要有智慧;信就是诚信,要忠诚可靠;仁就是仁爱,要有一颗仁爱之心;勇就是勇敢,不怕死;严就是威严,纪律要严明。孙子选择将帅的这五个标准,被后来大多数朝代所沿用,尽管内容不尽相同,但基本上没有超出这个范围。我们今天选人用人的五个标准"德、能、勤、绩、廉",与孙子挑选将帅的五个标准基本上也是一致的。

二、在君主与将领的关系上,孙子指出君主要做到知人善任,将领更要勇于承担责任

首先,孙子强调"将能而君不御",两者相辅相成。《孙子兵法·谋攻篇》中说:"故知胜有五:知可以战与不可以战者胜,识众寡之用者胜,上下同欲者胜,以虞待不虞者胜,将能而君不御者胜。"孙子的"知胜之道"即预见胜利有五个方面,这五个方面都是围绕将领的能力来讲的。将领的判断能力、分析能力、带队能力、把握战机的能力等等,最后落脚到"将能而君不御者胜"这一著名论断。孙子主张要给将帅一定的决断权,以保证其用兵的灵活性。而将领的综合能力,特别是临机决断能力是君主放权使用的前提。如果真是良将,君主就要放手使用,让他在作战中机断行事,不要去束缚;尤其不要随意去干预,因为君主并不真正了解战场上的具体情况,况且战场上的情况也是瞬息万变的。所以,《孙子兵法·谋攻篇》中继续写道:"故君之所以患于军者三:不知军之不可以进而谓之进,不知军之不可以退而谓之退,是谓縻军;不知三军之事而同三军之政,则军士惑矣;不知三军之权而同三军之任,则军士疑矣。三军既惑且疑,则诸侯之难至矣。"

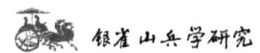

其次,孙子强调为将者要勇于担当,主动做到"不唯上"。"故战道必胜,主曰无战,必战可也;战道不胜,主曰必战,无战可也。"(《孙子兵法·地形篇》)一个为将者始终要根据战场上的形势变化来进行决策和部署。如果战场上的形势对我方而言有必胜的把握,即使国君主张不打,坚持打也是可以的;如果战场上的形势对我方来说不能取胜,即使国君主张打,不打也是可以的。孙子主张三军统帅要主动做到"不唯上",要根据战争形势的变化,灵活部署或改变作战计划。"途有所不由,军有所不击,城有所不攻,地有所不争,君命有所不受。"(《孙子兵法·九变篇》)孙子勇敢地喊出了"君命有所不受"的口号,这在那个年代是多么伟大的创举!

再次,孙子勇于担当的精神,集中体现在《孙子兵法·地形篇》中:"故进不求名,退不避罪,唯人是保,而利合于主,国之宝也。"作为一个负责人、敢担当的为将者,出战不谋求胜利的名声,撤退不回避失利的罪责,只求保全士卒和民众,符合国家的整体利益,这样的为将者才是国家的宝贵财富。这里,孙子的一句"进不求名,退不避罪,唯人是保,而利合于主",表现了极高的责任与担当,是孙子勇于担当精神的最集中体现。孙子这种勇于担当的精神,就算放在当下也堪称楷模。

三、孙子强调为将者要管好手下将领,用好士卒,真正担负起管理者的职责

首先,孙子提出了"择人任势"的用人指导思想。孙子重视"势"、好谋"势",注重敌我双方"势"的转化。孙子说:"势者,因利而制权也。"就是运用"虚实""奇正"之术造就一种有力的客观态势,以实现克敌制胜的目的。孙子"任势"思想的升华,是他将这一思想应用在了用人管理上,提出了"择人任势"的战略原则。孙子说,"故善战者,求之于势,不责于人,故能择人而任势"。善于指挥作战的人,首要的任务是去营造有利于我方的作战态势,而不

是先去苛求部属。作战态势营造好了以后,再针对作战情形合理选用将帅,用好有利的作战态势。孙子"择人任势"思想的精华,在于首先创造大的制胜态势,再将任务合理分工,提高了部属完成任务的积极性,从而保证了成功率。

其次,孙子强调对士卒进行日常教育管理的重要性,并提出了"令文齐武"的人才管理思想。《孙子兵法·地形篇》写道:"视卒如婴儿,故可以与之赴深谿;视卒如爱子,故可与之俱死。"孙子主张将帅要爱护士卒,但又不能娇生惯养。"厚而不能使,爱而不能令,乱而不能治,譬若骄子,不可用也。"(《孙子兵法·地形篇》)为防止士卒骄而无用,孙子主张对士卒要恩威并施,管教并行。"卒未亲附而罚之,则不服,不服则难用。卒已亲附而罚不行,则不可用。故令之以文,齐之以武,是谓必取。"(《孙子兵法·行军篇》)孙子赞同管教士卒要用政治、道义教育他们,用军纪、军法约束他们。但在"齐之以武",尤其是"而罚之"时,要掌握"火候",不能尚未亲附而罚之,也不能已经亲附而不罚。"令素行以教其民,则民服;令素不行以教其民,则民不服。令素行者,与众相得也。"(《孙子兵法·行军篇》)

再次,孙子强调团结的重要性,并提出了"同舟共济"的思想。《孙子兵法·九地篇》写道:"夫吴人与越人相恶也,当其同舟而济,遇风,其相救也如左右手。"行军打仗必须搞好团结,只有君臣同心、将士齐心方可取胜。为此,《孙子兵法·谋攻篇》中特别强调"上下同欲者胜",并作为"知胜之道"。《孙子兵法·计篇》中列举了决定战争胜负的"五事",即道、天、地、将、法,其中,"道"列为"五事"之首,强调"道者,令民与上同意也,故可以与之死,可以与之生,而不畏危"。这里的"道"是就是王者之道,说的就是为政者要顺应民心、体察民意,这样才可以上下一心,团结一致,臣民才愿意跟随君王,赴汤蹈火,在所不惜。唯有这样,才能实现天下大治。

孙子不仅是在《孙子兵法》里这样写的,现实中的孙子也是一个身体力行,敢于承担责任、勇于担当的英雄人物。《史记·孙子吴起列传》记载,孙子觐见吴王,阖闾说孙子的十三篇兵书写得很好,但不知道他有没有真本事,想出个题目考考孙子。讲实话,这个考题有点难,吴王阖闾交给孙子进行操练的不是一般的士卒,而是180名宫女。不曾想孙子真是一个敢于负责、勇于担当,并且十分认真的人。为严明军纪,孙子下令将作为队长的吴王的两个宠妃杀掉以正军法。"吴王从台上观,见且斩爱姬,大骇。趣使使下令曰:'寡人已知将军能用兵矣。寡人非此二姬,食不甘味,愿勿斩也。'孙子曰:'臣既已受命为将,将在军,君命有所不受。'遂斩队长二人以徇。用其次为队长,于是复鼓之。妇人左右前后跪起皆中规矩绳墨,无敢出声。"孙子以"将在军,君命有所不受"为由,最后真就把作为队长的吴王的两个宠妃给杀了。吴王阖闾虽然痛失两个爱妃,但也验明了孙子的确是一个有责任意识、勇于担当、严格治军、有真本事的杰出人才。"于是阖庐知孙子能用兵,卒以为将。西破强楚,入郢,北威齐晋,显名诸侯,孙子与有力焉。"孙子不辱使命,协助吴王最终建立了春秋霸业。

(作者简介:王廷文,广饶孙子文化研究中心六级职员,中国先秦史学会孙子兵法研究院副院长,东营科技职业学院特聘教授。)

浅议孙武为何选择吴国施展抱负

荣敦宁

摘　要　春秋时代的战争尚遵循周代传统的"军礼",贯彻"礼""仁"和"义"的原则。孙武的军事思想强调"诈"与"利",不符合传统"军礼"。齐国受"军礼"影响很深且当时内部斗争激烈,周围其他诸侯国也无暇或无力发动对外争霸战争,不能为孙武提供施展抱负的平台。新兴的吴国受周文化及"军礼"影响较小,能够接受孙武的军事思想,并决心与楚国争霸,能为其提供施展抱负的平台。因此,寻求更好的发展机遇是孙武选择奔吴的主要原因。

关键词　孙武;吴国;军礼

孙武从齐国出走来到吴国的原因,《乐安孙氏七迁碑记》《新唐书·宰相世系表》等云"避乱"。孙武为什么选择到吴国避乱,而不是其他诸侯国? 在其他诸侯国一样可以躲避齐国的内乱。这说明孙武奔吴的原因除了"避乱"外,还有一个更重要的原因是为自己寻求新的、更好的发展机遇,以期实现自己的理想抱负。"避乱"只是孙武奔吴的表面原因,而寻求更好的发展机遇才是孙武奔吴的根本原因。本文就孙武为何选择到吴国寻求发展机遇,提出以下几点浅见。

一、春秋时代的战争尚遵循周代传统的"军礼",贯彻"礼""仁"和"义"的原则

在《左传》《国语》等有关春秋时代战争场面的描述中,经常会出现许多有

趣的现象。如宋军与楚军对阵的泓水之战,宋军已列好阵势,楚军正在渡河。大司马公孙固要求趁机进攻楚军,却遭到宋襄公的拒绝。在楚军渡河后还未排列好阵势时,大司马公孙固又要求趁机进攻楚军,宋襄公再次拒绝。结果两军交战,宋军大败,宋襄公也受了重伤。然而,宋襄公并不因没有乘虚进攻楚军而后悔,却振振有词地说:"君子不重伤,不禽二毛。古之为军也,不以阻隘也。人虽亡国之余,不鼓不成列。"(《左传·僖公二十二年》)就是说与敌人作战也要讲究君子风度,敌人已经受伤,就不能再次伤害他,不能擒杀年纪大的敌兵,不能利用有利地形对敌,不能趁对方未排好队列就发起进攻。"不重伤,不禽二毛",在当今看来非常人道,非议不大。但"不以阻隘""不鼓不成列",却违反了军事、战争常识,令人不可思议。

宋襄公在泓水之战中的表现并不是一个特例,晋楚邲之战中也出现了一种令人惊奇的情形。"晋人或以广队不能进,楚人惎之脱扃,少进,马还,又惎之拔旆投衡,乃出。"(《左传·宣公十二年》)楚军在打败晋军后,晋军后撤时战车陷入泥坑,楚军不是趁机围剿晋军,却居然帮助晋军逃跑。在晋军与楚郑联军对决的鄢陵之战中,还出现了另一种更有趣的现象。晋军将领郤至在交战中,遇到敌国国君楚共王,还要"必下,免胄而趋风"(《左传·成公十六年》),向其恭敬地行礼。楚共王不但向敌军将领郤至回礼,还派使者慰问郤至。面对敌国国君的使者,晋军将领郤至还彬彬有礼地自称"外臣"。晋军将领韩厥、郤至各自都有机会俘获郑成公,却都故意放走了郑成公。对此,两人还都有冠冕堂皇的理由——"不可以再辱国君""伤国君有刑"(《左传·成公十六年》)。对于郤至在鄢陵之战中的表现,《国语》赞美说:"见其君(指楚共王——笔者注)必下而趋,礼也;能获郑伯(指郑成公——笔者注)而赦之,仁也"。由此可见,郤至等人在战场上的言行,是按照"礼"的要求做出的。

一般而言,自西周至春秋是中国古代礼乐文明时代,社会生活、宗教文化、制度与道德等均围绕"礼"这一核心。行军作战则要严格按照"军礼"进行。古军礼虽然已经亡轶,但从《左传》《国语》及《司马法》中,我们还能了解到古代"军礼"的一些原则。古代"军礼"要求,战争目的是讨伐不义,在军事行动中要严格贯彻"礼"和"仁"原则,倡导仁义之战。战场交锋时,双方以礼相待,不欺不诈,光明正大。处置战败的一方要以宽大为怀,迫使敌方屈服后,就要停止军事行动,给予敌方以继续生存的机会。

周代特别是西周时期实行国野制,士兵主要由"国人"即城市贵族和平民组成,"野人"即农村平民等没有资格当兵。当时只有贵族才有受教育的权利,贵族深受"礼"的教育,受前代传统影响很深,在作战中非常注重君子风度。违背"军礼",会被指责为"违礼",大失君子之风,即使取胜也不光彩。因此,"军礼"原则下的战争"争义不争利",是君子之战,并不是兼并和掠夺他国土地、人口,甚至把对方赶尽杀绝。

二、孙武的军事思想强调"诈"与"利",不符合周代传统"军礼"

与周代传统"军礼"截然不同的是,孙武鲜明地提出:"兵者,诡道也"。他认为战争不能再完全按照"军礼"的规则进行,要用"诡道"进行战争。对于"诡道",《古代汉语词典》的解释是"欺诈之道"和"秘密的道路,捷径"。李浴日先生在《孙子兵法之综合研究》中的解释是:"兵法是奇诈的术策,不是正经的伦理道德。"《孙子兵法·计篇》明确提出了"诡道十二法",即"能而示之不能,用而示之不用,近而示之远,远而示之近。利而诱之,乱而取之,实而备之,强而避之,怒而挠之,卑而骄之,佚而劳之,亲而离之"。其基本精神就是"示形"和"用诈",目的则是后面的两句话,"攻其无备,出其不意"。孙武还进一步指出,"诡道十二法"是"兵家之胜,不可先传也",即军事家用兵的奥妙,是不可预先讲明的。因为所用的"诡道"要绝对保密不可以泄露。所以,孙武的军事思想破坏了传统"军礼"的规则。

孙武在《孙子兵法·军争篇》提出"兵以诈立",即用兵之术以诡诈为根

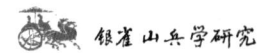

本,强调进行战争要用诡诈的手段取胜。《孙子兵法·虚实篇》指出,"出其所不趋,趋其所不意",即攻击敌人要选择敌人不能及时救援的地方和敌人预料不到的空虚无备之地。孙武在《孙子兵法·九地篇》中指出,无论对待何人何事都要做到"易其事,革其谋,使人无识;易其居,迂其途,使人不得虑",即将领要经常变更作战部署,改变原定计划,使人无法识破机关。应经常改换驻地,故意迂回行进,让人推测不出意图。就是要求将领要做到既能善于用"诈",又要注意防"诈"。

同时,孙武还强调战争必须以利益为前提,强调"利"。《孙子兵法·火攻篇》指出,"合于利而动,不合于利而止",即参与战争的目的是为了获取利益,要做到趋利避害。《孙子兵法·军争篇》又指出,"掠乡分众,廓地分利",即我军进入敌方领土后,则掠夺或征发其都市乡村的资财以分配于我军兵众;对于攻略而占领的敌方土地,将其按功行赏分配于我军将领。

孙武在《孙子兵法·地形篇》提出了将领领兵作战的宗旨:"唯民是保,而利合于主。"即将领领兵作战,只要能保全本国人民和符合本国君主的利益,他就是一名合格、优秀的将领,是国家的宝贵财富。周代传统的"军礼"要求,进行战争不但维护本国利益,对敌国君臣的利益也不能任意侵犯,主张"兴灭国,继绝世"(《论语·尧曰》)。因此,孙武的军事思想与周代传统"军礼"的要求和精神是不符的,特别是孙武的军事思想强调"诈"与"利",更彻底颠覆了"军礼"下战争的法则。

三、齐国受传统"军礼"影响很深,加之当时内部斗争激烈,不会重用孙武

齐国作为一个较强大的诸侯国,其首封之君是辅佐周武王伐纣灭商的功臣姜尚。齐国在诸侯中地位崇高,周成王时曾使召康公命齐太公姜尚:"东至海,西至河,南至穆陵,北至无棣,五侯九伯,实得征之。"(《史记·齐太公世

家》）。齐国由此得到征伐之权。因此,齐国与周王朝的关系非常密切,受周文化的影响也非常深厚。在国内,国氏、高氏、崔氏、鲍氏等世袭贵族长期把持高位,齐国的传统势力非常强大。齐桓公高举"尊王攘夷"的大旗,重申"礼"和"义"的原则,成为春秋第一位霸主,又进一步强化了齐人对"礼"的尊崇。传统"军礼"对齐国的影响之深,使孙武的军事主张难以在齐国推行。

对于孙武奔吴的原因,《新唐书·宰相世系表》等史料记载"以田、鲍四族谋为乱"。根据《左传》《史记》等史料,在孙武奔吴的大致时间段里,齐国并没有发生重大政治事件。但此处的"谋"字说明,田、鲍等四族暗中的政治斗争、较量非常激烈,正在私底下策划、谋划公开的政治斗争。孙武属于田氏家族系统,为了遏制田氏势力的发展壮大,田氏的政敌不会轻易让孙武进入齐国最高军事指挥中枢。与孙武同出自田氏家族系统的田穰苴,曾为齐国击退晋、燕等国的进攻而被尊为大司马,却因受到鲍氏、国氏、高氏的诬陷和诋毁而遭罢黜,就是一个鲜明的例子。同时,由于孙武的军事理论不符传统的"军礼",是反传统的。如果孙武在齐国宣扬、推行自己的军事思想,在政治上还会给田氏带来不利影响,给田氏的政敌以诋毁、打击田氏的口实。

另外,齐国文化底蕴深厚,人才济济,既反传统又背景较为复杂的孙武,也很难进入齐国的最高军事指挥中枢。虽然齐景公对外力图恢复齐桓公时的霸业,但因当时晋国依然非常强大,齐景公认识到与晋国实力的差距,直到公元前502年,一直不敢挑起与晋国的武装冲突。因此,当时齐国的内外形势,对孙武作为一个军事人才的成长是不利的,孙武在齐国取得施展抱负的机会非常渺茫。

四、其他奉行"军礼"的诸侯国既不会任用孙武,也无暇或无力发动对外争霸战争

春秋时代的中原各国虽然混战不已,但表面上仍然奉行周礼。孙武的军

事思想完全突破了传统"军礼"的框架,必定不能为中原列国所接受。鲁国、郑国、曹国、卫国、宋国、陈国、蔡国等国,一方面深受周文化影响,不可能接受孙武的军事主张。另一方面由于其实力太弱,夹在各大国之间朝不保夕,也不具备孙武施展抱负的条件。另外,中原地区的中小诸侯国饱受争霸战争之苦,非常厌恶战争,华元弭兵、向戌弭兵就说明了这一点。

秦穆公在位时,秦国逐渐富强。但由于毗邻强大的晋国,秦穆公基本采取守势。晋文公时,秦穆公一直不敢东向。晋襄公时,秦曾东向袭击郑国,回军至崤时,为晋军截击,秦全军覆没。秦国东向受到晋国的扼制,转而向西方戎狄地区扩张,"益国十二,开地千里,遂霸西戎"(《史记·秦本纪》),无意参与中原争霸,对当时中原列国的影响并不大。因此,秦国不具备孙武施展抱负的条件。

当时的诸侯霸主晋国,一方面国内人才济济,另一方面受传统影响较深,也不会任用一位军事主张明确违背军礼的人为将。自争霸战争以来,晋国的一些异姓卿大夫逐渐掌握了兵权,晋国政权逐渐为卿族势力所控制。晋厉公曾利用大臣间的矛盾诛灭掌权的异姓大臣,自己却被栾氏、中行氏所杀。晋昭公以后,晋国形成了强大的范、中行、知、韩、赵、魏六卿,公室已不复成为重要力量,六卿之间的政治斗争更加激烈。他们既不愿其中的某个家族在晋国的势力出现一家独大的局面,也不愿再出现其他新的势力染指晋国政坛。同时,"向戌弭兵"使晋国解除了外部战争的危机,巩固了霸主地位。因此,晋国政治斗争的重心在内部,其无暇发动对外战争。

楚国一直采取"任人唯亲"的用人制度,楚王一直任用楚国先君后裔、王室公子执掌楚国大权,就是地方上的县公、县尹也由同姓贵族担任。这些王室公子和同姓贵族为了维护其既得利益,也不许异国贤能插足楚国政坛。虽然楚国一直被视为"不知礼节"的蛮夷之邦,但很多时候楚国的做法却很符合周礼。这是因为楚国与中原地区接触较早,深知诸侯列国往来遵循礼仪,为赢得列国的认可,稳定霸主地位,楚国处处按照"礼"的标准去做,慢慢也被周文化同化了。另外,经过"向戍弭兵"确立了楚国与晋国共同的霸主地位,而楚国内部的政治斗争也日趋激烈,楚国无意再发动大的对外战争。因此,即使孙武到楚国去,既不可能得到楚王的任用,楚国也没有其施展抱负的条件。

当时的越国,北有新兴的吴国,西有强大的楚国,还是一个依附于楚国的小国。其国力远逊于比邻的吴国,只是楚国牵制吴国的一颗棋子,当时也不具备发动大规模对外战争的条件和能力。

五、新兴的吴国受周文化及"军礼"影响较小,能够接受孙武的军事思想并提供其施展抱负的平台

吴国的先祖是周太王古公亶父的长子吴太伯,为了成全父亲传位给三弟季历,他和二弟仲雍逃奔到荆蛮之地,文身断发,建立吴国。吴国虽是吴太伯的后裔,但自吴太伯至十九世吴王寿梦时,吴国与当时政治经济文化先进的中原地区一直没有往来。因此,其风俗与中原有很大差异,受周文化影响很小,传统的东西很少。直到吴王寿梦时,吴国才在晋国的帮助下学会了中原地区的车战,其行军作战更不拘泥于周代传统"军礼"的约束。

春秋晚期,吴国国力蒸蒸日上,作为一个新兴的、后起的诸侯国,易于接受新事物、新思想。吴王阖闾为与楚国争霸,急需卓越的军事人才。吴王阖闾的重臣伍子胥、伯嚭等原是楚国大臣,受到楚平王迫害逃难来到吴国。吴王阖闾即位后在他们的辅佐下,"任贤使能,施恩行惠","立城郭,设守备,实仓廪,治兵库"(《吴越春秋·阖闾内传第四》)。当时吴国的政治风气可谓"主明臣贤"。而伍子胥、伯嚭等原是楚国人,受周文化影响较小,都能够与吴王阖闾一样接受孙武与传统"军礼"不同的军事思想,支持孙武的军事主张。

在吴国内部,吴王阖闾欲早日破楚成就霸业,伍子胥、伯嚭等则希望能够尽快破楚复仇。因此,吴国上下都决心要对楚国发动一场大规模战争。吴国君臣在伐楚问题上可谓态度一致、立场坚定,已具备了《孙子兵法·谋攻篇》

"五胜"之一的"上下同欲者胜"这一条件。在外部条件上,为了牵制、削弱楚国,霸主晋国一直支持吴国。而楚国周围的中小诸侯国由于受到楚国的长期压迫,都对楚国心怀不满。因此,当时的列国形势对吴国伐楚非常有利。

孙武作为一个外来者,与吴国及其敌方楚国的各种政治势力没有任何瓜葛,并具有卓越的军事才能,很容易受到上下一致欲齐心伐楚的吴国统治集团的信任和重用。在当时的诸侯列国中,只有吴国最具备孙武施展抱负的条件。因此,通过以上分析我们相信,孙武一定先经过一番仔细缜密地"庙算",从而决定到吴国寻求发展机遇以实现自己的理想抱负,事实也证明孙武的选择是正确的。

(作者简介:荣敦宁,山东孙子研究会专家委员会委员,广饶孙子文化研究中心助理研究员。)

贯穿三国的著名战争中蕴含着《孙子兵法》巨大价值

——兼论对 AI 条件下现代战争的启发意义

赵胜男　郭海龙

摘　要　《孙子兵法》作为中国古代军事文化的经典,不仅是兵家智慧的结晶,更在中华民族的文化传承与现代文明建设中具有深远影响。通过对三国时期几场重要战争的分析,如官渡之战、赤壁之战、猇亭之战、蜀汉北伐和曹魏灭蜀等九场战争分类分析,探讨《孙子兵法》的重大价值。这些战争案例展现了《孙子兵法》在实际军事行动中的深刻应用与指导意义,同时也为现代社会的经济、文化和社会发展提供了有益的参考。孙子兵法作为中国古代军事文化的瑰宝,其智慧在三国时期的著名战争中得到了充分体现。这些战争不仅展示了战略和战术的运用,也为中华民族的文化传承奠定了深厚基础。本文将通过官渡之战、赤壁之战、猇亭之战、蜀汉北伐和曹魏灭蜀等战争,探讨孙子兵法的重大价值,并分析其对现代战争,特别是 AI 背景下现代战争的启示。

关键词　《孙子兵法》；三国；战略；战术；文化传承

《孙子兵法》是中国古代军事思想的经典,成书于春秋末期,作者为著名军事家孙武。这部兵书共十三篇,内容涵盖战略、战术、情报收集、外交、后勤等多个方面,系统性地阐述了战争的原则、战争决策的艺术以及用兵之道。《孙子兵法》不仅影响了中国古代的军事活动,而且对全球军事理论产生了深远影响。在三国时期,群雄逐鹿,中原大地战火不断。在这一动荡时代,战争不仅是军事较量,更涉及政治、经济、文化等现代综合国力来衡量的多重因素。《孙子兵法》在这些战争中体现出极大的战略价值,成为三国时期各方决策的重要参考。作为中国古代最具影响力的军事理论著作之一,它不仅仅在古代战争中提供了战略战术指导,还在文化传承与现代社会治理中发挥着深刻影响。通过研究三国时期几场著名战争的具体实施,我们可以发现《孙子兵法》在这些战争中展现了巨大价值。

一、奠定格局的关键战争:《孙子兵法》与官渡之战、赤壁之战和猇亭之战

官渡之战、赤壁之战和猇亭之战是奠定三分天下格局的关键,分别奠定了曹魏崛起、三分天下和孙刘联盟"蜜月阴谋"[1]的走势。

(一)官渡之战:《孙子兵法》的战略智慧与信息优势

官渡之战是东汉末年三国初期最具影响力的战役之一,曹操凭借弱势兵力[2]以少胜多,最终击败袁绍,确立了北方的统治地位。此次战役中,曹操充分运用了《孙子兵法·谋攻篇》的核心思想,特别是"知彼知己,百战不殆"和《孙子兵法·兵势篇》"凡战者,以正合,以奇胜"的战略原则。

1. 知己知彼强调对信息优势的掌控

曹操能够胜出,最重要的一点就是他比袁绍更加了解敌我双方的情况。《孙子兵法·谋攻篇》明确提出,战争的关键在于对敌情和己方实力的准确掌

---

[1] 《易中天〈品三国〉第三十二集 蜜月阴谋》,《政协天地》2007 年第 4 期。
[2] 杨巨中:《官渡之战中曹军兵力考》,《军事历史》2000 年第 6 期。

握。[1] 曹操通过斥候和内部情报网,及时获得了袁绍军队的动向,利用袁绍军队补给线漫长且后勤不稳的弱点,[2]采取了精准的作战策略。相反,袁绍未能准确评估曹操的实力和动向,导致其在战略上陷入被动。

2. 集中优势兵力实施奇袭

曹操采用了出奇制胜的原则,集中力量攻打袁绍的粮草运输线乌巢,导致袁绍军心动摇,最终溃败。这体现了《孙子兵法·虚实篇》中"虚实相生"的思想,即通过虚实结合的手段迷惑敌军,打击其弱点,实现以少胜多。

官渡之战是曹操与袁绍之间的重要对决,曹操以少胜多,展示了"知彼知己"的原则。孙子兵法强调利用敌人的弱点,曹操通过对敌军动向的掌握,采取了灵活的战术,最终获得胜利。这一战役告诉我们,在现代战争中,信息优势和精准决策同样关键,尤其在 AI 技术的帮助下,数据分析可以提升战略制定的有效性和针对性。

(二)赤壁之战:《孙子兵法》的联盟与虚实结合

赤壁之战是三国时期著名的以弱胜强的战役,孙权、刘备联合抗击曹操的强大攻势,最终成功击败曹军,奠定了三国鼎立的基础。

1. 联盟战略:借力打力

《孙子兵法·谋攻篇》强调,上兵伐谋,其次伐交,其下伐攻,其下攻城。其中,"伐交"意味着军事战略不仅依赖于自己的力量,还可以通过合纵连横、结盟等方式增强自身的战力。孙权与刘备的联盟正是这一理念的体现。[3] 他们通过联合,共同对抗曹操的大军,这种通过借助外力实现战略目标的方式正是《孙子兵法·谋攻篇》中的经典策略。

---

[1] 朱绍侯:《官渡之战与赤壁之战双方胜败原因试探》,《河南大学学报(社会科学版)》2015 年第 5 期。

[2] 薛瑞泽:《官渡之战中的后勤供应》,《许昌学院学报》2007 年第 3 期。

[3] 金裕凤:《试论孙权的外交策略》,《聊城大学学报(哲学社会科学版)》2000 年第 2 期。

2. 虚实相结合:巧妙地打击敌军心理

诸葛亮和周瑜在战前通过"连环计"和声东击西等策略,迷惑并削弱了曹操的心理防线,使曹军陷入被动。在实际战斗中,火攻战术也是虚实结合的典范,《孙子兵法·火攻篇》中"以火攻之"被充分运用到这场战役中,最终击败了曹军。这体现了《孙子兵法·火攻篇》在灵活运用作战手段上的智慧。赤壁之战是三国时期最具传奇色彩的战役之一。周瑜和诸葛亮利用地形和天气,实施了"火攻"的战术,显示了环境因素在战争中的重要性。现代战争中,AI可以实时分析环境变化,优化战术布局,从而提升胜算。赤壁之战是三国时期最具传奇色彩的战役,周瑜和诸葛亮利用地形和天气,成功运用"火攻"战术。"因敌之变"原则在此战役中发挥了重要作用。现代 AI 可以实时监测气象变化和地形条件,帮助指挥官优化战术布局,以适应不断变化的战场环境。

(三)猇亭之战:《孙子兵法》的灵活应变与因敌制胜

猇亭之战发生在三国后期,是刘备为报关羽之仇发动的复仇战役,最终由于错估形势而失败。猇亭之战使得立国不久的蜀汉"大汉气数休矣",陷入了"益州疲弊,此诚危急存亡之秋"的尴尬境地,客观上加速了三国分裂时期的结束。

1. 灵活应变与正确评估形势

《孙子兵法·军形篇》强调:昔之善战者,先为不可胜,以待敌之可胜;不可胜在己,可胜在敌。战场情况瞬息万变,必须因敌制胜,而刘备在此战中却未能遵循这一原则。他在决策过程中情感过于主导,未能冷静分析东吴的真实实力和战场形势,最终导致失败。相反,东吴将领陆逊遵循《孙子兵法·军形篇》的灵活应变原则,采取了以防守为主的策略,最终反败为胜。

2. 避免情绪主导战略决策

《孙子兵法·虚实篇》指出:故策之而知得失之计,候之而知动静之理,形之而知死生之地,角之而知有余不足之处。强调决策时的冷静与理智,但刘备在猇亭战役中的决策更多是出于复仇心态,忽视了《孙子兵法·始计篇》中提到的"兵者,诡道也",战争不应被个人情感左右。[1]这也为后世提供了教训。

猇亭之战体现了心理战和信息战的应用。孙子兵法中提到"以正合,以奇胜",刘备在此战役中利用敌人对其战略意图的误判,最终逆转战局。这一策略在现代战争中同样适用,AI能够模拟对手行为,帮助制定更加有效的虚假信息和欺骗策略。

二、影响国力走势的几场争夺战:《孙子兵法》与汉中争夺战、大意失荆州与合肥争夺战

汉中争夺战、大意失荆州与合肥争夺战,以曹操失去汉中给刘备,刘备失去荆州给孙权,孙权没拿到合肥为结局,孙权成为最大赢家,曹操失去汉中,刘备则失去荆州得到汉中,失去了"隆中对"两路进军北伐的条件[2],只剩下秦岭蜀道这一条路线。

(一)汉中争夺战:《孙子兵法》的战略机动与资源管理

汉中争夺战是三国时期刘备与曹操之间的重要战役,展示了《孙子兵法·九变篇》中"灵活机动"和"资源管理"的战略智慧。

1. 灵活机动,出奇制胜

在汉中之战中,刘备一方采取了灵活的战略,利用地形和敌我力量对比进行调配。[3]《孙子兵法·始计篇》强调"兵者,诡道也",刘备一方通过快速的

---

[1] 李明华:《巧打心理战,成就蜀魏吴》,《上海教育》2006年第2期。
[2] 方诗铭:《〈隆中对〉"跨有荆益"的策划为何破灭——论刘备和关羽对丧失荆州的责任》,《学术月刊》1997年第2期。
[3] 张东:《试论三国鼎立的关键战役——曹、刘汉中争夺战》,《成都大学学报(社会科学版)》2013年第3期。

机动和隐蔽行动,避免与曹操的主力直接对抗。在兵力相对劣势的情况下,诸葛亮通过对敌方的心理和战术进行评估,利用曹操的多疑,巧妙地实施了奇袭,迫使曹军不得不分散兵力,从而提高了自己的胜算几率。

2. 资源管理与持久战

刘备在战役中不仅注重兵力的部署,更重视对资源的有效管理。通过合理调配粮草和兵员,确保了在漫长战斗中的持续作战能力。"曹公虽来,汉川比为我所得。"《孙子兵法·军形篇》中提道:"善战者,先为不可胜,以待敌之可胜;不可胜在己,可胜在敌。"刘备凭借对战局的合理分析,保持了战斗力的持久性,尽量延长战役时间,以消耗敌人。这一策略使得曹操最终因后勤不足而陷入困境。

汉中之战展现了刘备集团的战略灵活性和曹操的强大压力。刘备利用地形进行防御,同时通过积极的外交手段寻求支援,使得刘备集团达到了极盛状态。[1] 汉中之战之前,由于张鲁投降曹操,蜀中惶惶不可终日;汉中战后,刘备建立了稳固的统治,正式在沔水(今汉江中上游)筑坛晋位汉中王,奠定了蜀汉政权的班底。基于此,孙子兵法强调对环境和敌情的充分理解,现代 AI 在战略层面上可以模拟多种战术选择,帮助军队在复杂环境中找到最佳解决方案。

(二)大意失荆州:《孙子兵法》的围而不攻与心理战

关羽大意失荆州的襄樊之战是曹操、孙权与关羽之间的一场关键战役,体现了《孙子兵法·谋攻篇》中的"围而不攻"的"心理战"策略。

1. 围而不攻,耗敌之力

在襄樊之战中,曹操选择围攻的方式,施行持久战术。根据《孙子兵法·谋攻篇》"故用兵之法,十则围之,五则攻之,倍则分之;故围而不攻,乃上策

---

[1] 章梦晗:《"立国之役":汉中争夺战中的"得与失"》,《廉政瞭望》2024 年第 8 期。

也",围而不攻可以削弱敌军的士气和物资。曹操通过持续围困,迫使关羽军队在缺乏补给的情况下陷入被动,体现了"以静制动"的原则。他的这一策略不仅消耗了敌军的力量,也为曹军赢得了时间,积蓄了更多的战斗准备。

2. 心理战与信息战

徐晃、吕蒙在战役中利用心理战术,散布谣言和假情报,以削弱关羽军的士气和信心。《孙子兵法·军争篇》"三军可夺气,将军可夺心"强调"攻心为上",曹操通过制造敌军内部的恐慌和不安,影响了关羽士兵的斗志。此外,徐晃、吕蒙通过侦察和间谍活动,获取了关羽的军情,形成了信息优势,使得关羽军队在关键时刻无法做出有效的反应。而沿江烽火台被吕蒙"白衣渡江"[1]拔除,导致关羽丧失了后方信息来源,以至于失去江陵后陷入被动,不得不败走麦城。吕蒙在兵不血刃拿下江陵后,让家属给关羽军中写信报平安,瓦解了关羽军队的斗志,从而导致军队失去了战斗力,是心理战的典型应用。

襄樊之战中,关羽与曹魏的对抗,被孙权偷袭,大意失荆州,[2]突出体现了资源配置和心理战的运用。孙子兵法提到"虚实之计",在现代战争中,AI可以通过心理模型和行为预测,分析敌军的反应和决策,为战术实施提供指导。

(三) 合肥争夺战:《孙子兵法》的虚实结合与防守智慧

合肥争夺战是东吴与曹魏之间的重要战役,体现了《孙子兵法·计篇》中"兵道者,诡异也!虚则实之,实则虚之"的"虚实结合"思想和防守的智慧。曹操面对孙权的强攻,巧妙运用兵法,成功抵御了敌军的进攻,[3]维护了合肥的战略地位。

---

[1] 石冬梅:《吕蒙"白衣渡江"辨》,《保定师范专科学校学报》2005年第1期。

[2] 李绍泽:《关羽"大意失荆州"的再认识》,《成都大学学报(社会科学版)》1992年第1期。

[3] 彭凯,李代斌:《略论吴魏逍遥津之战及其影响》,《贵州文史丛刊》2012年第1期。

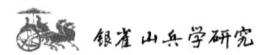

1. 虚实结合,迷惑敌人

曹操一方在合肥设下重兵防守,同时通过虚张声势的策略,营造出"兵力充足"的假象,令孙权误判曹军实力。《孙子兵法·计篇》强调,制造假象以迷惑敌人,可以使敌军在决策上出现失误。孙权在合肥围攻时,未能准确评估曹军的真实战力,最终导致攻势受挫。

2. 防守反击,集中优势兵力

在战斗中,曹操一方有效集中优势兵力进行防守,通过"以逸待劳"的策略耐心等待敌军的薄弱时机。孙子兵法中提到,坚守防线并伺机反击,可以实现以少胜多的目标。曹军通过坚固的防守和适时的反击,成功挫败了孙权的进攻计划,保持了合肥的控制权。

合肥争夺战中,双方均采用了隐蔽和突袭的战术。孙子兵法中的"兵贵神速"理念在此战役中得到了很好的体现。现代 AI 可以通过战场监控和实时数据分析,优化突袭时机和战术,提升战斗效率。

三、志在统一的战略举动:
《孙子兵法》与诸葛亮北伐、曹魏灭蜀、西晋灭吴

诸葛亮北伐、曹魏灭蜀、西晋灭吴是三国中后期有作为的政治家志在统一天下的战略举措,有效地动员、整合了内部力量。

(一)诸葛亮北伐:《孙子兵法》的持久战与"伐谋"之道

诸葛亮北伐是以攻为守,"汉贼不两立,王业不偏安"的战略举措,延缓了猇亭之战后蜀国的颓势[1],而且凝聚了蜀国军心、民心,一度使得蜀汉出现了

---

[1] 张应二:《诸葛亮军事活动研究》,吉林大学学位论文,2006 年。

复兴的势头[1]。诸葛亮的北伐战争虽然最终未能成功"出师未捷身先死,长使英雄泪满襟",但在整个过程中,他展现了《孙子兵法·谋攻篇》中"上兵伐谋"的智慧。

1. 持久战,战略耐心

孙子兵法强调持久战需要对资源的有效管理和灵活调整。蜀汉北伐是一个持久战的过程,诸葛亮深知"兵贵持久"的道理,尽量避免与曹魏军队的正面交锋。他通过不断骚扰和试探,积累优势。这与《孙子兵法·谋攻篇》中强调的通过持久消耗敌人,寻找突破口的原则相契合,虽然面对强敌,但蜀汉仍坚持了多次北伐。诸葛亮深知蜀国实力不如魏国,因此他不急于与敌方决战,而是采取多次北伐,通过消耗敌方资源和士气的方式来拖延魏国的优势。《孙子兵法·谋攻篇》中强调,"上兵伐谋,其次伐交",而诸葛亮通过外交手段恢复孙刘联盟,[2]也希望能够与魏国内部的力量达成某种默契,削弱其力量。蜀汉的北伐过程中,诸葛亮注重后勤保障,注重长期作战的持续性,反映了《孙子兵法·谋攻篇》中的持久战思想,即战争不仅仅是正面交战,还包括以少量代价消耗乃至拖垮曹魏战争资源的积累与消耗。

2. 战略调整,灵活应变

蜀汉北伐展现了持久战的价值和战略规划的重要性。在北伐过程中,诸葛亮不断根据战局变化调整战略。他根据敌我态势的变化,灵活部署,利用地形和天气因素实施不同战术。《孙子兵法·九变篇》强调"能因敌变化而取胜者,谓之神",灵活应对敌人的变化和自身条件,这使得蜀汉在多次北伐中保持了战斗的主动性。尤其是诸葛亮渭水屯田,找到了一条就食于敌[3]的战略举措,符合《孙子兵法·作战篇》的智慧——故智将务食于敌:食敌一钟,当吾二

---

[1] 赵昆生,于斌:《〈出师表〉与蜀汉政治》,《重庆师范大学学报(哲学社会科学版)》2010年第2期。

[2] 杨海玲:《三国外交研究》,华中科技大学学位论文,2020年。

[3] 吴荣政:《论孙子的军事后勤理论》,《江汉论坛》1997年第1期。

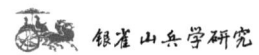

十钟;秆一石,当吾二十石。

蜀汉北伐展现了对敌战略的长期规划和资源管理的必要性。孙子兵法强调持久战中的后勤保障和灵活调整,现代 AI 可以通过大数据分析,帮助军队优化资源配置,确保持续作战能力。现代战争中,AI 可以帮助分析长期战役中的资源分配和兵员调动,确保战争进程的顺利进行。

(二)曹魏灭蜀:《孙子兵法》的顺势而为与时机把握

曹魏最终灭蜀,体现了《孙子兵法·九地篇》"合于利而动,不合于利而止"的原则。司马昭充分利用蜀国内部的衰弱局势,在时机成熟时派遣钟会、邓艾、诸葛绪率领三路大军发动了灭蜀战争。

1. 顺势而为抓住敌方弱点

蜀汉的内部腐败和政治矛盾,削弱了其抵抗能力。[1] 司马昭通过对蜀汉内部矛盾的了解,选择适当的进攻时机,迅速行动,一举灭掉蜀汉,[2] 展示了《孙子兵法·谋攻篇》中"上兵伐谋"以及《孙子兵法·军形篇》中"善战者,先为不可胜"的理念。

2. 善用地形与后勤保障

在灭蜀的过程中,魏军充分利用蜀道的优势和蜀军的疲惫。司马昭的统军策略是《孙子兵法·九地篇》中对"地形"和"后勤"重视的完美体现。

曹魏灭蜀的过程是权谋与策略的结合,尤其邓艾偷渡阴平,舍弃后勤补给,就食于敌,将战术舍弃后勤与出其不意的偷渡阴平小道作战紧密结合。[3] 孙子兵法中提到的"顺势而为"原则在此战役中得到了充分应用。通过对敌人疲惫、怯战状态的把握,曹魏最终实现了战略目标。

---

[1] 李万生:《论所谓"人民不愿作战"——蜀汉亡国原因探讨之二》,《清华大学学报(哲学社会科学版)》2019 年第 6 期。

[2] 朱子彦:《三国后期杰出的政治家、军事家——司马昭》,《孝感师专学报》1996 年第 4 期。

[3] 夏旻:《〈三国演义〉中邓艾的军事指挥艺术》,《理论月刊》2002 年第 2 期。

鉴于此,现代战争借助 AI 技术,能够实时监测战场动态,及时调整策略,实现"顺势而为"的目标。

(三)西晋灭吴:《孙子兵法》的战略智慧与内外夹击

西晋灭吴是三国时期的重要战役,标志着统一中国的关键一步。在这场战役中,西晋军队凭借卓越的战略规划和信息掌控,最终击败了吴国,展示了《孙子兵法·谋攻篇》的核心思想,特别是"知彼知己,百战不殆"和"顺势而为"的原则。

1. 知己知彼,掌控敌情

西晋军对吴国的内部局势有着充分的了解。吴国在经历诸葛恪、孙綝等多次专权后,内部矛盾逐渐显现,士气低落。西晋通过情报网络,及时掌握了吴国的动向和动荡情况,利用这一信息优势,制定了针对性的战略。在《孙子兵法·谋攻篇》中,知晓敌方的虚弱与分裂,能够为进攻提供绝佳时机。

2. 顺势而为,内外夹击

西晋在军事行动中,巧妙地利用吴国的内部矛盾,实施内外夹击策略。晋军不仅通过军事打击外敌,还利用吴国内部的政治斗争,[1] 促使吴国士族分裂,导致其军心动摇。孙子兵法强调"顺势而为",西晋正是抓住了吴国内忧外困的有利局势,迅速展开攻势,最终实现了统一的目标。

3. 灵活运用兵法,发挥优势

在战术上,西晋将领运用灵活多变的战术,结合兵力优势与地形特点,选择关键战役进行突击,体现了"虚实相生"的思想。他们通过围困和快速突袭,逐步削弱了吴军的抵抗能力,成功实现了以少胜多的目标。

在 AI 条件下,信息化手段更有助于搜集敌人内部不和的信息,有助于分化瓦解敌人,实行楔子战略,从而为我所用。

---

[1] 崔敏:《"处心积虑"的统一之战——西晋灭吴迟缓之原因分析》,《文史杂志》2015 年第 2 期。

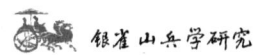

结束语 《孙子兵法》超越时空的价值

通过对三国时期五场重要战役的分析，《孙子兵法》的价值不仅限于古代军事活动，还为现代社会的经济、文化、和社会发展提供了深刻的智慧。《孙子兵法》所提倡的知己知彼、灵活应变、上兵伐谋等战略思想，不仅在战争中显示出巨大威力，也在当今的治国理政和科学决策中具有重要借鉴意义。"知己知彼，百战不殆；千百年前如此，千百年后亦如此。"（《东周列国志》孙武对吴王阖闾的解说）通过传承和弘扬这一文化遗产，我们可以在中华民族现代文明建设中汲取更加丰富的智慧力量。孙子兵法的深刻智慧在三国时期的战争中得到了充分体现，其战略和战术不仅影响了当时的军事格局，更为现代战争提供了宝贵的借鉴。尤其是在 AI 背景下，这些智慧的运用能够提升决策的精准性和战斗的有效性。通过对历史的回顾，我们能够更好地理解和应对未来的战争挑战。

在 AI 背景下，制信息权所导致的知己知彼尤其重要，而 AI 控制的无人机、战争机器人，将会把人类战争置于"善守者藏于九地之下，善攻者动于九天之上"的出神入化境地。但是，无论科技如何发达，控制这一切的毕竟是人，兵民才是胜利之本，因此，我们在科技发展的同时，一定要让人文的光辉、情怀去占领科技发展的指导思想，从而让科技服务于人类。对此，我们在熟练运用兵法的过程中，一方面应树立"百战百胜，非善之善者也；不战而屈人之兵，善之善者也""止戈为武"的和平思维[1]；另一方面，应树立"上下同欲""修道保法""择人任势""齐勇若一"等以人民为中心[2]和人才强国思想[3]。只有这

---

[1] 麻陆东：《〈孙子兵法〉的和平思想探析》，《河南师范大学学报（哲学社会科学版）》2010 年第 1 期。

[2] 陈二林：《论〈孙子兵法〉的民本思想》，《滨州学院学报》2013 年第 1 期。

[3] 王霞：《〈孙子兵法〉对当代人才管理的启示》，《南方论刊》2022 年第 10 期。

样,通过和平发展,谋求人民福祉,才能消除战争的阶级根源和社会经济根源,从而让人类永远告别战争——这才是《孙子兵法》的宏旨大义。

（作者简介：赵胜男,泰国宣素那他皇家大学硕士；郭海龙,中央党史和文献研究院[中央编译局]四级调研员、助理研究员。）

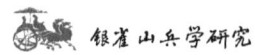

论《孙膑兵法》的治军思想

郭海燕

摘　要　《孙膑兵法》是中国古代的一部重要兵书,书中有着丰富的治军思想。它强调治军必须要赏罚有信,严正辑众,提倡选贤取良,选拔精锐,认为战争取胜贵在人和,重视通过对军队的教育训练以及鼓舞士气来提高军队的战斗力。这些思想大大丰富了中国古代的治军理论。

关键词　《孙膑兵法》;治军思想;士气

《孙膑兵法》是战国时期齐人孙膑及其后学所著的一部重要兵书。该兵书自面世以后,曾在社会上广泛流传,为世人所研习。司马迁称,马陵之战后,"孙膑以此名显天下,世传其兵法"[1]。《汉书·艺文志》中明确著录:"《齐孙子》八十九篇,图四卷。""齐孙子",颜师古注曰:"孙膑。"[2]但是到了唐代魏征等编撰《隋书·经籍志》时,《孙膑兵法》已不见著录。可见最晚在隋以前,这部兵书就已经失传。直到1972年4月,山东临沂银雀山汉墓竹简出土,失传一千多年的《孙膑兵法》才重新面世。竹简本《孙膑兵法》自出土以来,受到学界的广泛关注,在孙膑军事思想的研究方面已经取得许多成果,但关于孙膑的治军思想却尚未给予足够的关注。其实,孙膑十分重视军队建设,在《孙膑

---

[1] 司马迁:《史记》卷六五《孙子吴起列传》,北京:中华书局,1959年,第2164—2165页。

[2] 班固:《汉书》卷三〇《艺文志》,北京:中华书局,1962年,第1757—1758页。

兵法》中有许多关于治军的具体论述。本文拟对此做一探讨,以加深对孙膑军事思想的认识。[1]

一、赏罚有信

战争中,士卒是作战的主力,士卒能否听从将帅的命令和指挥,军队的战斗力能否得到最大限度的发挥,直接关系着战争的胜败。孙膑认为,要想提高军队的战斗力,很重要的一点是要做到赏罚有信。关于赏罚的作用,《威王问》中田忌和孙膑有段对话:"田忌曰:'赏罚者,兵之急者耶?'孙子曰:'非。夫赏者,所以喜众,令士忘死也。罚者,所以正乱,令民畏上也。可以益胜,非其急者也。'"孙膑虽然并不认为赏罚是用兵最要紧的事项,却认为赏赐可以提高士气,激励士卒奋勇杀敌;惩罚可以整饬军纪,让士兵敬畏将帅,这两者对作战的胜利能发挥重要的辅助作用。《选卒》中也说:"胜在尽□,明赏,选卒,乘敌之□。是谓泰武之葆。"赏罚严明是提高军队战斗力的重要法宝。

孙膑强调,"信"是军队赏罚严明的保证。《选卒》篇曰:"信者,兵之明赏也",军队"其利在于信",即军队战斗力坚强在于将帅赏罚有信。"安信?信赏。""不信于赏,百姓弗德。"将帅只有做到赏罚有信,言而有信,才能令士卒信服,才能得到他们的支持和拥护。

《威王问》篇记载,齐威王向孙膑询问:"令民素听,奈何?"孙膑回答说:"素信。""素信"包含了两层意思:一是"信"。国君和将帅凡事必须以身作则,

---

[1] 1975年,文物出版社出版了银雀山汉墓竹简整理小组编写的《银雀山汉墓竹简·孙膑兵法》,该版本分上、下两编,各十五篇,共三十篇。由于下编的十五篇中没有提到"孙子",所以学者们对于这十五篇是否为《孙膑兵法》多有争议。在1985年文物出版社出版由银雀山汉墓竹简整理小组重新编订的《银雀山汉墓竹简(壹)·孙膑兵法》时,将原下编的十五篇删去,保留了原来上编的十五篇,又补入《五教法》一篇,共计十六篇。此后《孙膑兵法》的研究者大都以1985年出版的十六篇本为依据,本文亦依照十六篇的内容展开论述。

身为表率,言出必行,言而有信,赏罚分明,这样才能树立自己的威望,取得士卒的信任。二是"素"。"素"就是平时、一贯的意思。"信"必须建立在"素"的基础上。只有平时一贯讲信,赏罚分明,习惯成自然,才能得到士卒的信任,士卒才会相信赏罚,听从命令,在战场上为了立功而奋勇杀敌,惧怕受罚而不敢退却。如果平时无信,到了关键时刻,无论悬出多重的赏金,士卒也不会听从。因此,要想"令民素听",国君和将帅要做到"素信"。

将帅不仅要"信赏",还要明罚。《选卒》篇中,孙膑提出将帅应该具备的一个重要品德是"敢"。"敢",是敢于惩处违反军规军纪之人。将帅要不畏权势,秉公执法,敢于"去不善",这样才能在百姓中树立起自己的威信,得到他们的拥护和支持。

不过,赏罚虽然能极大地提高军队的战斗力,但不能滥用,只有在运用适当、恰到好处时才能行之有效。《行选》篇提出,如果奖赏财物多而普遍,就无法突出赏的意义,而且民众财物多了,就变成"不足于寿而有余于货者",就不会轻易为统治者效命;如果奖赏少而适当,民众就会感到"赏"的珍贵,就会乐于被统治者驱使。因此,要善于运用"赏"这个激励杠杆,来调动民众作战的积极性。

《杀士》篇也强调,统治者和将帅一定要"明爵禄""明赏罚"。"明爵禄",即明确规定封官受禄的标准、条件,也是"赏"的一种形式。只有明确规定赏罚的标准、条件,而且赏罚必信,士卒才对赏罚信而不疑,才会为了得"赏"而奋勇作战,因为怕"罚"而不敢违反军规军纪。

二、严正辑众

严明的军纪是军队勇敢作战的前提。军队不是凭借单独某个士卒或将帅的"勇"来作战的,而是凭借军队的整体之"勇"来交战。只有用严明的军纪来统一士卒的行动,做到令行禁止,步调一致,军队的整体威力才能发挥出来。

三国时期的军事家诸葛亮曾经说过:"有制之兵,无能之将,不可以败;无制之兵,有能之将,不可以胜。"[1]意思是说平时训练有素、军纪严明的军队,即使将领无能,也不会被打败;相反,如果平时军队缺乏训练,如同一盘散沙,即使将领再有才能,也打不了胜仗。

孙膑多次强调严明军纪的重要性,《选卒》说,军队"其勇在于制",军队作战是否勇敢,在于军纪是否严格,组织指挥是否严密。《威王问》中田忌向孙膑询问:"作战的部署确定之后,如何在行动时确保士卒绝对听从命令?"孙膑回答说:"严而示之利。"即对士卒既要严明法令,又要让他们看到有利之处而去奋勇作战。而在敌军人数众多而且战斗力较强的情况下,要想战胜敌人,就必须要做到"垾垒广志,严正辑众,避而骄之,引而劳之,攻其无备,出其不意,必以为久",即严明军纪法令,团结士卒,加强守卫,避免同敌人正面交锋,同时设法削弱敌军的力量,等敌强我弱的形势发生转化后,再"攻其无备,出其不意",一举歼灭敌人。

三、选贤取良

历代兵家主张,兵贵精不贵多。《孙子兵法·行军》曰:"兵非益多也。"[2]《吴子·图国》云:"简募良材。"[3]《尉缭子·战威》曰:"武士不选,则众不强。"[4]用兵打仗不是简单的兵力的投入,军队人数虽多,但如果是没有经过挑选的乌合之众,也将无益于取胜。反之,军队人数虽少,但如果都是经过挑选的精锐士卒,素质高,战斗力强,也能以少胜多。在孙膑生活的战国时期,战

---

[1] 马黎丽、诸伟奇编著:《中国人的传世智慧全集·诸葛亮全集》,合肥:安徽文艺出版社,2012年,第117页。

[2] 杨丙安校理:《十一家注孙子校理》,北京:中华书局,1999年,第255页。

[3] 黄朴民解读:《吴子·司马法》,长沙:岳麓书社,2011年,第31页。

[4] 刘春生译注:《尉缭子全译》,贵阳:贵州人民出版社,1993年,第23页。

争的规模日益扩大,军队人数不断增加,兵员的来源也很复杂,其素质也难免会良莠不齐,因此,孙膑高度重视选拔精锐士卒从事特殊任务。《选卒》曰"兵之胜在于选卒",认为选拔精锐的士卒是战争能否取胜的关键。《威王问》篇中,齐威王询问,为什么在地形和士卒条件都很好的情况下,军队会打败仗?孙膑认为是"其阵无锋"的缘故。"锋"即由精锐部队组成的突击队。《势备》中也说:"阵无锋,非孟贲之勇也敢将而进者,不知兵之至也。"其意思是:军阵如果没有精锐的先锋部队,又没有古代勇士孟贲那样的勇气,还硬要向敌人发动进攻,这样的指挥者是最不懂得用兵之道的。

孙膑还明确区分了"选卒"与"众卒"的任务。《威王问》中,孙膑在应对田忌的询问时说,"选卒力士者,所以绝阵取将也","众卒者,所以分功有胜也"。在孙膑看来,经过挑选的精锐士卒战斗力强,可以用来突破敌阵,擒杀敌将,承担较为重要的作战任务。而普通士卒没有特长,可以用来分担一定的作战任务,配合精锐士卒夺取胜利,却不能依靠他们完成关键的任务。

在《行选》中,孙膑用秤衡量物品的轻重来说明"用兵移民""选贤取良"之道。他说"权衡,所以选贤取良也","正衡再累既忠,是谓不穷"。用秤称量物品的轻重时,需要反复增加砝码,调整天平,使之平衡适中,才能准确称量出物品的轻重。选拔人才也是如此,也要有一个客观公正的标准,围绕标准对所要选用的人才反复斟酌,认真权衡,做到公正合理,不偏不倚。不论人地位的高低,身份的贵贱,均一视同仁,量才使用。这样,人才的涌出就会无穷无尽。

四、人和为贵

自古以来,大凡战争都讲究天时、地利、人和,三者之中人和是关键。正如孟子所说:"天时不如地利,地利不如人和"[1],天时、地利条件都在一定程度

---

[1] 杨伯峻译注:《孟子译注》卷四《公孙丑章句下》,北京:中华书局,第86页。

上影响着战争的胜负,但要想利用好有利的天时、地利条件,或避免不利的天时、地利条件,还要靠全军上下团结一致,协调统一。因此,历代兵学家无不将军队的团结放在首位。战国时期军事家吴起就明确提出:"不和于国,不可以出军;不和于军,不可以出阵;不和于陈,不可以进战;不和于战,不可以决胜。"[1]只有做到这四个方面的和谐、协调,国家才能治理好,作战才能取胜,即"先和而造大事"。

孙膑同样重视战争中人和的重要性。《月战》篇指出:"天时、地利、人和,三者不得,虽胜有殃。"在天地人三者中,孙膑更强调人的因素在战争中的作用,他认为"间于天地之间,莫贵于人"。在《选卒》篇所论述的决定战争胜负的五个因素中,有三个方面是强调"人和":"恒胜有五:得主专制,胜。知道,胜。得众,胜。左右和,胜。量敌计险,胜。""得主专制"是强调君主与将帅之间要和,君主必须保证将帅有独立专断之权,而不要横加干预,甚至主张"不得主,弗将也";"得众"是强调将士之间要和,为将者只有"得众""取众",全军上下勠力同心,团结一致,共同对敌,才能取得战争的胜利;"左右和"是强调将与将之间要团结协作,齐心御敌。

在《兵情》中,孙膑借用"弩矢其法"来说明"兵之情",将箭矢、弩弓、发者分别喻为士卒、将帅、君主。射箭时,只有箭矢结构合理,弩臂平正,两翼对矢的推动力均协,射手操作正确,这四个因素同时具备,方能射中箭靶。军队战胜敌人和弩弓射箭射中目标是同一个道理,只有兵力部署得当,将帅团结,齐心御敌,君主决策正确,能正确规定打击方向,君将之间互相信任,君主、将帅、士卒三个方面同心协力,密切配合,才能取得战争的胜利。缺掉任何一方面的协作,都必将会失败。了解了这些,就是了解了"兵之道"。

---

[1] 黄朴民解读:《吴子·司马法》,长沙:岳麓书社,2011年,第23页。

五、教而后战

为保证士兵的战斗力,对其进行军事训练是十分有必要的。儒家创始人孔子就曾说过:"以不教民战,是谓弃之。"[1]《司马法·天子之义》也说:"士不先教,不可用也。"[2]使用未经训练的士兵作战,等同于糟蹋生命。孙子也将"兵众孰强,士卒孰练"作为预测战争胜负的一个重要因素。孙膑也特别重视军队的教育训练。《五教法》一篇专门论述了这一问题。孙膑指出"善教者于本,不临军而变",善于管理军队的人都是在平时,在战事还没有发生的时候对军队进行教育训练,这样才不会在临战时忙乱多变。教育训练随时随地皆可进行,在和平时期,在行军时,在驻扎宿营时,在布列军阵时,在作战时,无时不应训教。教育训练的内容方面,既有军事技能方面的训练,也有道德素质方面的培养。

孙膑提出的"五教"分别是:"处国之教""行行之教""处军之教""处阵之教""隐而不相见利战之教"。"处国之教",即和平时期在国内对军队的政治教育和军事训练。在《选卒》中,孙膑曾指出:"德行者,兵之厚积也。"强调士卒具有良好的品德是军队建设的深厚基础。而士卒良好品德的养成主要在于平时的政治教育。孙膑在《五教法》中指出,平时要对士卒进行"孝、悌、良"等五德的灌输,使其恪守礼仪规范,自觉按照五德的要求规范约束自己。他认为,士卒的品德教育十分重要,不具备五德的士兵,即使精于射箭,也不能让其登车作甲士,只能充当步卒。对于战车甲士的编组分工,要根据士卒的擅长来确定。由此可见,古代对车兵的要求是非常严格的,既要有良好的道德品质,还要具备一定的作战技能。这样,三人编组成一乘战车,五人编为一伍,十人

---

[1] 刘强:《论语新识》,桂林:广西师范大学出版社,2022年,第329页。
[2] 黄朴民解读:《吴子·司马法》,长沙:岳麓书社,2011年,第202页。

编为一列,百人编为一卒,千人设置战鼓,万人则组成一支强大的军队,由下而上,层层编练,就可以组成一支素质精良、战斗力强的军队,一旦有战事发生,"众大可用也"。

"行行之教""处军之教"和"隐而不相见利战之教",由于简文残损严重,具体文意不明。"处阵之教",是指布列军阵时对士卒的教戒。阵法在春秋战国时期十分流行,孙膑十分注重战争中对阵法的使用。他认为,布列军阵时,一定要使士卒熟知"兵革车甲"等重要战具的使用,并且要教会士卒在金铎铙鼓等发出的号令下步调一致地行动,这样军阵才会既有锋利之势,也可以随机应敌,从而取得作战的胜利。

六、重视励气

士气是构成部队战斗力的重要精神因素,其高低锐惰直接影响战争的胜负。孙膑十分重视通过鼓舞士气来提高军队的战斗力。在《延气》篇中,他按照战争进程的阶段顺序叙述了在战争不同时期鼓舞士气的方法。第一阶段:"合军聚众,务在激气。"聚集民众,编制军队,决定开战,士卒刚刚从老百姓的身份转变为军人,刚从和平环境转入军旅和战争,作战热情不高,要激发民众对敌人的怒气,增强参战热情;第二阶段:"复徙合军,务在治兵利气。"部队长途行军,人马疲惫不堪,思想上容易松懈大意,斗志涣散,要鼓励士兵保持锐气,提高警惕,否则,军队"气不利则拙,拙则不及,不及则失利";第三阶段:"临境近敌,务在厉气。"军队接近战场,士卒容易产生恐惧、怯战心理,要消除士卒的畏敌心理,调动士卒杀敌的勇气,否则,"气不厉则慑",还未交战士卒已先胆怯,作战必然失败;第四阶段:"战日有期,务在断气。"作战日期已经确定,决战即将开始,士卒容易产生退而求生的欲望,要断绝士卒后退的念头,鼓励其死战到底,否则,"临难易散,必败";第五阶段:"今日将战,务在延气。"两军交战,谁能持久地保持军队高昂的士气,谁就能获胜。孙膑激励士气的思想较之同一时期的其他兵书,内容更加丰富、具体、深刻,"这在我国古代思想史上是前无古人的"[1]。

综上所述,《孙膑兵法》中有着较为丰富具体的治军思想。这些思想不仅大大丰富了中国古代的治军理论,而且对于现代的军队管理和人才培养也有重要的借鉴意义。

(作者简介:郭海燕,山东航空学院孙子研究院副教授。)

---

[1] 燕良轼:《〈孙膑兵法〉中的军事心理思想》,《黑河学刊》1989年第4期。

《荀子》的军事哲学与治军用兵之术[1]

——基于文明起点的历史性追溯

胡海洋

摘　要　对军事和安全的关切构成了荀学政治理论的重要面向。诞生于战国晚期"大变局"时代的荀子思想,广泛涉及兵学与战争的相关议题,建构了较为系统的军事哲学理论。其中包括基于人性本质与文明起点立论的建军思想,"安民""壹民"与"为义而动"的军事战略,同时借助对"兵"的两种形态的区分,提出以"礼"为中心的军事治理策略,并结合对君主、将领、士卒等不同战争参与者的分别讨论,阐明了具体的用兵攻战之术。《荀子》军事哲学思想在坚持"民本"、反对"唯利""权出于一"等诸多方面有着开创性的理论突破,是对先秦儒家军事思想的重要探索与丰富。

关键词　《议兵》;安民;仁义;文明

辩证地讲,军事是保障安全的重要手段之一,但完备的军事并不能直接等同于实际的安全。中国传统政治思想乃至整个中华文明从未以孤立、片面的视角看待安全与军事之间的关系,自古至今皆是如此。《荀子》军事思想的理论建构,跳脱出了传统儒家狭窄的理论视域,形成独具儒家特色的军事与安全观念,为儒家政治文明的充实作出了重要理论贡献,也为后人思考军事与国家

---

[1] 本文系山东临沂市社会科学界联合会(荀子研究院)2024年社会科学规划研究项目重点课题(2004LX036)阶段性成果。

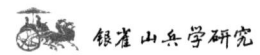

安全问题提供了丰富的理论资源。

一、禁暴胜悍:《荀子》的建军理论

春秋战国时期各诸侯国之间攻战频仍,军事问题成为当时"百家争鸣"中的诸子必须要有所回应的重要领域,因此无论儒、墨、道、法、兵等各家都对军事及其相关问题进行了不同程度的讨论。身处战国晚期,荀子军事思想的最终形成虽然一方面有着对诸子军事思想的吸收和对当时战争情势的反思,但另一方面也体现着对儒家价值本位的坚持。因此就其底色而言,荀子的军事思想从未脱离先秦儒家对待军事和战争的一贯思路。

作为儒家学派的开创者,孔子对军事的重要性有着清醒的认识:"子之所慎,齐、战、疾"。(《论语·述而》)同时也对以军事保证国家安全有着明确地肯定:"有文事者必有武备,有武事者必有文备。"(《孔子家语·相鲁》)这种文武兼顾的思路"阐明了政治与军事、经济建设与国防巩固之间的辩证关系"[1]。之后的孟子思想尽管通常被视为儒家的理想主义一翼,但其对战争也作出了相当多的重要论述,提出著名的"春秋无义战"主张以及"吊民伐罪"的军事理论。而作为先秦儒家的殿军,荀子有关军事的论述远超孔、孟,其说散见于《儒效》《王制》《王霸》等篇,此外更有《议兵》一篇是"先秦儒家唯一专门讨论军事问题的作品"[2]。总体而言,荀子的军事思想具备浓厚的儒家特色,强调区分战争性质,突出对战争的道德价值评判,认可军事准备的正义性,反对"争地争城"的侵略行动;同时主张军事必须从属于政治,始终从工具性而非目的性的角度看待战争手段,将征讨诛伐视为推行教化的重要方式。正是

---

[1] 黄朴民:《先秦两汉兵学文化研究》,北京:中国人民大学出版社,2010年,第201页。
[2] 杨海文:《汤武放伐与王霸之辨——从〈荀子·议兵〉看孟荀思想的相似性》,《哲学研究》2014年第10期。

得益于这种系统性，荀子才足以被视为"先秦儒家军事思想的集大成者"[1]。

结合具体表述来分析，《荀子》从不单纯地就军事而谈军事。他从广义社会规范系统的角度来理解军事、安全和族群秩序的问题，依据人性立论将军队的建立溯及历史的起点，从文明诞生之初探究问题的根源。

荀子认为人类对安全的需求源自本能。《荀子·王制》说："人之生不能无群"，人类选择以群居的方式生活是一种先天的必然，而群居就势必对现实秩序有着安全性和稳定性的诉求。但是群体秩序并不会始终处于安全或稳定的状态之中，在荀子看来"人生而有欲，欲而不得，则不能无求；求而无度量分界，则不能不争；争则乱，乱则穷"（《荀子·礼论》下引该书只注篇名）。人与生俱来的欲望存在着无限扩张的可能，这种欲望的无序蔓延势必导致争、乱、斗等恶行发生，并最终致使族群陷入穷困的境地。

为了对治无序之恶，族群最初的管理者"积思虑，习伪故，以生礼义而起法度"（《性恶》）。借助对是非经验的积累，君主制定礼法从而建构起统治秩序与合法性的权威。荀子认为："不威不强之不足以禁暴胜悍也。"（《富国》）"暴"与"悍"皆是消极意义上的暴力行为，为求止暴制乱，作为社会强制性力量的军队以及与之配套的刑法、律令也就由之而生。在此荀子虽未明言，但以上论述无疑从侧面佐证了军队及法度建立的必要性和正当性，这一点也为历史中的百代君王所认可和遵行："夫征暴诛悍，治之盛也。杀人者死，伤人者刑，是百王之所同也。"（《正论》）

二、爱民而安：《荀子》的军事战略

根据思想的整体性来分析，荀子就建军理论的考察主要基于对文明起点的追问与重建。与此相应的，其就核心军事战略的构思则直接关涉对实际问

---

[1] 黄朴民：《先秦两汉兵学文化研究》，北京：中国人民大学出版社，2010年，第200页。

题的回答与谋划。二者分处历史、现实两个维度,是《荀子》军事哲学思想的一体两面。

总的来说,《荀子》的军事战略思想可分为二:其一为明确军队的根本任务,其二为规定军队的用兵原则。

《荀子》明确主张,军队的根本任务在于确保"民"的安定。如前所述,人性的不可靠导致荀子认为需要树立一种外在的社会规范性,而"兵"作为规范性力量的重要一环,其功能直接体现为"禁暴胜悍"。作为破坏性力量的"暴悍"得到禁止则人民方能安定,所以荀子直指要害:"凡用兵攻战之本在乎壹民。"(《议兵》)所谓"壹民"也就是"齐一(团结)民众"[1] 人民亲附、团结则国家自然强大,社会也将得到治理:"易一则强……是治之所由生也。"(《正论》)从"禁暴胜悍"的现实需求出发,荀子把军事战略的出发点筑基于"安民""壹民"的总体目标之上。从本质上讲,这种以"民"为本的立场无疑是对儒家仁爱思想的延续和具体化,弟子陈嚣将其总结为:"先生议兵,常以仁义为本。"(《议兵》)如此,《荀子》以"仁义"论军事的逻辑方得以贯通:"彼仁者爱人,爱人故恶人之害之也;义者循理,循理故恶人之乱之也。"(同上)

从"仁义"出发,将"壹民""爱民"作为践行"仁义"的基础,那么用兵的原则也就指向了"为义而动"并反对"以兵争利"。为此,《荀子》首先对"兵"进行了清晰的价值界定——"彼兵者,所以禁暴除害也,非争夺也",(《议兵》)借此区分了维护正义与争夺利益两种军事行动的本质不同。当时各国间的战争多以争利为计,但在荀子看来用兵与争利并不天然等同,战国"以兵争利"的行为不过是假借了"兵"的工具属性,而置先王建军的本义于不顾。所以荀子强调用兵的目的在于确保正义的推行,"凡诛,非诛其百姓也,诛其乱百姓者也",(同上)因此最理想的状态应当是"王者有诛而无战"。(同上)就此而言,现实利益完全不应当构成《荀子》军事思想中用兵攻战的首要关切。

---

[1] 李涤生:《荀子集释》,台北:台湾学生书局,1979年,第313页。

总之,通过对《荀子·议兵》等诸篇的考察,可见其集中反映了荀子的建军理论及核心军事战略。《荀子》的军事哲学在吸收诸家军事思想成果的基础上,保持了其儒家"仁义"的价值本位。从"民本"的观点出发,荀子对以"民心归向决定战争胜负的认识尤为深刻与透彻。"[1]他强调兵、民之间的不可分割性,主张"善附民者,是乃善用兵者也",(《议兵》)从社会治理的层面着眼,将"兵"作为止暴制乱、以正义团结百姓的工具,成为确保族群安全、塑造内部秩序的重要手段。

三、以礼治军:《荀子》的治军之策

《荀子》军事思想的系统性在于,不仅包含着对建军理论与军事战略的宏观论述,也有着对军事治理和战术运用方面的具体考量,甚至涉及对战斗过程的分析与讨论。

治军的成败决定了军队战斗力的"强弱之效",这个问题反映在《荀子》之中就是对"何道"与"何行"的讨论,《议兵》为此列举了当时齐国、魏国、秦国以及历史上春秋五霸与商汤、周武治下的多支军队进行对比。荀子认为尽管齐、魏、秦三国的军队各有特色,其中尤以秦军战力为著,但在他看来这都不过是"干赏蹈利之兵也,佣徒鬻卖之道也"(《议兵》),与"佣徒之人,卖力气做工的一样"[2],本质上都是一些为了求得赏赐而贪图利益的士兵。三国治下的军队若遭遇齐桓公或晋文公等春秋五霸的军队则一触即溃,而五霸治下的军队虽然已经可称得上强大,但若遇到商汤、周武统帅的仁义之师必然土崩瓦解。显然,在这种分析路径之下决定胜败的已经不是技术层面的原因,而是战争背后的人心与历史大势。

---

[1] 黄朴民:《先秦两汉兵学文化研究》,北京:中国人民大学出版社,2010年,第200—201页。
[2] 李涤生:《荀子集释》,台北:台湾学生书局,1979年,第321页。

借助前文对多支军队的比较，荀子由此区分了"兵"的两种形态，一种是所谓的"渐兵"[1]，其特征在于"隆势诈，尚功利，是渐之也"（《议兵》），所指代的就是齐、魏、秦等当时的诸国军队。"渐兵"以利益的多少为目标，以诡计欺诈为取胜的手段，所以荀子又称其为"诈兵"或"盗兵"。与之相对的则是"齐兵"——"礼义教化，是齐之也。"（《议兵》）"齐兵"遵循礼义教化的规制，是"服人之心，齐人之力"的正义之师，春秋五霸以及商汤、周武的军队皆可归为此类。但是荀子在此也格外指出，五霸与汤、武之兵虽然都可称为"齐兵"，但是也有大、小之别："大齐则制天下，小齐则治邻敌。"（《议兵》）结合具体的史实来看，春秋五霸以"尊王攘夷"为名安定诸夏、击退蛮夷，其目的与效用只限于"治邻敌"；而商汤、周武的王者之兵，以"革命"顺应天人，最终重塑了天下的秩序。造成这种区别的关键因素，在荀子看来就是能否掌握"本统"，即作为核心军事战略的"仁义"。[2]

上述《荀子》对"兵"的区分，一个重要目的就在于引出如何进行军事治理的问题。因为之所以会有"渐兵""齐兵"之别，就在于其各自选择了不同的治军措施，由此荀子提出"以礼治军"的军事治理策略：

> 礼者，治辨之极也，强固之本也，威行之道也，功名之总也。王公由之，所以得天下也；不由，所以陨社稷也。

《议兵》

"礼"作为《荀子》政治思想的核心概念，内涵极其丰富。而作为军事管理策略的"以礼治军"，其提出首先所反映的就是以政治决定军事的总体思路，政

---

[1] "渐兵"中的"渐"作"诈欺"解。见〔清〕王先谦撰《荀子集解》，沈啸寰、王星贤整理，北京：中华书局，2013年，第325页。

[2] 传统观点认为："本统，谓以仁为本的根本传统。"见王天海《荀子校释》，上海：上海古籍出版社，2016年，第618页。

治的清明与否决定军事的强弱成败。《富国》篇中说:"上不隆礼则兵弱,上不爱民则兵弱,已诺不信则兵弱,庆赏不渐则兵弱,将率不能则兵弱。"这里的"上"指在上位之人,即现实政治的实际参与者。荀子所列举的几种会削弱军事力量情况,无一不与上位者的政策、能力或操行有关,由此可见政治因素对军事的重要影响。

其次,"以礼治军"离不开"以政裕民"。荀子认为强大的军队不能单纯依靠理想化的目标和战略,只有团结的国家、富裕的百姓才是强军的现实基础:"刑政平,百姓和,国俗节,则兵劲城固,敌国案自诎矣;务本事,积财物,而勿忘栖迟薛越也,是使群臣百姓皆以制度行,则财物积,国家案自富矣……暴国之君案自不能用其兵矣。"(《王制》)"本事"即农业,政治稳定则农业兴旺,社会财富得到积累而不浪费挥霍,如此国家自然富足,也就不会畏惧敌国的威胁。

最后,"以礼治军"策略中作为核心原则的"礼"本身就带有秩序、规范的含义,强调军队的服从性。这无疑也是在确证军事力量需要置于圣王或君子的统领之下。荀子说:"故仁人上下,百将一心,三军同力"(《议兵》),如此便能"以守则固,以征则强,令行禁止,王者之事毕矣。"(《议兵》)概言之,荀子的治军策略可以总结为一个中心——"礼"。"以礼治军"之策与荀子"仁义"的价值本位相契合,而"仁义"的制度化便体现为一种合"礼"的政治模式,因此也就赋予了军队以维持正义、推行教化的价值使命:"故仁者之兵,所存者神,所过者化,若时雨之降,莫不说喜。"(《议兵》)。

四、兼权孰计:《荀子》的用兵之术

从现实功利的角度来看,军事治理的好坏直接体现在用兵的效果上,作为军事思想付诸现实的关键一步,对如何具体运用军事手段,即在战术层面的用兵攻战之术,荀子同样予以了大量的关注和论述。

荀子认为用兵的关键取决于君主的德行:"凡在大王,将率末事也。"(《议兵》)《荀》书一个显著的特征就是"尊君",其对君主的重要作用从不讳言,如《君道》篇所言:"君者,民之原也,源清则流清,源浊则流浊。"在荀子看来,君主不仅是民众的表率,更是国家政治的核心,因此追本溯源军事实力的强弱,君主在其中必然发挥重要作用。

  好士者强,不好士者弱;爱民者强,不爱民者弱;政令信者强,政令不信者弱;民齐者强,民不齐者弱;赏重者强,赏轻者弱;刑威者强,刑侮者弱;械用兵革攻完便利者强,械用兵革窳楛不便利者弱;重用兵者强,轻用兵者弱;权出一者强,权出二者弱。

《议兵》

  大凡尊重贤士、爱护百姓、信守政令、团结人民、不吝赏赐、刑罚严整、军械完备、谨慎用兵等,皆是君主保证军队战斗力的重要政治举措。在此,《荀子》特别指出了军事指挥权力必须"出于一"的关键性意义。所谓"出于一",即强调军权统一调度的重要性,反映出一种理性主义的政治思想进路。

  接下来,虽然上文中荀子称将领为"末事",但这并不代表军事将领在具体作战中就不重要,恰恰相反,荀子对将领提出了一系列相当细致的要求。

  其一,将领需要掌握"六术":"制号政令欲严以威;庆赏刑罚欲必以信;处舍收藏欲周以固;徙举进退欲安以重,欲疾以速;窥敌观变欲潜已深,欲伍以参;遇敌决战必道吾所明,无道吾所疑。"(《议兵》)这里的"六术"主要指军令整肃、赏罚必信、营垒后勤周密、进退有序、以谋御敌、判明敌情等将领作战中的六种重要的方法。

  其二,将领需要明晰"五权":"无欲将而恶废,无急胜而忘败,无威内而轻外,无见利而不顾其害,凡虑事欲孰而用财欲泰。"(《议兵》)作战之中,系万千士卒于一身的将领需要时刻对五种行为进行权衡,即不可因贪恋将权而担忧被废黜,不可因一时的小胜而忽视战败的风险,不能只在士卒面前作威作福而轻视外敌的威胁，不可因贪图小利而不顾大害，计谋越是精密与之匹配的财物用度就越要准备充足。需要注意的是，在对以上两点的讨论中，《荀子》使用了"术"和"权"两个概念，在《荀子》之前虽然孔、孟也曾引入过"权"的观念，但却极少对"术"字加以使用。《荀子》在语用层面援用"权""术"二字，将之视为一种具体操作层面的灵活规定性，无疑反映了他对当时战国晚期法家、兵家等诸子政治思想的某种"集成"。

其三，将领需要做到"三至"："可杀而不可使处不完，可杀而不可使击不胜，可杀而不可使欺百姓。"（《议兵》）所谓"三至"是指在极端条件下将领可以拒绝执行君主命令的三种情况，即使有因抗命而被君主所杀的风险也不可使军队驻扎于危险之地，不可使军队进攻完全无法战胜的敌人，不可驱使军队去欺凌百姓。这一点体现了荀子所具备的清醒的应敌与作战观念。

其四，将领需要保持"五无圹"："敬谋无圹，敬事无圹，敬吏无圹，敬众无圹，敬敌无圹。"（《议兵》）"圹"与"旷"同，指荒废、懈怠，其义与"敬"相对。荀子强调在战争中，将领要认真对待战斗所涉及的全部环节，甚至包括对自己的敌人也要"处之以恭敬无圹"。达成此"六术""五权""三至""五无圹"的将领，荀子将其视为"天下之将"，即用兵如神、举世无双的军事将军。

在针对于君主和将领的要求之外，荀子也面向所有参战人员提出了具体的战场纪律要求，此举可以视为对"以礼治军"的进一步落实。

> 将死鼓，御死辔，百吏死职，士大夫死行列。闻鼓声而进，闻金声而退，顺命为上，有功次之。令不进而进，犹令不退而退也，其罪惟均。不杀老弱，不猎禾稼，服者不禽，格者不舍，奔命者不获。
>
> 《议兵》

这里所说的"死"指的是至死坚守、尽忠职守之义，而无论进退、攻守，战场上听从指挥永远比取得战功更为重要。在作战过程中，不杀害老弱残兵、不践踏庄稼和作物，不追逐不战而退的敌人，绝不释放敢于抵抗的敌军，对投降归附的敌军给予优待不能将之等同于俘虏等。

结合以上细致的论述，不难看出荀子对用兵作战的极端重视程度。这种治军、用兵之术以其强烈的儒家理论风格，成为先秦诸子军事思想中浓墨重彩的一笔。这些探讨不仅发孔、孟之所未发，而且以战略与战术兼含的"总体性"眼光去看待战争在国家运行和政治建构中的重要作用，"超越了兵家就军事论军事的局限，更注重政治思想与军事思想的统一"[1]，最终形成《荀子》相对系统的军事思想理论。

余　论

以"总体性"的眼光审视军事与安全问题是包括荀子在内先秦思想家的重要特质，因此就其自身的理论风格而言，《荀子·议兵》中所"议"之内容其核心关切并不是从作为个体的一兵一将出发，而是主要立足整体国家军事力量的角度出发；前者是战术的，而后者则是战略的。同时也必须要承认，《荀子》的军事思想与战国时期兵家、法家等关于军事思想的论述存在显著差异，这种差异突出体现为对军事谋略的主观轻视，这一点"从军事学的角度看，它（《荀子》）又存在着较大的局限性"[2]。

当我们拓宽视野、回溯往古不难发现，中华文明的重要特征之一即是从不以孤立的视角看待安全问题，历代先贤对如何塑造与确保安全的追问也往往成为推动历史文明演进的重要动力。荀子说："国者，天下之至利用者也"，（《王霸》）以《荀》书的视角来看，通过结成国家的形式实现对族群秩序的整

---

[1] 吴秋红：《〈孙子兵法〉与〈荀子·议兵〉之比较》，《武汉理工大学学报（社会科学版）》2002年第4期。

[2] 赵国华：《荀子军事理论述略》，《邯郸学院学报》2013年第1期。

合,无疑是保证治理的最有效手段。这里所谓的"用",其哲学化的解读就是指工具性。虽然《荀子》重视安全问题并提出了相对系统的军事思想理论,但正如前文所说,这种重视毫无疑问仍依附于其对"王道"政治理想的讨论,也始终是从工具性而非目的性的角度看待军事在国家稳定与社会治理中所处的地位。荀子认为包括军事在内的社会强制性力量并不足以实现完全意义上的安全:"坚甲利兵不足以为胜,高城深池不足以为固,严令繁刑不足以为威,由其道则行,不由其道则废。"(《议兵》)故荀子所遵奉的"道"或"王道",本质上指代的是对儒家"仁义"价值本位的客观化,因此国家的安全与否,归根结底在于能否循"道"而行。这种以"道"观之,从多角度、多方面看待军事与安全问题的思路,与当前新时代所提出的"总体国家安全观"无疑具有一种超越古今时空的内在契合性与理论延续性,同时也是对中华文明内在连续性的重要体现。

(作者简介:胡海洋,华东师范大学哲学系博士,中国先秦史学会法家研究会理事。)

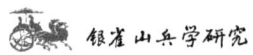

论《孙子兵法》以"保民"为核心的民本思想

赵清文

摘 要 同先秦时期其他学派的思想一样,《孙子兵法》中也贯彻着民本的理念。《孙子兵法》中民本思想的核心是"保民",即保卫稳定有序的社会秩序不被破坏,从而为人民提供一个安居乐业的环境。《孙子兵法》中认为,"保民"是由战争的目的决定的,只有"保民",才更有可能取得战争的胜利。在实践中,它体现为"慎战""全胜"和速战速决等具体要求。《孙子兵法》以"保民"为核心的民本思想是以"惠民"为特征的儒家民本思想的有效补充,对于今天的社会治理具有重要的启发和借鉴意义。

关键词 《孙子兵法》;民本;"保民"

"民本"是中国传统思想的重要组成部分,是政治伦理思想的核心理念。这一理念要求社会管理者在决策和施政中必须以是否有利于老百姓的生存和生活为出发点和依据。军事斗争是不同于一般的社会治理的国家政治生活形态,在战争的决策上,往往将结果的成败作为考虑的首要问题。但是,即使在军事活动相关的决策中,"民"依然是不可忽视的重要因素。《孙子兵法》中便贯彻着这种理念,以"保民"作为其思想的重要组成部分。

一、"保民":《孙子兵法》民本思想的核心

在中国思想史上,明确的民本思想在西周时期便已形成。周初统治者在

反思殷商灭亡的教训和探索长治久安之道时,得出"天命靡常","天视自我民视,天听自我民听"等结论,提出"敬德保民"的治理理念,告诫统治者应"先知稼穑之艰难乃逸"。春秋战国时期,在诸侯争霸的大背景下,对"民"的重要性的认识不断得到提升,各国统治者和诸子百家的思想言论中,民本问题受到了普遍的重视。《国语·周语下》中说:"以言德于民,民歆而德之,则归心焉。上得民心,以殖义方,是以作无不济,求无不获,然则能乐。"《左传》中不止一次地说:"民,神之主也。"(《左传·桓公六年》《左传·僖公十九年》)道家的创始人老子说:"圣人无常心,以百姓心为心。"(《老子》第四十九章)相传为管仲所做的《管子》一书中提出"霸王之所始也,以人为本"(《管子·霸言》)。在《论语》《孟子》《荀子》等儒家的著作中,关于民本问题的论述更是比比皆是。这些论述充分证明了春秋战国时期思想家和开明的政治家对"民"在国家政治生活中的意义的重视。

  当然,在不同的学派或学者的思想中,对于民本思想的具体理解是有差异的。比如,儒家学者主张"德治""仁政",推崇"王道"的政治理想,他们的民本思想是以"亲民""惠民""教民"为主要内容的;道家崇尚"无为而治",主张社会治理应尊重老百姓"素朴"的自然本性,因而他们的民本理念要求统治者应"处无为之事,行不言之教";管仲学派重视民本的直接原因是出于诸侯争霸的需要,他们看到"人主待得民而后成其威"(《管子·形势解》),所以认为诸侯要想成就霸业就必须重视老百姓的需要和利益,因而在对民的态度上,一方面说"人,不可不务也"(《管子·五辅》),另一方面又说"治人如治水潦,养人如养六畜,用人如用草木"(《管子·七法》)。之所以形成这样的差异,既与各学派或学者思想体系的总体特征有关,也由于他们在分析问题的角度和立场上存在着差异。

  《孙子兵法》是一部以军事活动为主题的著作。"战争有其特殊性,在这点上说,战争不即等于一般的政治。'战争是政治的特殊手段的继续'。政治发展到一定的阶段,再也不能照旧前进,于是爆发了战争,用以扫除政治道路上的障碍。"[1]军事活动有着不同于一般社会治理的特殊性和残酷性,因此很多人往往认为军事思想重视的就是"诡道""权谋",一般情境下适用的政治伦理和道德约束在这种特殊的情境中会失去约束。这种认识是片面的。"无疑,《孙子兵法》是一部阐述战争问题的军事著作,但它并非尽是无情冰冷的军事法条,同样也包含诸多具有浓厚人本主义的民本思想。"[2]军事活动虽然具有自身独有的特征和目标追求,但是,它毕竟是人类实践生活的一个有机组成部分,人的本质属性、人与人之间的关系、社会实践的一般规律在其中仍然发挥着重要的作用。如果对这些客观的因素不了解,军事斗争也很难取得预期的成果。因此,在《孙子兵法》一书中,也始终贯彻着民本的理念,只不过由于其研究对象的特殊性,使其民本思想有着不同于其他学派的核心和重点。

作为一个军事家,孙子不反对战争,但是,他同儒家、道家一样,也是持"慎战"的主张。《孙子兵法》的开篇即强调:"兵者,国之大事,死生之地,存亡之道,不可不察也。"(《孙子兵法·计篇》。下引该书,只注篇名。)在《孙子兵法》中,他一再强调,对于战争一事,应"明主虑之,良将修之","明君慎之,良将警之","主不可以怒而兴师,将不可以愠而致战"(《火攻篇》)。既然"慎战",那么,《孙子兵法》为什么还要大张旗鼓、不厌其烦地讨论战争的策略呢?这是因为,在孙子看来,战争是不得已的情况下保民、安民的一种手段。因此,在要不要进行战争这一问题上,基本的判断依据之一,就是看它对于"保民"是不是必要的。他说:"故战道必胜,主曰无战,必战可也;战道不胜,主曰必战,无战可也。故进不求名,退不避罪,唯民是保,而利合于主,国之宝也。"(《地形篇》)

在人类历史的发展过程之中,理想的状态是没有战争,但是,在现实的世界之中,战争却是无法完全避免的。尤其是在春秋战国时期,周室衰微,列国林立,战乱频仍,社会动荡不安,百姓民不聊生。"在这种社会条件下,进步的

---

[1] 《毛泽东选集》第2卷,北京:人民出版社,1991年,第479页。
[2] 黄朴民、诸葛瑞强:《〈孙子兵法〉"道"论考述》,《齐鲁学刊》2019年第3期。

思想家们的政治抱负与理想蓝图就是追求稳定而有秩序的社会。与孙子大约同时代的孔子和老子都持这样的基本立场,孔子极力主张社会应有伦理秩序,老子则期望着道法自然的小国寡民出现。作为军事思想家,孙子思考问题的出发点虽然与孔子、老子不同。但他的军事思想的背后,也是安国保民的政治价值取向。"[1]先秦时期的儒家和道家思考的重点是如何实现和维护稳定有序、人民安居乐业的社会秩序,但他们也意识到战争问题是无法回避的,所以老子、孔子等思想家即使认为"兵凶战危",主张"慎战",但在他们的著作中,依然在讨论"用兵",仍然认为要"足兵"。《孙子兵法》作为一部兵书,其关注的重点是如何通过战争的手段来保卫稳定有序的社会秩序不被破坏,从而为人民提供一个安居乐业的环境,所以它的民本的核心是"保民",这就是《作战篇》中所说的:"故知兵之将,民之司命,国家安危之主也。"这种观念,虽说视角不同,但与先秦时期的其他学派一样,也是对形成于西周时期的民本思想的继承和发展。

二、《孙子兵法》中"保民"的实践要求

战端一开,必然会对人民的生活造成消极的影响,不但会耗费大量本来可用于改善民生的钱财物资,而且会使老百姓的劳动成果甚至生命受到极大的摧残,而战争有时又是不可避免的不得已之举。因此,从军事意义上谈论的"保民",往往是从如何减少民众的损失和付出角度来说的。《孙子兵法》认为,"保民"不但是由战争的目的决定的,而且只有"保民",才更有可能取得战争的胜利。

战争之所以是残酷的,就是因为它会将人们的劳动成果毁于一旦,使人们的生活失去依托和保障,甚至会直接摧残人的身体,剥夺人的生命。孙子对此

---

[1] 任俊华、赵清文:《孙子兵法正宗》,北京:华夏出版社,2006年,第432—433页。

有着清醒的认识。所以,他反对轻启战端、挑起兵衅行为,强调国君不可因一时愤怒而发动战争,将帅也不可因一时气忿而出阵求战,否则,可能会造成严重的后果和难以挽回的损失。《孙子兵法·火攻篇》中告诫说:"主不可以怒而兴师,将不可以愠而致战。合于利而动,不合于利而止。怒可复喜,愠可复悦,亡国不可以复存,死者不可以复生。"这里所说的"合于利""不合于利"之"利",不仅指一时的利害得失,更是从国家和人民生活考虑的长久的利益。

如果迫不得已启动战事,《孙子兵法》中强调,战争中不能以杀伤和毁坏财物的多寡作为追求的目标,这就是孙子所主张的"全胜"的思想。"凡用兵之法,全国为上,破国次之;全军为上,破军次之;全旅为上,破旅次之;全卒为上,破卒次之;全伍为上,破伍次之。是故百战百胜,非善之善者也;不战而屈人之兵,善之善者也。故上兵伐谋,其次伐交,其次伐兵,其下攻城。……故善用兵者,屈人之兵而非战也,拔人之城而非攻也,毁人之国而非久也,必以全争于天下,故兵不顿而利可全,此谋攻之法也。"(《谋攻篇》)"全胜"就是以最小的军事代价换取最大的利益,不仅可以使己方遭受更小的损失,而且也可以给对方造成最少的伤害。

为了达到"全胜"的目的,《孙子兵法》认为,任何时候都不要使战争拖得太久,要尽量能够速战速决。"兵闻拙速,未睹巧之久也。"(《作战篇》)这是因为,战事拖延得越久,人们就越是长时间无法正常从事生产,并且还要耗费更多的物资在战场上。孙子曰:"凡用兵之法,驰车千驷,革车千乘,带甲十万,千里馈粮。则内外之费,宾客之用,胶漆之材,车甲之奉,日费千金,然后十万之师举矣。"(《作战篇》)"凡兴师十万,出征千里,百姓之费,公家之奉,日费千金,内外骚动,怠于道路,不得操事者,七十万家。"(《用间篇》)战场上的巨大耗费,最终必然都会落到老百姓身上,影响老百姓正常的生产与生活。"力屈中原,内虚于家,百姓之费,十去其七;公家之费,破军罢马,甲胄矢弓,戟盾矛橹,丘牛大车,十去其六。"(《作战篇》)不仅如此,长期战争还会造成民力消耗、物价上涨、赋役增加等一系列的问题。"国之贫于师者远输,远输则百姓贫；近师者贵卖，贵卖则百姓财竭，财竭则急于丘役。"(《作战篇》)因此，《孙子兵法》中一方面建议应"因粮于敌""务食于敌"，尽量减少自己国家和人民的负担；另一方面又强调要速战速决，认为"兵贵胜，不贵久"，从而尽可能减少物资耗费和对正常生活的消极影响。

战争的目的是"保民"，只有出于"保民"的目的，而不是出于决策者的私利，战争才能得到人民的支持而取得胜利。在《孙子兵法·计篇》中，孙子提出"五事""七计"作为指导军事行动和决策的基本原则，说："经之以五事，校之以计，而索其情：一曰道，二曰天，三曰地，四曰将，五曰法。""校之以计，而索其情，曰：主孰有道？将孰有能？天地孰得？法令孰行？兵众孰强？士卒孰练？赏罚孰明？"其中，"道"是"五事"之首，"主孰有道"是"七计"之首，由此可见，同先秦时期的其他学派的学者一样，孙子也非常重视"道"这一概念。关于"道"的含义，孙子说："道者，令民于上同意，可与之死，可与之生，而不畏危也。"(《计篇》)由此可见，孙子所说的"道"并不是一个抽象的形而上的概念，而是国家的决策者恰当处理与民众之间关系时应遵循的原则。明代军事家戚继光认为，孙子这里所说的"道"，与儒家《大学》中所说的"率性之谓道"的"道"字的含义是一致的。"'道者令民与上同意。'此'道'字，即率性之道。'令'字，即修道之谓教。'意'字，指好恶而言，好恶同，即因民之所好而好之，因民之所恶而恶之之意。苟在上者能同民之好恶矣，而我之所好恶，民岂有不同。……孰谓孙子尽用权谋术数，观此谓非知道之言，可乎？又曰：'可与之死，可与之生，而不畏危也。'此乃效验，即孟子所谓'执梃以挞秦楚之坚甲利兵'者是也。"[1]也就是说，《孙子兵法》中所谓的"道"，就是要求统治者与人民同心同德，只有这样，才能够真正顺应民心，上下合力，使各项政令得以推行，军事行动取得胜利，即《谋攻篇》里所说的"上下同欲者胜"。

---

[1]〔明〕戚继光：《止止堂集》，王熹校释，北京：中华书局，2001年，第270页。

三、"保民"与"惠民"的相得益彰：
中国传统民本思想的发展创新

作为对西周初年"敬德保民"思想的继承和发展,儒家德治思想中也经常提及"保民"。如《孟子·梁惠王上》中记载,齐宣王问:"德何如则可以王矣?"孟子回答说:"保民而王,莫之能御也。"这里所说的"保民",即《尚书·无逸》中说的"怀保小民"之义,其重点是社会治理中的安民、养民。总体来说,儒家的民本思想,着眼点是放在和平与稳定的社会状态中的,其最核心的实践要求是"庶之""富之""教之"。尽管从理论上说,他们的"保民"观念中也包含着战乱状态中对老百姓生命和财产的保护,但是,战争状态下的社会治理和军事决策,并不是他们的民本理念思考的主要问题。因此,儒家的民本思想,以"惠民"为基本特征,将"博施于民而能济众"作为理想的追求。

《孙子兵法》中的"唯民是保"的观念与儒家民本思想在旨趣上并没有根本的不同,但是,它所关注的社会状态却有别于儒家。作为一部兵书,《孙子兵法》以战争状态下的活动作为探讨的基本问题,而战争状态是以动荡为特征的。在这种状态之下,正常的生产生活秩序受到威胁甚至破坏,国家和人民处于危机之中。这时候,民本理念的落实所要考虑的已经不是稳定状态下的富民、教民等问题,而是如何确保民众的利益得到保护,减少损失,以最小的代价恢复正常的社会秩序。这个意义上的"保民",在作为中国传统文化的主干的儒家学派的思想中是相对薄弱的。在人类社会生活中,稳定和动荡是两种客观存在的状态。这两种状态都是社会管理者需要面对的,无法只选择其中的一种进行治理。与此相对应,民本理念的落实在不同的状态下自然也具有不同的实践重点。因此,《孙子兵法》中"唯民是保"的"民本"思想,对于完整理解和继承发展中国传统民本政治伦理,具有独特的启发意义。

"自古知兵非好战",在和平、发展、合作、共赢的历史潮流不可阻挡的今天,用作为"政治的特殊手段的继续"的常规意义上的战争来解决分歧的做法已经越来越不得人心。但与此同时不容否认的是,"恃强凌弱、巧取豪夺、零和博弈等霸权霸道霸凌行径危害深重,和平赤字、发展赤字、安全赤字、治理赤字加重,人类社会面临前所未有的挑战"[1]。贸易战、科技战等新型冲突形式不但威胁着世界和平与发展,而且给各国人民正常的生产生活以及美好生活实现构成挑战。"国虽大,好战必亡;天下虽安,忘战必危。"(《司马法·仁本》)在这种复杂的局势之下,以"人民至上"的原则为指导,将"惠民"与"保民"有机结合起来,一方面坚持在发展中保障和改善民生,增进人民福祉,提高人民生活品质,另一方面提高捍卫国家主权、安全、发展利益的战略能力,坚决反对一切形式的霸权主义和强权政治,在各个领域中有理、有据、有节地维护好人民的利益,保护好社会主义现代化建设的成果,是在这个充满挑战的时代里继承和发展中国传统民本理念的必然要求。

除了战争之外,天灾人祸等容易造成社会动荡的事件,往往也会给人们正常的生产生活造成威胁。在面对严重危害人们生命财产安全的危机事件时,《孙子兵法》中"唯民是保"和"全胜"、速战速决等观点,对于社会管理者最大限度维护好人民的利益,也具有重要的启发意义。"当危机事件发生之后,能否对公众施以有效的救援和救助,给人民提供最基本的生存条件和生活保障,是检验政府等公共管理者是否合格的最基本的标准。"[2]《孙子兵法》中将"知兵之将"视为"民之司命,国家安危之主",他们对老百姓的生死和国家的安危发挥着至关重要的作用。天灾人祸等公共危机事件是任何一个老百姓都无法单独应对的,这时候,能够在短时间组织起大规模的人力和物力的社会管理者就如同战时的将军一样,通过迅速而有力的行动,将老百姓从困境和灾难中解

---

[1] 习近平:《高举中国特色社会主义伟大旗帜 为全面建设社会主义现代化国家而团结奋斗——在中国共产党第二十次全国代表大会上的报告》,《人民日报》2022年10月26日,第5版。

[2] 赵清文:《公共危机管理中的伦理问题》,北京:人民出版社,2013年,第35页。

救出来，以最小的代价、最短的时间恢复正常的生产和生活秩序，同稳定状态下富民、惠民的措施一样，同样是实现人民的福祉所不可缺少的。在这一过程中，社会管理者能否"进不求名，退不避罪，唯民是保"，摆脱个人利益、局部利益和小团体利益的束缚，真正做到人民至上、公共利益至上，往往成为是否能够成功化解危机、减少损失的关键。

总之，以"保民"为核心的民本思想是《孙子兵法》思想的一个重要组成部分，对以"惠民"为特征的儒家民本思想构成了有效的补充。在中国传统民本思想的继承发展过程中，将"惠民"和"保民"有机结合起来，对于今天以"人民至上"为核心原则的政治伦理建设，具有重要的启发和借鉴意义。

（作者简介：赵清文，哲学博士，河南大学哲学与公共管理学院教授。）

体用一源

——基于银雀山兵学文化谈先秦时期兵家哲学化过程

罗 任

摘 要 "体用一源"思想是中国古代北宋时期著名哲学家程颐提出的哲学概念,本身是指事物其表面暴露的显象特征与其隐含的本质具有相涵的统一关系。长期以来对体用一源思想的运用主要局限于儒家思想的哲学化范畴。银雀山兵学文化对于中国古代先秦时期的兵家哲学化过程划定了基本大纲,充分立足"兵者,国之大事,死生之地,存亡之道"的观念,以兵为体,以兵为用,对兵者概念条理化,有效针对的以不同层次、级别的兵者体用思想贯穿始终。基于体用一源思想探究银雀山兵学文化对先秦时期兵家哲学化过程的作用,对应新形势复杂环境下的兵学发展,处理以兵学思想为整体理念的兵学文化发展未来具有重要意义。对新形势下国际复杂大环境的内外军事问题提供借鉴。

关键词 哲学化;银雀山兵学;体用一源

一、概 念

"体用一源"出自《伊川易传》中"治微者理也,治著者象也;体用一源,显微无间"。其概念由中国古代北宋时期著名哲学家、儒学家程颐提出,原本是为解决儒家哲学化过程中关于心学与理学的重要问题。

"体"即是指本体及物质的本身所在;"用"是指由本体或物质本身所阐发的表象及作用。关于体用一源的整体理论在心学与理学上,通常是系统地归纳诸多表象特征或实际与其阐发的内容及本质之间的联系相通的概念。近代以来,体用一源思想的广泛运用是以其核心唯物主义辩证法的重要工具看待其他诸多类似的问题,以及其他学说的哲学化过程。中国古代学术哲学化过程的开端,无疑是春秋战国时期的百家争鸣。以兵家为例,作为诸子百家之一,其主要探究内容以军事理论及军事活动为代表。

"兵",作为会意字,最早见于商代甲骨文,由上半部的"斤"和下半部的一双手构成,其大意可以引申为使用武器或锐利兵器的人;又据《礼·月令》记载:"又执兵器从戎者曰兵。"可见在先秦时期,"兵"的广泛定义是以其功能性作为划分的。然而,孙武在《孙子兵法·始计篇》中却复合"兵者"一词,引为"国之大事,死生之地,存亡之道,不可不察也"。可见孙武并不是简单地将从事军事斗争或武力的职业人员作为"兵者"去定义,其概念的宏大更接近在政治、民生、战争动员、后勤保障、军队建设、选将、练兵、天文地理、用间等方面都包含在内的军事机器。

兵家,作为哲学或学术流派的存在是以西汉时期经学家、目录学家刘歆所著的《七略》为始。书中首次将兵书与六艺、诸子、数术、方技、诗赋和辑略分割。另据成书于东汉时期的《汉书·艺文志·兵书略》记载:"兵家者,盖出古司马之职,王官之武备也。"同时,《汉书·艺书志·诸子者流》中记载有儒家、道家、阴阳家、法家、墨家、名家、纵横家、杂家、农家、小说家,可见在先秦时期的结束后,中国古代封建时期的早期史学界与官方均是将兵家起源和兵家学术作为在政治从属的职业类群上看待的;尽管从名义上对兵家的发展历程给予了悠远肯定;但对兵家学说均采取了独立于学术以外的,或尚未归属到诸子百家中去的定义。西晋荀勖的《晋中经簿》最早将六略改为四部,也就是后来的经、史、子、集,又首次将兵家类与诸子百家类并提。同时,在封建社会皇权高度集中的清朝时期所著的《四库全书总目·子书总目》记载:"儒家尚矣。

有文事者有武备,故次之以兵家,兵刑类也……皆治世者所有事也。"这也进一步论证了后代对兵家学术的看待保持了长期以来的附属性和对政治的从属性。

广泛意义上,对兵家或兵学的集大成者是以孙武系统阐述的《孙子兵法》和其后代孙膑在军事活动中凝练的《孙膑兵法》作为兵家哲学化开端及兵学文化发展源头的。然而,在兵学文化发展过程中关于孙武、孙膑其人其书的论争一定程度地影响了对兵学哲学化源头的探究,直至银雀山汉墓竹简的出土才从一手资料上系统全面地解决其问题。

银雀山兵学文化出土的《孙子兵法》《尉缭子》、《六韬》等典籍为现存最早版本,对探究先秦时期的兵学哲学化起源提供了重要的物质佐证,完善了长期以来的兵家哲学化"体"的本质。同时,在内容上简牍出土的佚文对研究先秦时期的军事、经济及风俗提供了良好的范本;为佐证以《孙子兵法》《孙膑兵法》等军事理论思想为主的先秦时期兵家哲学化过程提供载体。

而就"用"的方面,《孙膑兵法》的出土本身就是对《孙子兵法》为蓝本的先秦兵家文化和兵家思想的实践佐证,就整体的银雀山兵学文化言,以一手资料的反馈实现结合历史事件对先秦时期兵家军事理论的具体化、具象化的总结;同时,它还直接提供了辩证看待先秦时期军事现象及军事问题的思路。至此,银雀山兵家文化对先秦时期兵家哲学化过程实现了由"体"至"用"的全方位概括。

二、兵者"体""用"的从属性与独立性

学术界对"兵者"广泛的定义是执掌军队或武装力量的存在,而武装力量是政权的重要组成部分,是国家和政治集团实现阶级统治、推行内外政策的暴力工具。这也使得长期以来,以"兵者"为主体的学术要领和哲学问题都统归到附属于政治层面或带有政治倾向的军事思维。

银雀山兵学文化的重要意义是为实现国家政治目的的军事力量的独立性和从属性提供了哲学源头；同时，又较为完备地对"兵者"实现由整体和个体的从属性与独立性的论述。比如在《孙子兵法·始计篇》中提道："兵者，国之大事，死生之地，存亡之道，不可不察也。"便是将"兵者"与国家命运紧密相连，与国家的统治意识建立起紧密联系。同时《孙子兵法·作战篇》中开篇又提道"内外之费，宾客之用，胶漆之材，车甲之奉，日费千金……"，又将"兵者"与国家整体的经济基础相联系，鲜明地剖析了国家机器对军事力量和暴力工具的使用与国家经济发展体量间存在的深刻联系。强调银雀山兵学文化的中心思想在兼顾"兵家"整体的从属性和独立性，也将其思想核心的定义下放到"兵者"的个体发展上。例如在《孙子兵法·谋攻篇》中提到"夫将者，国之辅也"，也是针对在"兵者"的整体范畴中，具有统帅军事力量权利的"将""帅"贯彻了"兵者"思维的辅助性；又在个体的职能上规范了军事作战期间，指挥者或是统领者的政治从属性。由此可见，以孙武为代表的早期银雀山兵学文化的军事思维在先秦时期便将"兵者"与国家机器的构成作为国家意识形态与国家统治阶层的重要部分去看待，并且将此类从事性的关系也贯彻到对国家军事力量的统帅身上。

同时，孙武还超前地对暴力工具同国家体量的整体关系进行了辩证分析。从属于国家机器的军事力量采用整体慎战论的"不战而屈人之兵"的中心思想，抓住了长期以来对军事力量或国家政治统治使用暴力工具这一不稳定性问题的根源。

然而，孙武对"兵者"本身的发展还具象化地完善了独立性的特征。这是在先秦时期兵家哲学化过程中，对受制于长期以来在政治从属性影响下的军事力量发展的破局。

仅从纲目与内容上看，以孙武为代表的兵家文化的早期军事思维在保留"兵者"政治从属性的同时，发展性地提出了五事、庙算等职能上的独立性，又立足于军事力量的暴力性提出了"知兵之将，生民之司，命国家安危之主也"。

在责任上对从属于政治意识的暴力性进行了约束。而在"兵者"将帅阶层的统治与发展上开辟性地提出了需要了解、学习,并重视在军事方面所涵盖的整体谋、形、势、技等条件,对后世兵家四派,即兵权谋、兵阴阳、兵形势、兵技巧的划分奠定了基础。这由笼统到细致地解决了兵家哲学化全过程的"体""用"问题。

银雀山兵学文化的另一个重心是填补了一些思想的延续性。以《孙膑兵法》为代表的后期兵家,将国家军事力量的从属范畴由国家意志和国家的统治阶层更进一步的拓展到全体,甚至包容到国家机器的内部民众,提出"用民得其性……则令行如流"。以此为基准的兵家文化立足于国家机器的整体军事化发展,深刻地阐述战争的手段,也是政治斗争工具的表现,又基于"兵者"是"不可不察"的本质要求,《孙膑兵法》也在战争实践中明确揭露了国家经济发展体量在对军事力量的发展、执行和作战中所能提供的基础作用,点名了"兵者"是以布"道"为手段的政治斗争的延续。强调国家统治阶级和统治意志在通过军事力量对外发展的过程中,要放眼国家整体安危和国家机器的目的,延续发展"慎战论"的同时,还对国家军事力量为主体的国家安全观进行了探究。

值得一提的是,据考证,在银雀山汉墓竹简所收录的《孙膑兵法》篇目囊括了实践中的先秦时期兵家哲学化阶段,而在继承《孙子兵法》中心思想所荟萃的《孙膑兵法》中也不难看出对军事理论发展和"兵者"独立性的延续,这在职能上更进一步地体现在对五事的细致方面。

总的来说,银雀山兵学文化在历史发展的轨迹中,从实际和实践两个角度对兵者"体""用"的独立性与从属性进行了归纳,为探究我国先秦时期兵家哲学化过程,在立足于其职能性发展的基础上,其本质为国家政治从属性和其独立性发展的两个问题提供了重要依据。

三、体用一源的地缘性发展

立足于体用一源思想看待银雀山兵学文化的核心,其重点在于国家机器为整体,其推动了军事机器的各部门与构成的发展,同时,军事机器又作为一个独立的系统,其完备性对国家机器的发展及其各项发展条件起到了补充和支撑的作用。这种军事理论思想的延续,反馈到国家机器的整体上,最核心的突破则是实现了在地缘性发展上的局限性破局。

作为中国古代东部地区的军事理论起源,银雀山兵学文化是中国古代封建时代军事理论哲学化的重要起源。这与当地在中国古代文明发展过程中所具有的地缘位置和条件紧密相关。

"兵者"所谓争、利、胜,是军事状态的重要表现,也是国家机器在军事状态下所谋求的重要前提。在早期银雀山兵家文化的代表《孙子兵法》中便提到五事中将"阴阳、寒暑、时制也""远近、险易、广狭、死生也"等地缘性条件因素显著的放置于"将者""法者"等以人或上层建筑为代表的主观性条件前,并进一步说明早在先秦时期,银雀山兵家文化就已对"兵者"发展的基础提出了地缘性要求。而在其延续的《孙膑兵法》中更是具象性地将在不同战役中受地缘性条件所影响的局势变化和可能性进行了归纳与总结。当然,在从军事理论和军事状态的补充上,地缘性条件的发展实现了对不同条件下"兵者"发展多样性、兵种多样性、战时多样性和战果多样性的探究。更重要的是,在传统的兵家文化发展过程中,立足于一城一地的争夺和国家整体文明观、发展观、安全观的军事思维的不同。而银雀山兵家文化的重要步骤就是在吸纳地缘性发展和地缘性条件的基础上,完备地将"天下"由单一向中原地区发展的过程转化从属为政治阶层需要的,放眼实际天下的中原一体华夏观。这种将地缘性作为体用一源理论思想的重要转折,也是先秦时期兵家哲学化过程得益于所处时代特殊性的原因。

春秋战国时期作为中国古代社会的大变革时期，由传统奴隶制社会、贵族制统治与血缘文明开始转向封建制社会、官僚制统治和地缘文明。而各国谋求变革的属性均是以国家一体为主导的地缘文明的特征贯穿至经济、文化、军事等各部分；以法家理论为核心推动社会向建立君主专制中央集权封建社会转型，是社会大变革中后期主流思想所开创的时代机遇，而以银雀山兵家文化为代表的对"兵者"在政治上的从属性和军事发展上的独立性又与之相契合。这彻底地促使以地缘性发展为核心、立足于"体用一源"军事思维的国家一体文明观中的兵家文化登上了历史舞台。

而这种地缘性发展对兵家文化的影响，更深层次地推动了在春秋战国时期，由民族融合前提所造就的华夏民族观念和向中原地区发展的地缘性文明观念的转型。受此影响，兵家理论和国家一体观进一步促使银雀山兵家文化所代表的兵家哲学化源头，在大一统统治的前提下得到确立。它们不仅贯彻并落实了对完备的国家体制、地理条件、经济基础，以及上下一体思维，而且实现了对兵家文化中地缘性条件的发展，由原本的从属性转变为独立性，从而进行了有效的补充。

（作者简介：罗任，中国教育学会会员、广西书法教育学会专业人才库委员。）

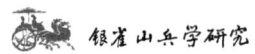

从传世兵书视角看北魏尔朱荣的军事思想

王瀚尧

摘　要　尔朱荣是北魏末年鲜卑族权臣。然而,不论是历史记载抑或是后人评论,对其军事思想的评价寥寥无几,全面审视尔朱荣的军事思想,有助于后世以客观公正的态度对他的戎马生涯作出公正的评价。尔朱荣的军事思想主要表现为"战略协同与众寡分合""知彼知己""先发制人"和"号令严明"四个方面,这是他对传统中国兵学文化的继承与发扬,也是其军事生涯作战经验的全面总结。

关键词　北魏;尔朱荣;孙子兵法;军事思想

尔朱荣,字天宝,北秀容部落酋帅。在波谲云诡、动荡不安的北魏末年政坛,尔朱荣以其敏锐的政治眼光和优秀的军事才能,一手建立尔朱氏集团,他发动河阴之变,拥立庄帝,领导并参与擒葛荣,诛元颢,戮邢杲,翦韩娄,扫平万俟丑奴等一系列军事行动,成为影响北魏末年政坛走向的风云人物。但尔朱荣为其名声所累,导致其兵学成素来不为人所熟知。现拟以尔朱荣军事思想为题作一探讨,以求教于专家学者。

一、"战略协同与众寡分合"的辩证思想

战略协同是执行战略任务的各战略集团按统一的战略计划或意图协调一

致的行动。[1] 三军统帅通过调动各战场、各参战部队、各战略方向的力量,通过周密组织、密切配合,科学地组织作战力量,优化部队作战资源,整合全部作战单位的战斗力,以便最大限度地夺取战争的胜利。黄朴民认为:"众寡之用是兵力的使用问题,分合为变是作战的部署问题。核心是集中兵力与协同配合的有机统一"[2]。"协同",即同心协力,相互配合。《后汉书》卷七五《吕布传》载:"将军宜与协同策谋,共存大计"[3]。这一思想具体反映在军事战争上,则表现为政府军与地方军队、各战区部队之间的协同与配合。"众寡"是指作战兵力的多少,兵力对比直接决定着"分"与"合","盖兵有多寡,势有分合。以寡而遇众,其势宜合。以众而遇众,其势宜分"[4]。"分合"则是强调根据实际战争形势和作战需要,灵活调整部队的部署,是军队作战的基本原则之一,"凡用兵之法,三军之众,必有分合之变"[5]。分合之变取决于战场变化和敌军的战略企图。在敌军重点进攻的方向,事关防御全局的地点,配备主要作战部队和其他保障力量,而在敌军进攻的次要防御方向,受敌攻击威胁较小的地点,尽量以次要部队防守,秉承节约兵力的原则。因此,协同与分合的实质是最高指挥部以兵力分散或集中的形式,在局部战场形成兵力优势,或是本方处于战争劣势情况下,最大程度缩小军力差距的战略。

尔朱荣在其军事生涯中,秉承战略协同的原则,高度重视指挥作战中的"众寡分合"问题,立足"众寡之用",力求"分合为变",以达到统一协调与合理分兵的辩证统一。北魏末年,北方农民起义如火如荼。孝昌元年(525)八月,柔玄镇人杜洛周在上谷掀起大规模起义。孝昌二年(526)正月,五原降户鲜于

---

[1] 中国军事百科全书编审室编:《中国军事百科全书》(战术学分册),北京:解放军出版社,1992年,第344页。

[2] 黄朴民:《秦汉时期统一战争的战略指挥述论》,《东岳论丛》2009年第1期,第126页。

[3] 《后汉书》卷七五《吕布传》,北京:中华书局,1965年,第2448页。

[4] 何去非著,冯东礼注译:《何博士备论选译》,北京:解放军出版社,1990年,第193页。

[5] 骈宇骞等译注:《武经七书·六韬·犬韬·分兵》,北京:中华书局,2007年,第493页。

修理又在定州举事。农民起义军首领葛荣在博野、定州两次战役中,率众重创北魏主力,军势大振,遂自称天子,国号称齐,建元广安。北魏武泰元年(528),葛荣又兼并杜洛周势力,兵锋直指邺后,尔朱荣提出讨平葛荣、安定局势的方针。《魏书》卷七四《尔朱荣传》载:

> 即遣发兵东引,直趣下口,扬威振武,以蹑其背;北海之军,镇抚相部,严加警备,以当其前;臣麾下虽少,辄尽力命,自井陉以北,滏口以西,分防险要,攻其肘腋。[1]

尔朱荣以击破葛荣为总任务,采取宏观控制和区分指挥相结合的方法,明确规定了各支部队的具体任务及相互关系,以达到集中兵力与分兵钳制的战术效果。具体作战方案为蠕蠕主阿那瑰一军东出,直攻下口。下口,即居庸关南口,又称幽州下口。《资治通鉴》卷一六六"梁敬帝绍泰元年"条载:"幽州军都县西北有居庸关。"[2] 又《水经注疏》卷一四《湿余水》曰:"湿余水出上谷居庸关东……其水历山南,迳军都县界,又谓之军都关……其水南流入关,谓之下口。"[3]居庸关"关门南北相距四十里,西山夹峙,下有巨涧,悬崖峭壁,称为绝险"[4],又东连卢龙、碣石,西属太行、常山,为兵家必争要地。尔朱荣的战略计划是利用葛荣意图出兵南下,进攻相州之时,联络蠕蠕主阿那瑰率军袭击居庸关,直捣葛荣的幽州战略后方,分散其南下的作战兵力。作为抵御葛荣南下的主要作战力量,北海王元颢率精兵两万驰援相州,统筹当地作战力量,严加防范,伺机破敌。井陉为河北重险,井陉关"山势自西南而东北,层峦叠岭,

---

[1]《魏书》卷七四《尔朱荣传》,北京:中华书局,1974年,第74页。

[2]《资治通鉴》卷一六六,梁敬帝绍泰元年(555),北京:中华书局,2011年,第5228页。

[3] 杨守敬、熊会贞疏:《水经注疏》(中编)卷一二《湿余水》,杨甦宏、杨世灿补著,北京:中华书局,2014年,第197—199页。

[4]《读史方舆纪要》卷一〇《北直一·古冀州》,北京:中华书局,2005年,第430页。

参差环列,方数百里"[1]。井陉道地势险峻,行军不便,"车不得方轨,骑不得成列其势"[2],有利于凭险扼守,重点设防,便于隐藏兵力。尔朱荣率军镇守井陉各处险地,利用山地起伏的地形,在各要点配置防御兵力,建立多层次、多要点的网状防御体系,最终以迂回包抄、设险伏击的战术,消灭敌有生力量。

概言之,尔朱荣以诸军战略协同、两面牵制、重点设防为特色的军事主张,旨在使葛荣陷入顾此失彼、多线作战的困境。尔朱荣强调"战略协同",注重"众寡分合"的作战思想,体现其审时度势、运筹帷幄的指挥水平。

二、"知彼知己"的胜战思想

"知彼知己,百战不殆"[3]是中国古代军事作战核心思想之一。孙子认为,战争胜利是建立在全面了解敌我双方军事优势的基础之上,以"道、天、地、将、法"五事为依据,通过分析战争的道义、春夏秋冬及自然气候、地形条件、将帅的军事素质以及军队组织编制和士兵战斗力等诸多因素,综合评价作战双方存在的优劣,以期对战争的形势、格局以及战局最终走向进行清晰的判断。尔朱荣能够凭借敏锐的观察力,在对手看似强大的表面现象中发现致命破绽,并施予重点打击,往往收到事倍功半的效果。

以讨平葛荣之战为例,尔朱荣认为葛荣承袭鲜于修礼势力,又吞并杜洛周之众,但鲜于修礼部内部成分复杂,既有怀朔镇诸将如葛荣、可朱浑元等人,又有北魏统军毛普贤、权臣元叉之弟元洪业,各方势力政治立场不同,集团内部矛盾暗流涌动,最终在北魏政府的拉拢、离间之下发生内讧,"葛荣遂杀普贤、修礼而自立"[4]。葛荣先后兼并鲜于修礼、杜洛周两大势力,但纵观其所部,

---

[1] 《读史方舆纪要》卷一〇《北直一·古冀州》,北京:中华书局,2005年,第424—425页。
[2] 《汉书》卷三四《韩信传》,北京:中华书局,1965年,第1867页。
[3] 孙武:《十一家注孙子校理》卷上《谋篇》,曹操等注,北京:中华书局,2012年,第79页。
[4] 《魏书》卷一八《广阳王深传》,北京:中华书局,1974年,第433页。

是以吞并鲜于修礼定州部众为主要核心，辅以杜洛周麾下六镇余众、汉人宗族势力以及定州当地的北魏官僚组成的一支地域区别明显、家族背景迥异、政治出身不同的队伍。正如尔朱荣所指出的，"人类差异"是葛荣军中的最大弱点，内部存在多个派系是葛荣兵败的重要因素。《尉缭子·兵令上》载："专一则胜，离散则败。"[1]从日后葛荣兵败，其势力迅速土崩瓦解的结局来看，印证了尔朱荣最初的判断。

"知人善用"是任用军事将领的本质要求，也是"知彼知己"思想指导下科学的选将原则。"将领"与"士卒"作为军队组成中最重要的两个部分，其中将领作为指挥全军的中枢，其军事素质直接关系着战争的胜败，所谓"强弱之势，自古无定，唯在用兵之人何如耳"[2]。因此，孙子将"智、信、仁、勇、严"五德，作为任用将领、评判军事才能的重要标准。尔朱荣身为军事集团领袖，深谙选将之精髓，"择将之道，唯审其才之可用也，不以远而遗，不以贱而弃，不以诈而疏，不以罪而废"[3]。他能够根据不同的作战对象和作战特点，合理任用将领。北魏永安二年（529），尔朱荣令部将侯渊率七百骑兵讨伐韩楼，军中诸将以侯渊统兵过少而持有异议，尔朱荣认为侯渊善于临机应变，惯以诡诈巧计著称，足以担当重任。侯渊率军抵达前线后，"广张军声，多设供具，亲率数百骑，深入楼境，欲执行人以问虚实。去蓟百余里，值贼帅陈周马步万余，渊遂潜伏以乘其背，大破之，虏其卒五千余人"[4]。初战告捷后，他故伎重施，力排众议，释放俘虏，利用反间之策，促使韩楼弃城而逃，继而擒获之。

---

[1] 骈宇骞等译注：《武经七书·尉缭子·武令上》，北京：中华书局，2007年，第292页。

[2] 陈规、汤璹：《守城录》，收录于《中国兵书集成》第七册，北京：解放军出版社，沈阳：辽沈书社，1992年，第119页。

[3] 曾公亮等撰：《武经总要前集》，郑诚整理，长沙：湖南科学技术出版社，2017年，第39页。

[4] 《魏书》卷八〇《侯渊传》，北京：中华书局，1974年，第1786页。

三、"先发制人"的速决战思想

速决战的作战思想素为中国古代军事家们所推崇,也是进攻战的一个重要作战原则。《孙子兵法·作战篇》曰:"兵贵胜,不贵久"。[1] 孙子认为,行兵作战贵在速胜,反对进行迁延日久的消耗战。在较短时间内进行决定胜负的作战,可以有效减少因战争所造成的财政枯竭,避免因物价飞涨、人民生活水平急剧下降所引发的国家动荡。速决战的思想应用于战争实践中,则突出表现为"先发制人"的突袭战术。"先发制人"的战术要求是进攻一方通过掌握进攻主动权,在敌军尚未发起进攻之前或敌军疏于戒备、出现防守漏洞时,通过抢占进攻时机或有利地形,发动进攻使敌猝不及防,避免陷入被动挨打的困境,即"权先加人者,敌不为交;武先加人者,敌无威接"。[2] 尔朱荣积极贯彻"先发制人"的战术主张,在复杂的战场形势和不利的作战环境下,最终收到了良好的战争效果。

北魏永安三年(530),投奔萧衍的北魏皇族元灏引兵进犯,北魏高层误判形势,错误地认为元灏兵力不足,推进速度有限,命大将军元穆平定齐地后再回师征讨。元灏抓住北魏大军未还的时机,"乘虚径进,既陷梁国,鼓行而西,荥阳、虎牢并皆不守"。[3] 战争局势急转直下,尔朱荣率军为先锋前往破敌,孝庄帝亲临河内城,欲与元灏决一死战,但元灏已命其都督安丰王延明沿河构筑防线,占据先机,而尔朱荣缺少渡河工具,进攻受阻。关于此战的过程,《魏书》卷七四《尔朱荣传》有详细记载:

---

[1] 孙武撰:《十一家注孙子校理》卷上《谋篇》,曹操等注,北京:中华书局,2012年,第79页。

[2] 骈宇骞等译注:《武经七书·尉缭子·战权第十二》,北京:中华书局,2007年,第258页。

[3] 《魏书》卷七四《尔朱荣传》,北京:中华书局,1974年,第1652页。

荣既未有舟船,不得即渡,议欲还北,更图后举。黄门郎杨侃、高道穆等并谓大军若还,失天下之望,固执以为不可。语在侃等传。属马渚诸杨云有小船数艘,求为乡导,荣乃令都督尔朱兆等率精骑夜济,登岸奋击。颢子领军将军冠受率马步五千拒战,兆大破之,临陈擒冠受。延明闻冠受见擒,遂自逃散,颢便率麾下南奔。[1]

尔朱荣与元颢隔河对峙,若无法迅速渡河,势必陷入旷日持久的消耗战,难免会出现"久则顿兵挫锐,攻城则力屈,久暴师则国用不足"[2]的问题。更为重要的是,北魏末年政局不稳,尽早平定元颢之乱,安定人心是当务之急。尔朱荣因无船济河,遂有回撤之心,黄门郎杨侃、高道穆则极力反对撤兵,杨侃献计"未若召发民村,惟多缚筏,间以舟楫,沿河广布,令数百里中,皆为渡势。首尾既远,颢复知防何处,一旦得渡,必立大功。"[3]尔朱荣坚定作战决心后,积极寻找敌方破绽,尤其是在寻觅到小船并获得向导帮助后,他认为"势已成,机已至,人已集"[4],坚决贯彻"兵之情主速,乘人之不及,由不虞之道,攻其所不戒也"[5]的战术思想,遵循"知彼有可破之理,则出兵以攻之,无有不胜"[6]的作战原则,敏锐把握战机,达成战役的突然性。尔朱荣命尔朱兆率骑兵乘夜偷渡,化被动为主动,以此打破双方对峙的僵局。元颢部将冠受猝不及防之下,无力抵抗,临阵交战被擒,安丰王延明逃散,元颢闻讯率残部南逃。尔朱荣在双方僵持不下的情况下,依靠"先发制人"的战术策略,从而赢得了战争的

---

[1]《魏书》卷七四《尔朱荣传》,北京:中华书局,1974年,第1652页。
[2] 孙武撰:《十一家注孙子校理》卷上《谋篇》,曹操等注,北京:中华书局,2012年,第38页。
[3]《魏书》卷五八《杨播传附子侃传》,北京:中华书局,1974年,第1283页。
[4] 揭暄:《兵经百篇》中卷《法部·兵经六十五·速》,南宁:广西民族出版社,1996年,第298页。
[5] 孙武撰:《十一家注孙子校理》卷上《谋篇》,曹操等注,北京:中华书局,2012年,第307页。
[6] 刘永海译注:《百战奇法》第四卷《守战》,北京:中华书局,2017年,第123页。

胜利。

四、"赏罚分明"的严军思想

军队是一个具有严密组织形式、配备多种作战装备、供给各类粮草物资的庞大的武装集团,依法治军、严明军纪是保证军队各系统运行的关键原则。中国古代军事家将"公正严明"的治军思想上升到决定战争成败的理论高度,孙子将"法"与"天、道、地、将"同列为决定胜负的五大因素。孙膑认为"令不行,众不壹,可败也"[1],《吴子兵法·治兵篇》指出:"若法令不明,赏罚不信,金之不止,鼓之不进,虽有百万,何益之用?"[2]战争的残酷性决定了各指挥员、各级将士必须统一为一个战斗整体,按照规定计划抵达作战地点,各作战单元密切分工、履行作战要求、严守作战纪律。通过奖惩机制,达到鼓舞士气、振奋人心的效果。尔朱荣继承了中国古代军事家的治军思想,着力打造了一支军纪严明、作战勇猛的队伍。北魏孝昌三年(527),尔朱荣与葛荣进行主力军团间的决战,《魏书》卷七四《尔朱荣传》载:

> 葛荣自邺以北列陈数十里,箕张而进。荣潜军山谷为奇兵,分督将已上三人为一处,处有数百骑,令所在扬尘鼓噪,使贼不测多少。又以人马逼战,刀不如棒,密勒军士马上各赍神棒一枚,置于马侧。至于战时,不听斩级,以棒棒之而已,虑废腾逐也。乃分命壮勇所当冲突,号令严明,战士同奋。荣身自陷陈,出于贼后,表里合击,大破之。于陈擒葛荣,余众悉降。[3]

---

[1] 张震泽编撰:《孙膑兵法校理》下编《将失》,北京:中华书局,2014年,第172页。
[2] 骈宇骞等译注:《武经七书·吴子兵法·治兵第三》,北京:中华书局,2007年,第106页。
[3] 《魏书》卷七四《尔朱荣传》,北京:中华书局,1974年,第1650页。

尔朱荣采取疑兵之计与内外夹击的基本策略,掩盖自身兵力不足的缺陷,针对双方近距离交战的作战方式,令士兵配备重量较轻、操作灵活的大棒,避免了刀具无法施展的缺点。临战之时,尔朱荣身先士卒,率军从后突击葛荣,严格执行军纪。《登坛必究·师律篇》指出:"师而无律,与无师同;律而非丈人,与无律同。"[1]号令严明、军纪如山的治军才是尔朱荣提升军队战斗力、赢得战争胜利的根本保证。北魏永安三年(530),尔朱荣派遣其从子尔朱天光率贺拔岳、侯莫陈悦等人征讨贼帅万俟丑奴、萧宝夤。(尔朱)"天光既至雍州,以众少不敌,逡巡未集。荣大怒,遣其骑兵参军刘贵驰驿诣军,加天光杖罚。天光等大惧,乃进讨,连破之,擒丑奴、宝夤,并槛车送阙"[2]。尔朱天光为尔朱荣从子,担任军队作战统帅,但当他畏敌惧战、不遵军令时,尔朱荣并未姑息放纵,而是一视同仁、重加责罚,通过"修吾号令,明吾刑赏"[3],实现整饬军纪和严格纪律的目的,同时起到激励尔朱天光作战的效果,受到仗责的尔朱天光最终完成了作战计划。

结　语

《魏书》卷七四《尔朱荣传》论曰:"尔朱荣缘将帅之列,藉部众之用……及夫擒葛荣,诛元颢,戮邢杲,翦韩娄,丑奴、宝夤咸枭马市。此诸魁者,或据象魏,或借号令,人谓秉皇符,身各谋帝业,非徒鼠窃狗盗,一城一聚而已。苟非荣之致力,克夷大难,则不知几人称帝,几人称王也。"[4]魏收从尔朱荣"功业"立论,高度概括其政治生涯及军事履历,对他扫灭群雄的行为给予了肯定。纵

---

[1] 王鸣鹤:《登坛必究》卷十九《师律》,收录于《中国兵书集成》第二十二册,北京:解放军出版社,沈阳:辽沈书社,1990年,第2586页。

[2] 《魏书》卷七四《尔朱荣传》,北京:中华书局,1974年,第1653页。

[3] 骈宇骞等译注:《武经七书·尉缭子·制谈第三》,北京:中华书局,2007年,第208页。

[4] 《魏书》卷七四《尔朱荣传》,北京:中华书局,1974年,第1657页。

观尔朱荣的军旅生涯,他具有审时度势、运筹帷幄的军事素质,主张"战略协同与众寡分化",提出重点地带防御、首尾策应、奇兵与正兵相结合的军事主张,强调将一切作战行动建立在熟知敌我双方力量的基础上,能够发现并利用葛荣集团中派系林立、内部矛盾尖锐的弱点。当战局出现转机时,尔朱荣秉承"先发制人"的速决战思想,短时间迅速击垮对手。此外,尔朱荣治军严厉、不避亲疏,每临布置作战任务、选派军事将领时,他能够做到人尽其才、知人善用,打造出一支纪律严明、作战勇猛的军队,由此深刻影响到北魏末年的政坛走势。

(作者简介:王瀚尧,历史学博士,苏州城市学院马克思主义学院讲师。)

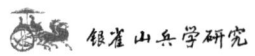

银雀汉简　国之瑰宝

彭　梅　隋孟彦

摘　要　1972年4月,在银雀山汉墓中出土珍贵竹简4974枚,其中,《孙子兵法》与失传千余年的《孙膑兵法》同时同墓出土,使自唐宋以来关于孙武、孙膑其人其书的论争得以解决,海内外为之轰动。《孙子兵法》充满了朴素的唯物论和辩证法,它对世界的影响既有共性又有个性,共性是孙武的军事思想蕴含着伟大智慧,个性是孙武思想的运用要从各个国家的不同实际情况出发。《孙子兵法》的影响范围远远超越军事范畴,被扩展到企业管理、商业竞争、体育竞技等多个领域,这部兵学圣典已经成为全世界人民的共同文化财富。

关键词　银雀山;《孙子兵法》;影响力

"位居世间最小名山,馆藏天下第一兵书",是对银雀山汉墓竹简博物馆的写照,概括了银雀山汉墓在中国考古史上崇高地位和《孙子兵法》竹简兵书无与伦比的价值。以《孙子兵法》为代表的兵学圣典在世界兵学之巅屹立两千余年而鲜有比肩者,在世界文化史上留下了绚丽多彩的篇章。《孙子兵法》是我国为数不多的超越中华文化圈对世界产生广泛影响的不朽之作,是一个世界级的文化品牌,加强《孙子兵法》研究利用,对宣传中国文化、塑造当代中国形象,推动山东走向世界,都具有重要意义。

一、惊世发现　镇国之宝

旧临沂城南约一公里处,有两座隆起的小山岗,东岗为金雀山,西岗为银雀山。据考古工作证明,这里是一处规模较大的汉代墓地。1972年4月,临沂地区卫生部门在银雀山基建施工时偶然发现了1号、2号汉墓,随即报告了文物组,相关工作人员开始进行发掘。两座汉墓均为长方形竖穴,椁室基本完整,为一棺一椁。一号墓出土竹简是在边箱北端随葬的漆木器和陶器的间隙中发现的,由于长期在泥水中浸泡,又受其他随葬器物的挤压,竹简已经散乱,表面呈深褐色,竹简编绳早已腐朽,在有的简上还可以看到一点痕迹,但用墨书写的字迹,除了个别文字难辨外,绝大部分很清晰。

竹简随即被送到北京,国家文物局成立银雀山汉墓竹简整理小组,对竹简进行整理、释读和保护。竹简共计4974枚,整简每枚长27.6厘米、宽0.5～0.9厘米、厚0.1～0.2厘米。简上的文字全部用毛笔蘸墨书写,每简的字数多少不一,整简每枚多达四十余字,字迹有的端正,也有的潦草,不是出于一人之手,主要为《孙子兵法》《孙膑兵法》《六韬》《尉缭子》等竹简兵书。其中,《孙子兵法》与失传千余年的《孙膑兵法》同时同墓出土,使自唐宋以来关于孙武、孙膑其人其书的论争得以解决,海内外为之轰动。银雀山汉墓先后入选"二十世纪中国百项考古大发现"、中国"百年百大考古发现",《孙子兵法》竹简入选"九大镇国之宝"。

银雀山汉墓竹简的出土,为研究中国先秦和汉初的政治、经济、军事、书法、简册制度等提供了极其宝贵的实物资料,使古老的兵书重放光彩,在世界范围内掀起了对《孙子兵法》研究的热潮。《孙子兵法》竹简的学术价值主要有以下几个方面:

1.银雀山竹简本《孙子兵法》的出土,使有关《孙子兵法》源流的争议得以解决。《孙子兵法》与失传近两千年的《孙膑兵法》同墓出土,澄清了关于孙子其人其书的千古论争,证实了《史记》等有关孙武、孙膑各有其人、各有其书记载的真实性,也证实了《孙子兵法》原本确为十三篇,而非曹操删削八十二篇而成的十三篇。

2.银雀山竹简本《孙子兵法》是现存最早版本,为《孙子兵法》文本研究提供了校勘资料。《孙子兵法》版本众多，《武经七书》《十一家注》是两个最主要的版本系统，这两个版本之间存在很多异文，由于缺乏佐证资料，难以确定孰是。竹简本《孙子兵法》从字体推断，书写时间应在秦到文景之间，比传世的宋本要早1000多年，比刘向等校理古书也要早100多年，更接近于原本，虽然出土时有所残缺，但是在校勘传世本方面仍然有着重要作用。

3.银雀山竹简本《孙子兵法》为研究我国文字发展与书法艺术提供了重要资料。《孙子兵法》简书是由秦隶向汉隶过渡时期的书法作品，字形趋于方形或扁方形，横画左低右高间或左高右低，笔画伸缩有致，横画呈微波，已显露出蚕头燕尾，一波三折，字体自然随意，秀劲清丽，为研究中国文字的发展，字体演变过程，提供了实物资料。

二、简牍兵学　武经冠冕

《孙子兵法》充满了朴素的唯物论和辩证法，它对世界的影响既有共性又有个性，共性是孙武的军事思想蕴含着伟大智慧，个性是孙武思想的运用要从各个国家的不同实际情况出发。《孙子兵法》通篇是一个完整的思想体系，大到战略，小到战术，几乎无所不包。《计》篇为《孙子兵法》首篇，在全书中具有提纲挈领的作用，开宗明义指出"兵者，国之大事也，死生之地，存亡之道，不可不察也"，即战争是国家的大事，关系到军民生死和国家存亡，一定要从安国利民角度考虑，慎重对待。这阐明了维护国家和人民根本利益的价值观念，是关于孙武军事思想的总概括。《作战》篇论述了"兵贵胜，不贵久"速战思想，提出"因粮于敌"后勤补给方法。《谋攻》篇强调运用谋略战胜对方，在论述了"不战而胜"的"谋攻"之法后，围绕如何"伐兵"问题提出了"十围五攻""知胜有五"等作战指导原则。《形》篇其旨意在于打有准备、有把握之仗，反对鲁莽草率的盲目行动。《势》篇与《形》篇紧密联系，重点论述如何在军事实力的基础上，充分发挥将帅的指挥才能，造成并利用好有利作战态势，最有效发挥军事力量,出奇制胜。《实虚》篇以"避实击虚"为主旨,要求充分发挥将帅的主观能动性,通过对"实""虚"关系的全面认识和把握,夺得主动权,造成我实敌虚的形势,进而以实击虚。《军争》篇论述了军队如何趋利避害和争取先机之利的原则和方法,以掌握作战的主动权。《九变》体现了孙武临机制变、灵活用兵的作战指挥思想。《行军》篇论述了"处军"和"相敌",并提出了"合之以文,齐之以武"的治军原则。《地形》篇论述了军事地形学,提出"地形者兵之助"的观点,最后指出"知彼知己""知天知地"为"全胜"的要诀。《九地》篇特别强调要根据官兵在不同的作战地区所产生的不同心理,制定切合实际的战略战术,确保胜利。《火攻》篇提出了慎重对待战争的问题。《用间》篇论述了先知的重要性,为以上所有篇章中行动的基础。《用间》篇作为《孙子兵法》的末篇,与首篇《计》篇遥相呼应。整部《孙子兵法》对战争行动部署逻辑严谨,层层递进,设计周密,贯通全局,首尾浑然一体,从而构成了一部完整的、博大精深的兵法体系。

孙武的基本战争观是"安国全军",这对于遏制战争、维护和平具有非常重大而深远的进步意义和导向作用。同时,书中还蕴涵着文字美、节奏美、意境美和逻辑美等,体现着求知、求真、求和、求美的至高境界,通读之后,可在顿悟和思考中充分领略用兵的艺术和真谛。

三、制胜之道　文脉传承

《孙子兵法》的影响范围已经远远超越军事范畴,被扩展到企业管理、商业竞争、体育竞技等多个领域,这部兵学圣典已经成为全世界人民的共同文化财富。当今社会,人们对于它的研究已经远远超出军事和战略的范畴,其谋略思想被广泛地运用到企业管理、商业竞争、体育竞技等多个领域。人世间的各种事物,不仅有着广泛而普遍的联系,其道理往往也是相通的,孙子提出的战略战术观都有其独特的意义,适用于任何竞争领域。我们在工作生活中要借鉴孙子的"全胜观",运用谋略和智慧,跳出直接对抗性竞争,以迂为直,潜在和间接地使用力量,不战而胜,实现双赢,取得成功。借鉴"知胜观",知是前提,是胜利的基础和首要条件,要坚持从实际出发,调查研究,对得失利弊做好分析,全力以赴,不打无准备之仗,出手要有胜算。借鉴"态势观",势是态势、气势、形势,是冲击力,要充分发挥主观能动性,创造有利的态势,掌握主动权,合理部署力量,把握机遇,拓展思路,顺"势"而为,乘"势"发展。借鉴"道德观","道、天、地、将、法"五事中,"道"居首位,"道"是"上下同欲",是"令民与上同意也",要上下一心,同心同德,团结一致,以"道"制胜,恪守竞争或斗争的道德底线。借鉴"哲学观",用辩证的观点分析彼己、奇正、攻守、速久、安危、强弱、虚实、动静、得失、劳逸等一系列对立统一的关系。这些矛盾既能一分为二,又能合二为一,通过主观努力,都能够达到实现转化的条件。借鉴"价值观",要具有忠诚、勇敢、团结、守纪等品格,以人为本,以国家和民族利益为核心价值观,以和为贵,充分认识到身上所肩负的社会责任。"法有定论,兵无常形",兵法并没有固定且一成不变的原则,需要在实践中创造性、创新性地领悟其战略战术观。

《孙子兵法》是一部谋求和平、以智取胜的书籍,也是一部关于世界观、方法论的圣典,其中的谋略思想可以让读者更加智慧、更加理性,教导人们恪守伦理底线,意志坚强,头脑清醒,以维护国家和民众利益为大局,做好自己的事。这也正是和谐社会建设要在斗争中求发展,在矛盾中求共存,在博弈中求和谐的前提。

(作者简介:彭梅,临沂市博物馆副研究馆员;隋孟彦,临沂市博物馆馆员。)

临沂出土银雀山汉墓竹简的历史文化背景

纪洲丽　尹东云

摘　要　临沂市位于中国沂沭河流域,历史悠久,自古以来就是重要的文化交流和经济中心。1981年,距今40万年前的沂源猿人的发现,推动了临沂及周边地区早期人类历史的研究。商周时期,临沂地区活跃着郯、鄫、莒等诸多古国,对山东地区乃至全国的历史文化发展产生了重要影响。银雀山汉墓群出土的竹简,尤其是包含《孙子兵法》等珍贵文献的发现,为研究中国古代军事、哲学、文化及历法提供了宝贵的实物资料,填补了中国古代文献和历史研究的重要空白,对于解析汉代社会制度、战争思想以及汉文化的发展具有深远的历史意义。临沂作为汉代重要的文化区域,其文物的发现和研究,不仅丰富了中国历史的认知,也突显了该地区在汉代及其之前文明交流中的重要角色。

关键词　银雀山汉墓竹简;汉文化;历史背景

一、临沂的历史和文化背景

(一)古代临沂的地理位置和自然环境

临沂地处山东省南部,位于沂沭河中游,地理坐标大致为北纬35°12′~35°49′,东经118°24′~119°17′。地形以丘陵和平原为主,自然条件适宜农耕

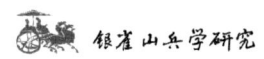

和居住,早在史前时期就有人类活动的迹象。沂沭河的流域为临沂地区提供了丰富的水资源,对当地农业和文化发展起到了重要支持作用。

在自然环境方面,临沂地区属于温带季风气候,四季分明,年降水充沛,适宜农作物生长。这种气候条件为古代临沂的农业生产和人口聚居提供了有利条件。临沂周边山岳密布,森林资源丰富,对当地文化形成和社会经济起到了重要作用。

总体而言,临沂古代的地理位置及其自然环境,为其成为文化交流和经济中心提供了重要基础,也影响了该地区古代社会和文化的发展轨迹。

(二)从沂源猿人到汉代的文明发展概述

沂源猿人的发现填补了华东地区旧石器时代的历史空白,表明临沂及周边地区早在数十万年前就有人类活动。随着商周时期多个重要古国如郯国、专国、莒国的兴起,临沂成为青铜文化发展的重要推动者,显示出其在文化交流中的重要角色。而汉代时期,临沂不仅作为文化和经济的中心,还在政治、军事和文化等方面展现出显著影响力,成为沂水文化的代表。这些时期的演变揭示了临沂在海岱地区历史发展中的重要地位和持久影响。

(三)银雀山汉墓群的发现与考古背景

历经以沂水南洼洞、临沂凤凰岭为代表的旧石器、细石器文化,至距今一万年前后,身背大弓的东夷先民走下山岗,进入河谷平原地带,开创了原始农业,过上了稳定的定居生活。整个新石器时代,从早期的北辛文化,经大汶口文化、龙山文化、岳石文化,数千年一脉相承,以凤鸟崇拜为代表的少昊文化影响深远,陵阳河大口尊陶文、大范庄蛋壳黑陶高柄杯与炼铜渣、防城故城址等重要发现说明,龙山文化晚期的沂蒙大地已露出了文明的曙光。

在商周时期,这里活跃着郯、专、莒、鄅、鄫、向、阳、费、颛臾、根牟等先秦古国,创造了本区发达的青铜文化。

汉、魏晋时期,更是临沂的繁荣时代,这里设郡置县,人口稠密,各类文物古迹丰富多彩。星罗棋布的历代古城址,标志着临沂昔日文明的发展与繁荣。许多古城址虽历经数千年,至今却城垣犹存,有的城墙尚有 1~5 米之高。临沂城,始为春秋鲁国启阳城,西汉时为开阳县治,东汉为琅琊王刘京国都,隋为临沂县治,至元、明、清均为州、府、县治所在地。故城内外古迹众多,洗砚池即为一代书圣王羲之的故居。城区周围尚有鄢故城、诸葛城、小谷城、即丘城、故县城、舜过城、禹王城等七座古城址。郯城县的郯国故城,先秦时期为郯国都城,秦在此置郯郡,汉为东海郡治,城内有汉代冶铁遗址。费县古城里村之防城,早在龙山文化时期即在此筑城,春秋为鲁防城,汉为华县县治。沂南黄疃的阳都故城,先秦时期为阳国都城,汉为阳都县治,一代贤相诸葛亮即诞生在这里。其他如苍山曾城前的曾国故城、兰陵镇的兰陵故城、费县毕城的费故城、平邑固城村的颛臾故城等。该时期的古墓葬异常丰富。

临沂银雀山汉墓群的发现对研究中国汉代历史和文化具有重要意义。该墓群位于山东省临沂市银雀山,是一处西汉时期的墓葬群。考古发掘揭示了银雀山汉墓群的复杂结构和丰富的墓葬形式,包括竖穴土墓、砖室墓等多种类型。墓中出土了大量珍贵文物,如漆器、陶俑、玉器以及帛画遗物等,这些文物展示了汉代精湛的工艺和丰富的文化内涵。特别是墓中发现的帛画,为研究汉代社会的礼仪制度提供了直接证据。

银雀山汉墓群的考古发现不仅填补了华东地区汉代墓葬研究的空白,增强了对汉代生活和社会风貌的了解,还对探索汉代文化的传承和演变具有重要作用。这些发现丰富了对汉代历史的认识,并为进一步研究临沂地区及其周边的古代文明提供了宝贵的考古资料。

二、银雀山汉墓竹简的发现与文献分析

银雀山出土的西汉墓居多,并有战国之唐、宋、明、清墓葬。位于兰山区临

沂故城南 1.5 公里处,两山南北走向,大致以沂州路为界,东西并列。据《临沂县志》载:两山遍布一种灌木本花,每逢春夏之交,花开状似云雀,东岗多为黄色,西岗多为白色,故东岗名之金雀山,西岗名之银雀山。总体规模大致在东近沂河,西至沂蒙路,南起金雀山三路,北至银雀山路的范围内。南北长约 2 公里、东西宽约 1.5 公里,两山原是故城外的荒丘墓林,随着城市的扩展,如今已是楼房林立。

自 20 世纪 70 年代至今,结合建筑施工,先后清理、发掘古墓葬 200 余座,均为小型墓,主要是以西汉墓为主的汉代墓葬,少数为唐宋时期墓葬。这里出土了以《孙子兵法》《孙膑兵法》汉简为代表的大批珍贵文物。汉墓分为木椁墓、石椁墓、石室墓、砖石合构墓、砖室墓数种,石材多有画像。以西汉中小型木椁墓最为多见,个别墓的年代可早到战国时期,均为长方形竖穴墓,墓葬长一般在 3 米、宽 2 米左右,一棺一椁者居多。有的附有头箱或边箱。木棺内外髹漆,外黑内朱,有的内外均黑。墓主身份有低级官吏、中小地主及平民,葬式多为仰卧直肢,有夫妇并穴合葬、同穴合葬和单人葬。随葬品以精美的漆器为主,兼有铜器、铁器、陶器、陶俑和钱币等。两山汉墓出土的数百件漆器,有耳杯、樽、盘、盒、奁、壶等,造型优美,色彩绚丽,纹饰图案精巧,线条运用娴熟,反映了较高的艺术水平。部分漆器上有"莒""莒肉""莒市"等铭文,表明它们是莒地的产品。一件漆耳杯上书"开"字,可能表明它是当地开阳作坊的产品。银雀山四号墓出土的鼎、盒、壶、盘等 21 件漆衣陶器和 1 件制作精美的双层七子奁漆器,在山东地区也都是首次发现。在金雀山顶部临岚公路南侧,发现 6 座西汉墓,其中 10 号墓与 11 号墓、13 号墓与 14 号墓分别为一棺一椁的夫妻并穴合葬墓,12 号墓为夫妻同穴合葬双棺墓。在三对夫妻合葬墓的男性棺内,均有周姓私印出土,证明这是一处周氏家族墓地。特别是在 9 号墓帛画的发现,是继长沙马王堆汉墓帛画的江北第一幅。该墓为长方形竖井穴,一椁一棺,椁四周及盖板上均抹有灰膏泥,从中出土了一批陶器、漆木器、铜器等。一幅彩绘帛画是覆盖于棺盖之上,呈长条形,长 200 厘米,宽 42 厘米。画面内容大致可分为天上、人间、地下3部分,中心内容是描绘墓主人的起居、会宾朋以及纺织、乐舞、角抵等场面,构思与马王堆1号墓的帛画略同。此幅帛画以红色细线勾勒,平涂色彩,以兰、红、白、黑设色,与马王堆以勾墨线作法稍有不同。13、14号墓棺盖上亦各有一件帛画,因腐朽过甚未能揭取。1974年,又在金雀山民安小区4号墓出土了一件较为完整的帛画,但亦不能揭取。1997年4月,在银雀山南坡人大与畜牧局基建工地发掘清理了18座汉墓,其中在人大M10随葬的漆案上书有"开阳尉"三字,并随葬有铁剑、铁铜兵器,故此墓当为开阳县尉之墓。两山西汉墓葬无论是从墓葬形制、随葬品器类及其造型等方面来看,都与江汉、江淮原楚故地的同期墓十分接近。

银雀山竹简墓,即一、二号汉墓,发掘于1972年4月。两墓东西并列,为汉武帝前期的夫妻并穴合葬墓。两墓均有竹简出土,一号墓出土竹简4942枚,内容有《孙子兵法》《孙膑兵法》《六韬》《尉缭子》等先秦兵书,《管子》《晏子》等先秦典籍及古佚书及阴阳杂占之类书籍。二号墓出土竹简32枚,内容为《汉武帝元光元年历谱》。银雀山一、二号汉墓大批竹简的出土,为研究我国先秦和汉初的历史、哲学、军事学以及古代历法、古简册制度等提供了重要资料。

1972年4月发掘的银雀山一、二号汉墓,出土了以《孙子兵法》《孙膑兵法》为主要内容的竹简5000余枚,为研究我国先秦和汉初的历史、哲学、军事学以及古代历法、古简册制度等提供了重要资料。特别是失传了近2000年的《孙膑兵法》的出土,极大地丰富了我国军事理论宝库,解决了千百年来史学界关于孙子、孙膑是否各有其人、各有兵法传世的疑案。同时出土的汉武帝《元光元年历谱》,是现在所见最早、最完整的古代历谱,对研究古代历法具有很高的学术价值。

银雀山汉墓群中竹简的发现是考古界的重要发现之一,它们为研究汉代社会、经济和文化提供了宝贵的文献资料。这些竹简不仅记录了当时的政治、经济活动,还包括了关于法律、军事、宗教和日常生活的信息。通过对这些竹简的文献分析,学者们能够更深入地了解汉代社会结构、官僚制度以及知识分

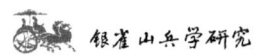

子的角色和活动。这些文献资料不仅丰富了对汉代历史的理解,也为今后的研究提供了重要的研究对象和方向。

三、竹简内容对其他古代文献研究的影响

自古以来,临沂不仅经济文化发达,而且地处南北交通要道,战守足恃,为兵家必争之地。《读史方舆纪要》云:"沂州(治所即今临沂市)南连淮、泗,北走青、齐,自古南服有事,必由此以争中国。"春秋晚期和战国时期,南方长江中下游的吴、越、楚国,为了到中原争霸,不断地向北方进行军事征服,他们的势力都曾到达这一地区,临沂是他们北进的主要路线。临沂在古代交通和战略上意义非凡。南方诸国,尤其是楚国对临沂地区文化经济方面的影响,在银雀山、金雀山汉墓的墓葬形制与出土器物中,都有明显地反映。因此,以《孙子兵法》《孙膑兵法》为代表的汉墓竹简在临沂出土,有着深厚的历史文化基础。

临沂出土的大量竹简作为古代文献的重要载体,在其他古代文献研究中扮演着关键角色。它们记录了丰富的历史事件、政治制度、社会习俗以及法律规范,为研究古代社会结构和历史演变提供了珍贵资料,深化了对当时社会生活各个方面的理解。

通过古文字学研究,临沂竹简上的书写风格和文字形式也为研究汉字演变和地方文化的发展提供了重要线索。竹简的发现推动了地方考古学的进展,丰富了文物保护的实践与方法,对于学术研究和文化遗产的保护具有深远意义。临沂竹简不仅为研究古代历史和文化提供了丰富的实证资料,还通过多方面的贡献深化了对古代临沂地区社会、文化及其与周边地区关系的全面理解。

(作者简介:纪洲丽,临沂市博物馆副研究馆员;尹东云,临沂市博物馆副研究馆员。)

"两个结合"视域下银雀山汉简《孙膑兵法》蕴含的"以人为本"思想价值探析

张 群

摘 要 中国古代民本思想源远流长。银雀山汉墓出土竹简《孙膑兵法》蕴含了大量民本、以人为贵思想,一方面强调爱民、重民、保民,以人民为中心;另一方面,主张发挥人的主观能动性,依靠人民在战争中求取胜利。这正与马克思主义所提倡的"人民至上"理念相契合。在"两个结合"视域下,《孙膑兵法》所蕴含的"以人为本"思想在建设人民军队、培养军事人才等方面具有深远意义。

关键词 "两个结合";银雀山兵学;《孙膑兵法》;以人为本

马克思主义闪耀着真理的光辉,是我们立党立国的根本指导思想,是中国共产党的灵魂和旗帜。习近平总书记指出,要坚持"把马克思主义基本原理同中国具体实际相结合、同中华优秀传统文化相结合"。其中,第二个结合侧重于马克思主义要扎根中华文明沃土,具备民族特色,这指导着我们要将马克思主义的思想精华与中华优秀传统文化精髓结合起来。

中华优秀传统文化是"中华民族的精神命脉,是涵养社会主义核心价值观的重要源泉,也是我们在世界文化激荡中站稳脚跟的坚实根基"[1]。传统兵学文化是中华优秀传统文化的重要组成部分,许多优秀兵学文化典籍在历史

---

〔1〕 习近平:《在文艺工作座谈会上的讲话》,北京:人民出版社,2015年,第22页。

长河中得以留存下来。1972年4月,在临沂银雀山一、二号汉墓中发掘出土大量珍贵兵书竹简,《孙子兵法》《孙膑兵法》竹简同时同墓出土。这也是《孙膑兵法》在失传了1700余年后重新展现在世人面前,使得千余年来关于"孙武、孙膑其人有无、其书真伪"的论争得以解决。银雀山汉墓先后入选"二十世纪中国百项考古大发现"、中国"百年百大考古发现"。细致研读竹简原文不难发现其内容博大精深,蕴含着以和为贵、慎战、民本、战略智慧等珍贵思想。战国时期著名军事家孙膑所著《孙膑兵法》一书蕴含了大量民本、以人为贵思想,这在一定程度上与马克思主义所倡导的理念相契合。中国古代兵学中的民本思想是指将人民的利益置于首位,强调军事力量的根本目的是服务于国家和社会的稳定与发展。在"两个结合"视域下,《孙膑兵法》中蕴含的"以人为本"思想具有重要价值意义。

一、《孙膑兵法》"以人为本"思想的历史渊源

中国古代民本思想源远流长,早在殷商时代就已经产生,"提出了'古我前后,罔不唯民之承保'的思想"[1]。周代商后,重民思想日益凸显。《尚书·五子之歌》中有"民唯邦本,本固邦宁"的阐述,"本"即根本、根基。"民"在先秦时代是国家的被统治阶级,也是当时社会的主要劳动者。这句话表明了人民是国家之根本,唯有人民安定,国家才能稳固,也就承认了"民"是社会物质财富的主要创造者。中国古代一直有着重农的传统,农民是民众中重要组成部分,农业是古代最基本、最重要的生产事业,不仅影响着统治者的统治根基,更关系着百姓能否安居乐业。因此国家一直鼓励农业的发展,古代统治者多实行重农抑商的政策。《尚书·汤誓》中记载道:夏桀"不惜我众,舍我穑事,而

---

[1] 诸凤娟:《古代民本思想的当代价值探析》,《北京大学学报(哲学社会科学版)》第49卷第1期。

割正夏",也就是说夏桀不爱惜民众,放弃农事生产,而被商汤推翻。此外,《尚书·泰誓》中还有"天视自我民视,天听自我民听"的阐述。上述都体现了"以人为本"思想的历史来源,可以看作是中国古代民本思想的萌芽。春秋时期更加突出了"民"在国家兴亡中的重要地位,强调保民爱民的重要性,民本思想有了更为丰富的内涵,得到了较大发展。在这一时期,随着生产工具的改进,生产力得到极大提高,人口数量增多。与之相伴,社会生产关系发生了相应的变化,以诸侯为代表的新型社会力量迅猛崛起,诸侯国之间冲突加剧。所谓"兵以利动",利益成为国家发动战争的动力和目标,各国为了称霸诸侯,兼并战争不断。在战争中要想取得胜利,离不开民众的支持。作为治国文化中的重要组成部分,民本思想在治军方面中也得到广泛应用。儒道墨等诸家追求反战,强调在战争中争取民心的重要性,如孔子提出"仁者爱人"的思想,追求"仁政"。春秋时期"重民的社会思潮既是西周之初敬德保民思想的历史飞跃,也是其后中国古代政治文化中一直流传的民本观的直接思想来源。"[1]到了战国时期,诸侯国之间争霸战争更加频繁剧烈,社会阶级矛盾进一步加深,农民为了谋求生存,不断反抗,民本思潮得到了极大发展。如孟子提出"民为贵,社稷次之,君为轻"的思想,将人民放在第一位,展现了浓厚的民本主义思想,成为民本思想的代表性概括和总结。荀子在君民关系上,主张"君者,舟也;庶人者,水也。水则载舟,水则覆舟。"(《荀子·哀公》)以君舟民水的比喻揭示民众的重要性。

孙膑生活于动荡的战国时期,在桂陵之战和马陵之战中充分展现了自身卓越的军事才能,在中国军事史上留下了辉煌的一笔,成为著名的军事家。《孙膑兵法》正是其在总结战国时期军事活动基础上撰写而成。汉简本《孙膑兵法》的出土更证实了孙膑其人其书的真实性,意义深远。该书内容丰富,有许多精辟论述,关于"以人为本"思想的阐述更是屡见不鲜。

---

[1] 黄开国:《儒学与经学探微》,成都:巴蜀书社,2010年,第217页。

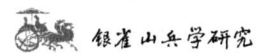

二、银雀山汉简《孙膑兵法》"以人为本"思想的体现

银雀山汉简本《孙膑兵法》虽然残缺不全,但仅从如今整理出的十六篇文章中即得以窥见其深刻的思想内容,其蕴含的"以人为本"思想可以从两个方面作解读:一是强调以人民为中心,爱民、重民、保民;二是主张发挥人的主观能动性,依靠人民在战争中求取胜利。

"以人为本"思想首先体现在爱民保民方面。春秋时期,以孔子为代表的儒家强调人的修养和道德品质的培养,主张践行仁义之道,施行仁政,反对穷兵黩武、杀伐掠夺,体现了典型的"反战"思想。但不可忽略的是,在春秋战国时期战争是不可避免的,一味反战解决不了现实问题。同一时期的孙武鲜明地提出"慎战"思想,其在《孙子兵法》开篇提到的"兵者,国之大事,死生之地,存亡之道,不可不察也"(《计》),就是直观反映该观点的经典论述。他充分认识到战争给社会带来的巨大破坏作用,提出通过非战争手段,如外交谋略,政治层面的博弈解决矛盾、取得胜利,追求"不战而屈人之兵"的全胜境界。战国时期的孙膑对战争有了更进一步的认识,他认为用仁义来制止战争的方式在当时显然是行不通的。孙膑说道:"德不若五帝,而能不及三王,智不若周公,曰我将欲积仁义,式礼乐,垂衣裳,以禁争夺。此尧舜非弗欲也。不可得,故举兵绳之。"(《见威王》)意思是说,那些功德不如五帝,才能不如三王,智慧不如周公的人,却说我要凭借布施仁德信义、运用礼乐教化、力行垂拱无为的办法,来达到禁止征战杀伐的目的。这种方式,唐尧和虞舜并不是不想使用,而是根本办不到。所以才用战争手段解决问题,寻求和平与安宁。因此,他认识到战争是不可避免的,主张以战止战。在该篇中,他还提出:"战胜,则所以存亡国而继绝世也。战不胜,则所以削地而危社稷也。是故兵者不可不察。"意思是说,战争取胜,可以使处于危亡境地的国家得以存续;战争失败,就会丧失领土,甚至危及国家存亡。所以,对战争问题不能不认真考察和研究。孙膑认为战争获得胜利,国家才能存续下来。从这个意义上说,战争成为使国家存续的一种必不可少的手段。然而,进行战争就必然付出代价。经历了战国时代诸侯国混战局面的孙膑以其自身实践经验认识到了战争的残酷性,体会到了战争给国家带来的巨大破坏力以及对百姓生活造成的损害。因此,孙膑对战争也持谨慎态度,认为战争的胜败会产生十分剧烈的影响,战败会导致国家衰败,人民必然会遭受战争带来的侵害。孙膑指出:"然夫乐兵者亡,而利胜者辱。兵非所乐也,而胜非所利也,事备而后动。"(《见威王》)孙膑以此告诫人们切勿轻启战端,轻率好战会导致国家灭亡,贪求胜利容易遭受挫辱。他认为,"德行者,兵之厚积""恶战者,兵之王器"(《篡卒》),意思是说,不好战是军队保持强大战斗力的根本,是用兵的最高原则。这句话鲜明地体现了孙膑的"慎战"思想,相比春秋时期的"慎战"思想有了更为深刻的内涵。

孙膑详细讨论了战争合法性的问题,认为战争应该在正义的基础上进行,适应民众的需求。他在《见威王》篇中就提道:"战而无义,天下无能以固且强者。"也就是说发动不正义的战争,天底下没有谁能使其统治变得稳固而强大。在实际作战情况下,除了要保证战争的正义性之外,也要做好战争所需的各方面准备,不能贸然出战。他在《威王问》中说:"用兵无备者伤,穷兵者亡。齐三世其忧矣。"意思是说,如果没有做好准备就出兵必然失败,穷兵黩武就会招致灭亡。这样下去,齐国再经历三代,国运堪忧。孙膑以时为战国七雄之一、实力强大的齐国的实际情况警醒后世,再次告诫人们谨慎对待战争。

《孙膑兵法·行篡》一篇对民众的财物问题做了较多论述,体现了孙膑对民众财物的重视与爱护。其言道:"货多则辨,辨则民不德其上。货少则□,□则天下以为尊。然则为民赇也,吾所以为赇也。此兵之久也,用兵之国之宝也。"意思是说,"征用财物过多,民众与国家就会离心,对君王不满。反之,君主就会得到全国民众的拥护。所以我认为,为百姓积累财富,也就是为国家积累财富,这是能保证长时间作战的方法,也是国家用兵打仗的法宝"。从上述可以看出,孙膑反对征用民众过多财物,主张"为民赇",而这也是军队作战的重要物质保障。对于战争期间物资供应的问题,孙膑提到:"故城小而守固者,有委也。"委即指谷物粮草等军需物资,这是进行战争的必备条件。物资充足,才能攻有威力、守能强固。对于如何使国家拥有充分的物资供应,孙膑在《篡卒》篇中也作出了回答:"其富在于亟归,其强在于休民。"也就是说,能够保证军用物资充足,国家不会因为战争而损耗过多财力,关键在于速战速决,所谓"兵贵神速",速战速决能够节约军用物资的消耗,极大节省作战成本。军队能够真正强大,关键在于战争结束后休养生息,使士兵回乡从事农业生产,如此,才能保持雄厚的物质基础。这也体现了孙膑对士兵的尊重和关爱,而这样做,势必能够提高士兵的士气和凝聚力,达到强兵的目的,国家整体的作战能力也会因此得到提升。

民富才能国强,百姓才是富国强兵的基础,孙膑对此十分清楚。《强兵》篇专门论述了齐威王与孙膑之间关于富国强兵的问答对话,进一步阐述了这一问题。在该篇中,齐威王问孙膑强兵的策略,孙膑回答说,发展经济,实现国家富强!他将把富国强兵作为当务之急,指出发展经济作为国家发展军事与进行战争的一个必备条件,这就指明了两者之间的关系。从这一点来看,孙膑是具有进步思想的军事家,在两千多年前即能够认识到经济对社会发展各方面所起到的决定性作用。进一步说,使国家富强即是让百姓富裕,两者是具有内在统一性的。这都是孙膑站在民众的立场上所发出的言论。

"以人为本"思想内涵的第二个方面是依靠民众,发挥人的主观能动性求取胜利,掌握战争主动权。孙膑在高度重视客观因素的决定性作用的同时又强调发挥人的主观能动性,灵活机变,争取可能取得胜利的条件。

战争与政治密不可分,政治是影响战争胜负的重要因素。兵圣孙武将战争与政治紧密联系起来,指出:"善用兵者,修道而保法。"即要修明政治,确保治军法度,只有这样才会立于不败之地。这里的"道"即政治与民心,具体来说就是指政治的清明程度与上下是否团结一心。孙膑也指出了知"道"之人必须具备的条件:"知道者,上知天之道,下知地之理,内得其民之心,外知敌之情,阵则知八阵之经,见胜而战,弗见而诤。此王者之将也。"(《八陈》)意思是说,所谓懂得用兵之道的人,就是要上知天文,下知地理,内得民心,外知敌情,布阵时懂得各种阵法的要领,有获胜的把握就打,没有获胜的把握就不打。这才是辅佐君主,担当重任的将领。而唯有懂得用兵之道,才能保证国家的安定,维护百姓的利益。

上述提到了内得民心对于用兵的重要意义。民心是政治的重要体现,获得民心即得到百姓支持,获得民众广泛拥护。民心向背对战争的胜负往往有着决定性的作用,进一步说,对于一国兴衰也有着重要影响。孙膑生活在战乱频仍的战国时期,争取民心成为求取战争胜利不可或缺的因素。他多次提到民心归向的问题,用正反两个方面指出民心对于战争胜负的重要影响。"恒胜有五,得主专制,胜。知道,胜。得众,胜。左右合,胜。量敌计险,胜。"意思是说,军队常胜的条件有五个:将领得到君主信任,有指挥军队的自主权;将领懂得用兵之道;将领得到士卒拥护;将士之间团结一心;将领善于分析敌情、研究地形。此外,孙膑从相反的方面阐释了军队常遭受失败的五个原因:"将领受到君主内臣牵制而不能独立指挥;将领不懂得用兵之道;将士之间不团结同心;将领不会使用间谍;将领得不到士卒拥护。"这进一步点明了获得民心对于作战的重要作用。

进行战争,毋庸置疑要发挥人的主观能动性。孙膑在《擒庞涓》中提到"人众甲兵盛",意为人多兵力强盛,强调了士兵是战争中的重要力量。他还说,"间于天地之间,莫贵于人"(《月战》)。意思是说,天地之间的万物,没有比人更宝贵的了。这句话把人的地位提到了极高的位置,这是孙膑人文主义思想的深刻体现。该阐述与战国时期思想家孟子所说的"天时不如地利,地利不如人和"有着共同的思想旨趣,都强调重视人民的作用。在进行战争时,他提道:"天时、地利、人和,三者不得,虽胜有殃。"(《月战》)指出要在符合天时、地利、人和的条件下才能发动战争,三者缺了任何一项,即使能暂时取得胜利,也必定留下后患。结合其"间于天地之间,莫贵于人"的叙述,可以看出,孙膑是十分重视人在战争中所起的作用的。

对于选用人才,孙膑主张运用权衡之道。"权衡,所以选贤取良",他指出,使士兵和民众的归附之道,就像使用秤和天平一样,有一个客观公正的标准。通过权衡比较,反复考量,做到公平公正、不偏不倚,这样方能选出德才兼备的人。孙膑还看到,民众数量庞杂,状况不一,有的很富有却贪生怕死,有的生活贫困但却不怕牺牲。"夫民有不足于寿而有余于货者,有不足于货而有余于寿者。""唯明王、圣人知之,故能留之。"只有明君和圣贤才能看到这一点并能够正确处理。又指出,"死者不毒,夺者不愠,此无穷……民皆尽力"(《行篡》),即主张适当动用民力,即使失去生命的人也不怨恨,被征用财物的人也不抱怨。充分发挥人的主观能动性,如此无穷……百姓都能竭尽全力。

战争获胜既需要将领发挥指挥才能,也离不开士兵的骁勇善战。底层士兵在战争中发挥着不容忽视的强大作用。要发挥士卒的作战积极性,离不开对其进行训练。因此,孙膑十分重视对于士兵的挑选训练,专门在《篡卒》一篇中阐释了精选士卒的策略。他提到:"兵之胜在于篡卒,其勇在于制,其巧在于势,其利在于信,其德在于道,其富在于亟归,其强在于休民,其伤在于数战。"意思是说:"用兵取胜的关键在于精选士卒,骁勇善战在于军纪严明,灵活机变在于审时度势,战斗力强在于赏罚有信,素质优良在于管理训练,物资富足在于作战时速战速决,强盛不衰在于战后休养生息,战斗力削弱在于频繁作战。"从这段话可以看出,孙膑认为优秀的士兵是战争取胜的关键,在选用士兵后需采取一系列措施对士兵进行管理训练,保障士卒的水平。他还提到,"明赏,选卒……是谓泰武之葆",认为明确赏罚、精选士卒是保证军队战无不胜的最大法宝。《杀士》篇阐述了将帅如何调动士卒的积极性,使其舍生忘死,英勇作战。其中明确指出将帅要通过"明爵禄,明赏罚"的方式激励士卒保家卫国,奋勇杀敌。

三、"两个结合"视域下《孙膑兵法》"以人为本"思想的价值意义

《孙膑兵法》诞生于战国时期,早在东汉末年就已经失传,直到1972年在临沂银雀山汉墓中发掘出土,其价值意义非凡。其蕴含的"以人为本"思想反映了中国古代兵学思想的民本观。

《孙膑兵法》中的"以人为本"思想主张以民为本,秉持"慎战观"思想,强调军队依赖民众的支持与配合。这意味着军队在作战时应该注重保护人民的生命财产安全,保障士兵的权益和福祉,减少无辜人民的伤亡,而非滥用武力、压迫民众,体现了孙膑关注人道主义价值以及对和平的追求,为后世提供了宝贵的经验和借鉴。此外,孙膑强调人的重要性,无论是将领还是士卒,都被认为是军队保持强大战斗力不可或缺的重要因素。强调培养、选拔和激励优秀的军事人才,重视培养军队将领和士兵的品德、能力和敬业精神,使其发挥出最大的潜力,更好地履行作战使命。这就有利于获得人民的拥护和支持,形成军民团结一心的局面,提高军队的士气和战斗力。

《管子·牧民》有云:"政之所兴,在顺民心;政之所废,在逆民心。"民心向背也关系着政权的兴衰成败。就此而言,《孙膑兵法》的"以人为本"思想对当今社会发展仍然具有重要的价值意义。在新时期,要坚持人民至上的理念。一方面,要将人民群众的利益放在首位,要时刻以人民为中心,站在人民的立场上,关注人民的利益和福祉,满足人民的需求,为人民的生存和发展福创造良好的条件和环境。对于军队来说,只有将军队建设为人民的军队,真正保护好人民的权益,才能赢得广大人民群众的拥护和支持。现代军队应该更加注重军民融合,加强军民关系的建设。通过与社会各界的联系和互动,深化军地合作,实现军民共赢。另一方面,也要发挥人民群众的重要力量,调动、激励人民群众的积极性与创造性,凝聚各方力量,各尽其才,为社会发展做贡献。现

代军事力量需要具备高素质、专业化的指挥员和战斗人员,因此,继续加强军事教育和培训,提高军队人员的素质和能力十分重要。

需要注意的是,中国古代社会的政治、经济和社会结构与当今社会大不相同,《孙膑兵法》不可避免地存在一定的历史局限性。如今,在"两个结合"视域下,将马克思主义与中华优秀传统文化相结合,传承弘扬银雀山汉简《孙膑兵法》为代表的兵学文化意义深远,银雀山兵学也值得我们继续深入研究。

(作者简介:张群,临沂市博物馆助理馆员。)